Kannibalen

Etienne Jallieu

Spektakuläre Kriminalfälle

Kannibalen

Aus dem Französischen von
Michael von Killisch-Horn

Die Originalausgabe erschien unter dem Titel Les crimes cannibales in den
Editions Scènes de Crimes, Genf 2004
Hrsg.: Steve Goldstein

© 2011 VGS
verlegt durch EGMONT Verlagsgesellschaften mbH,
Gertrudenstraße 30–36, 50667 Köln

1. Auflage
Text: © Etienne Jallieu (Isabelle Longuet und Stéphane Bourgoin)
Übersetzung: Michael von Killisch-Horn
Vermittlung: Undercover Literary Agents & Scouts, Köln
Umschlaggestaltung: Zero Werbeagentur, München
Umschlagmotiv: FinePic®, München
Layout & Satz: Greiner & Reichel, Köln
Druck: CPI – Clausen & Bosse, Leck
ISBN 978-3-8025-3753-0

www.vgs.de

Inhalt

DER KANNIBALE VON ROTENBURG
(Isabelle Longuet)

Prolog:
Ein kleiner Junge wird ... Kannibale 11

Kapitel 1
Computertechniker und Kannibale 14
Von der Wiege in die Zelle 16

Kapitel 2
Brav wie ein Engel 24

Kapitel 3
»Es gibt Tausende, die gefressen werden wollen« 35
Immer noch die gleiche Liebe zum Detail 41

Kapitel 4
Der Weg eines freiwilligen Opfers 44

Kapitel 5
»Ich hoffe, ich werde dir schmecken« 53

Kapitel 6
Das Hauptgericht kommt mit der Bahn um 10 Uhr 15. ... 56
Eine Nacht des langsamen Sterbens 62
Die Schlachtung 64

Kapitel 7

Fetische 67
Die Perversion 68

Kapitel 8

Zu Tisch 69
Kannibalismen und Kannibalen 75

Kapitel 9

»Ich habe bald kein Fleisch mehr« 81
Aufmarsch von Bewerbern im Haus des Grauens 83

Kapitel 10

»Einen Kaffee, Herr Kommissar?« 88

Kapitel 11

Und die Rolle der Medien? 95

Kapitel 12

Ein Bild des Jammers 99
Der Kannibale im Gerichtssaal 100
Albtraumhafte Bilder 102
Anatomie der Fakten 109
Zeugen mit besonderen Vorlieben 113

Kapitel 13

Ein Häftling mit Humor 113

Kapitel 14

Der Kannibale von Rotenburg ist geistig gesund 115
Ein modernes Verbrechen 116
Der Traum von einer Familie? 119
Das Opfer konnte sich gut verstellen 120
Das Spielzeug des Kannibalen: Barbie und Marzipan 120
Näher an den Menschen 120

Kapitel 15

Und das Urteil? 124
Die Meinung von Fachleuten. 125
Das Urteil 128

Nachtrag des Übersetzers. 132
Epilog: Im Unmärchenland der Brüder Grimm 134

DER MENSCHENFRESSER VON MONTANA
(Stéphane Bourgoin)

Kapitel 1
6. Februar 1996, Great Falls, Montana 135

Kapitel 2
»Es ist, als wäre er vom Erdboden verschwunden« 136

Kapitel 3
1965: Ein frühreifer Kinderschänder 138

Kapitel 4
Verdächtige Fälle verschwundener Kinder 143

Kapitel 5
Bridgewater: Die Geschichte eines Verrückten 146
Bridgewater entlässt gefährliche Kriminelle 148

Kapitel 6
1991, Great Falls: Rückkehr zu Mama 153

Kapitel 7
1999: Ein Pädophiler wird verhaftet 159

Kapitel 8
2000: Die Beweise häufen sich 163
Bar-Jonah kennt Zachary 165
Bar-Jonah ist von kleinen Jungen besessen 165
Die Entführungsmethode 167
Bar-Jonahs Verhalten 169

Kapitel 9
Ein krankhafter Appetit 172

Kapitel 10
Geschichten von Kannibalen 176
»Meine liebe Mrs. Budd, ...« 177

Kapitel 11
2002: Der Prozess 186

Kapitel 12
Die überraschende Wende 199
Nachtrag des Übersetzers 206

SEX, LEICHEN UND KLEINE JUNGEN
(Stéphane Bourgoin)

Kapitel I
Ein Hundeleben 207

Kapitel 2
Die Verbrechen 215
Die ersten Entdeckungen 217

Kapitel 3
Ein Verdächtiger 223

Kapitel 4
Das Verhör 228
Ein Manipulator 234

Kapitel 5
Schreckliche Geständnisse 239
Die Gründe, die diese Ereignisse ausgelöst haben 242

Kapitel 6
Ein Besuch bei dem Kannibalen 244

Über den Herausgeber Steve Goldstein 249

Der Kannibale von Rotenburg

Isabelle Longuet

Prolog

Ein kleiner Junge wird ... Kannibale

Ich bin acht dreiviertel Jahre alt.

Mama findet mich lächerlich, wenn ich *dreiviertel* hinzufüge. Sie sagt, ich sei trotzdem ein kleiner Junge. Ein ganz kleiner. Und dass ich schön brav sein muss, sonst ermüdet sie das noch mehr. Sie ist die ganze Zeit müde, weil sie arbeiten muss, um mich großzuziehen. Und es ist schwer, 1970 allein einen kleinen Jungen großzuziehen. Denn wir beide sind jetzt allein. Und ich, das ist noch schlimmer, bin jetzt allein mit mir.

Zum Glück gibt es die Schule. Es gibt meine Klassenkameraden. Na ja, ich meine, diejenigen, die ich am meisten mag. Der Stärkste. Den ich für immer behalten will, ganz nah bei mir. So nah wie möglich. Um nie mehr verlassen, nie mehr einsam zu sein.

Ich heiße Armin, das ist ein alter deutscher Vorname; Mama nennt mich Minchen, das heißt kleiner Armin, und noch irgendwie anders, aber ich erinnere mich nicht mehr, wie. Ich bin ihr kleiner Mann, schön brav und schön sauber.

Aber Papa ist gegangen. Und meine beiden Brüder auch.

Wolfgang, der vierundzwanzig ist, und Ingbert, der vierzehn ist. Ich mag ihn sehr, er hat sich um mich gekümmert.

Meine beiden Brüder fehlen mir schrecklich, und mein Papa auch. Er hat uns vor neun Monaten verlassen. Ich habe geweint, als er uns eines Tages sagte, *ich gehe*, und dann stieg er sofort in seinen Wagen, ohne sich von mir zu verabschieden, und als ich hinter dem Wagen herlief, blickte er nicht einmal in den Rückspiegel. Es tat so weh, dass es immer weh tun wird. Ich bin tief in meinem Innern allein.

Lebwohl, Papa. Dein kleiner Junge, der dich liebt.

Man hat mir immer beigebracht, mich gut zu benehmen. Allen zu helfen. Ich muss auf das hören, was Mama sagt. Ich darf nicht auffallen. Niemals vergessen, mir vor dem Essen die Hände zu waschen. Die Ernährung ist wichtig. Es ist wichtig, sich gut zu ernähren. Mama sagt immer wieder, dass ich kein fettes Fleisch essen darf. Also habe ich immer sauber gewaschene Hände, wenn ich mit Mama esse, und ich esse nicht alles.

So, ich habe meine Ferienaufgaben beendet. In diesem Augenblick sind wir in Wüstefeld, einem sehr hübschen kleinen Dorf fünf Kilometer von Rotenburg entfernt, einer Stadt, die auf das Mittelalter zurückgeht. Es hat ein Wappen, das ich in meinem Zimmer an die Wand gehängt habe; es stellt einen dunkelroten Berg dar und einen Baum mit drei grünen Blättern, der auf ihm gewachsen ist. Den Rest des Jahres leben wir in Essen, in einem kleinen Haus. Mitten im Ruhrgebiet. Ich finde, dass es in Wüstefeld, in unserem riesigen Familiengut, viel schöner ist.

Wenn ich mit den Aufgaben fertig bin, gehe ich in den Garten, die kleinen gelben Blumen des Sommers sind verwelkt, stattdessen liegen überall die Blätter der Bäume herum. Ich liebe die Tiere, ich gehe immer nachschauen, was im Haus neben uns los ist, das ist der Bauernhof der Kramers. Ich gehe an ihren rosa Geranien vorbei, die noch blühen, sie säumen den Eingang zu ihrem Besitz, und ich gehe in den Hof. Gerade rechtzeitig, um zu sehen, dass Herr Kramer und zwei andere Nachbarn das Schwein (dasjenige, das ich nur für mich selbst Hänsel genannt habe) an den Füßen an einem sehr großen Haken aufhängen – der Kopf meines Freundes Hänsel hängt nach unten! Der Haken des Bauern muss ganz schön stabil sein. Er hat mir erklärt, dass die Fleischer für das Schlachten der Tiere alle die gleiche Art von Haken haben. Wie Hänsel schreit und mit seinem dicken Bauch zappelt, der ganz rosa ist, wie die Geranien!

Ich möchte nichts verpassen von dem Schauspiel, das da vor meinen Augen beginnt, und bewege keine Wimper.

»Ich werde dir zeigen, wie man ein Schwein absticht, denn ich bin nicht sicher, ob du dich noch erinnerst, als wir im letzten Dezember Willy getötet haben«, ruft Vater Kramer mir zu. Der Nachbar will mir Dinge beibringen, die nützlich fürs Leben sind. »Schau gut zu, Armin ... du beginnst damit, die Vene zu suchen«, und schon rammt er die Klinge seines großen Messers, immer dasselbe, schön scharf, in den Hals des Tieres, zwischen den beiden Vorderbeinen, ich bin ganz aufgeregt und zittere ein bisschen, ich starre auf das dicke Blut, das sich in eine große Schüssel ergießt, und sofort taucht Frau Kramer eine Hand in dieses rote Meer, um die Unreinheiten herauszufischen, wobei sie darin rührt. Der Bauer hat jetzt den Bauch geöffnet, Hänsels Brust klafft weit auf, und er lässt die Eingeweide, – ich lerne neue Wörter –, den Magen, die Därme, die Leber, die Lunge, die Nieren, das Herz, platsch! in einen riesigen mit weißem Stoff ausgeschlagenen Haselnussstrauchkorb fallen. Ein Fest aus Gerüchen, Geräuschen und Farben! Nach getaner Arbeit sind die Männer hineingegangen, um etwas zu essen und zu trinken. Und auch die Frauen haben angefangen, über die Qualitäten von Hänsel zu diskutieren, der nie wieder grunzen wird.

Mama ist hocherfreut, als Frau Kramer ihr ein schönes Stück Blutwurst schenkt. Und ein paar Koteletts. Ich denke, wir werden sie mit Knoblauchbratkartoffeln essen.

Ich werde Hänsel in meinem Bauch haben.

Kapitel 1

Computertechniker und Kannibale

Den großen, in seiner Kleidung und seinen Bewegungen durchaus eleganten Mann, der den Saal D 130 der 6. Großen Strafkammer des Landgerichts Kassel in Hessen betritt, könnte man leicht für einen Anwalt halten, der für eine gute Sache vor Gericht eintritt. Er trägt drei dicke graue Aktenordner unter dem Arm und einen gut geschnittenen, ebenfalls grauen Anzug sowie ein anthrazitfarbenes Hemd, von dem sich eine schwarze Krawatte mit kleinen gelben Rauten abhebt, die von einer goldenen Nadel gehalten wird. Mit einer geschmeidigen Bewegung legt er seine Aktenordner auf den Tisch der Verteidigung, während er entspannt in die Runde lächelt und den auf ihn gerichteten Kameras zu sagen scheint: *Hier bin ich endlich, aus Fleisch und Blut, mehr denn je bereit, eure brennende, leicht beunruhigte Neugier zu befriedigen und in allen Einzelheiten meine unglaubliche Erfahrung zu schildern.* Dieser vierzigjährige Mann – in zwölf Tagen, am 15. Dezember 2003, wird er seinen zweiundvierzigsten Geburtstag feiern –, der wie der ideale Schwiegersohn wirkt oder wie ein Verkäufer teurer Wagen, heißt Armin Meiwes. Er ist Computer-Techniker. Sein Haar lichtet sich über der Stirn, es ist nach rechts gescheitelt, am Ringfinger trägt er einen schwarzen Siegelring, er ist glatt rasiert und scherzt mit einem unscheinbaren rothaarigen Mann, der *tatsächlich* Anwalt ist – Harald Ermel. Meiwes, sein Mandant, sitzt seit genau einem Jahr in der Justizvollzugsanstalt in Kassel-Wehlheiden ein, wo er auf seinen Prozess wegen »Mordes zur Befriedigung des Geschlechtstriebs« wartet, der an diesem Mittwoch, dem 3. Dezember, beginnt. Eine sehr eigenartige Bezeichnung für ein Verbrechen, das man nicht definieren kann, weil es einzig in seiner Art ist. Denn der wie aus dem Ei gepellte Angeklagte hat einen dreiundvierzigjährigen Ingenieur entmannt und zusammen mit ihm den Penis verspeist, bevor er ihm die Kehle durchschnitt, ihn zerstückelte und aß. Zu zwei Dritteln. Denn von den 30 Kilogramm Fleisch, die er in kleine Portionen zerlegt hat, hat Meiwes sich 20 einverleiben können, bevor er 21 Monate später von der Polizei verhaftet wurde.

Im Gericht herrscht hektisches Treiben. Der Andrang draußen ist so groß, dass die Polizei die Straße absperren musste, um den Fernsehteams den Zugang zu erleichtern. Der Kannibale von Rotenburg trägt eine olympische Ruhe zur Schau. Und ein Lächeln, das seine weißen Zähne entblößt – wie die Sensationspresse nicht versäumt hat anzumerken. Man könnte meinen, er genießt es.

Sein Weg war lang und unheilvoll von den ersten widernatürlichen Kindheitsphantasien bis zur Verwirklichung des alten verzehrenden Traums in der Nacht vom 9. auf den 10. März 2001.

Von der Wiege in die Zelle

Armin Meiwes wurde am 15. Dezember 1961 in Essen, der großen Industriestadt im Steinkohlenrevier der Ruhr, nicht weit von Düsseldorf entfernt, in Nordrhein-Westfalen, geboren. Essen ist die Wiege der Kruppdynastie, die vor zweihundert Jahren gegründet wurde und deren Fabriken vor allem dafür bekannt sind, dass sie schwere Waffen hergestellt haben – alle erinnern sich an die »Dicke Bertha«, die furchtbare Kanone des Ersten Weltkriegs, die die französischen Befestigungsanlagen zerstörte. Nach dem letzten Krieg war es Essen, das nur noch ein Trümmerfeld war, gelungen, sich zu einer Industriestadt mit viel Grün zu entwickeln, in der man auch angenehm wohnen kann.

Die Familie Meiwes lebte in einem kleinen Haus. Armins Vater, von Beruf Polizist, war der dritte Ehemann von Waltraud, die neunzehn Jahre älter und bereits Mutter von zwei Jungen war, Wolfgang, der zum Zeitpunkt der Niederlage Deutschlands geboren wurde, und Ingbert, zehn Jahre jünger. Sie waren die Halbbrüder des Letztgeborenen, Armin (und sechzehn beziehungsweise zehn Jahre älter als er), den Waltraud mit vierzig zur Welt gebracht hat.

Mitte der sechziger Jahre hatten die Meiwes von einer Familie, die damals in ein kleineres Haus im selben Dorf Wüstefeld, eine winzige Gemeinde, die zu der Stadt Rotenburg an der Fulda gehört, gezogen war, ein riesiges Fachwerkhaus gekauft, um dort die Ferien zu verbringen. Der Kaufpreis hatte 40 000 Mark betragen; den Meiwes war es damals finanziell gut gegangen.

Rotenburg, eine malerische, blühende Stadt, fünfzig Kilometer südlich von Kassel und zweihundert Kilometer Luftlinie östlich von Essen in einer besonders grünen Gegend gelegen, in der Berge und Wälder sich auf anmutige Weise abwechseln. Eine sehr alte Stadt (gegründet im 11. Jahrhundert), zählt Rotenburg heute 15 000 Einwohner, in der Mehrheit Protestanten. Und in Kassel – 200 000 Einwohner – wird ein Prozess stattfinden, der in den Annalen der deutschen Justiz beispiellos ist.

Der Prozess von Armin Meiwes, den die deutsche und internationale Presse sofort den »Kannibalen von Rotenburg« genannt hat, oder auch den »Hessen-Hannibal« in Anspielung an den Protagonisten des amerikanischen Films *Das Schweigen der Lämmer*, Hannibal Lecter.

Diese idyllische Landschaft wählten die Brüder Grimm im 19. Jahrhundert als Schauplatz für viele ihrer albtraumhaften Kindermärchen. Die *Deutsche Märchenstraße*, wie sie genannt wird, erstreckt sich von Bremen (*Die Bremer Stadtmusikanten*) im Norden über Göttingen, wo die beiden Brüder studiert haben, und Kassel, wo sie dreißig Jahre lebten und ihre berühmtesten Werke schrieben, bis nach Hanau im Süden, der Geburtsstadt von Jacob und Wilhelm Grimm.

Der erstaunliche Kontrast zwischen den Landschaften, der Atmosphäre dieser Region und dem Grauen, das während der beiden Monate des Prozesses enthüllt werden wird, erinnert durchaus an die Eleganz und Vornehmheit, mit der Armin Meiwes den ermittelnden Polizisten zufolge bis ins Kleinste ein unvorstellbares Verbrechen beschrieben hat.

Das Dorf Wüstefeld – sechs Familien mit 30 Seelen –, eingebettet zwischen Hügeln, Feldern und Wäldern, war also für die Familie Meiwes zum Ort der Sommerfrische geworden. Als das Paar sich Ende 1969 trennte, behielt Waltraud dieses Gut. Der Vater gab jahrelang kein Lebenszeichen von sich und überließ seinen jüngsten Sohn einer Mutter, die allgemein geschildert wird als herrisch, egoistisch, hysterisch und verbittert durch das Scheitern ihrer dritten Ehe, den Auszug ihrer älteren Söhne (aus finanziellen Gründen musste Ingbert Wolfgang nach Berlin folgen, wo dieser Theologie studierte mit dem Ziel, Pfarrer zu werden) und die Notwendigkeit, ganz allein ihren dritten Sohn großzuziehen. Auf den Fotos sieht man sie niemals lächeln; ihr Blick ist immer gleich düster. Sie hasst alle Männer. 1979 – Armin ist achtzehn – beschließt sie, endgültig mit ihrem »kleinen Mann« in das alte schiefe und düstere Gutshaus zu ziehen, in dem es muffig riecht, das verwinkelt und voller Kruzifixe ist und das der Junge und seine wenigen Freunde »das Geisterhaus« nannten. Die Balkone sind morsch, die Gänge der Stockwerke schlecht erleuchtet, kein Wunder also, wenn man sich in den 44 Zimmern und auf den 1000 m² des Gebäudes verläuft. Die zweiflügelige Eingangstür ist aus bordeauxrotem Holz. Der obere Teil des Hauses ist mit Querbalken, ebenfalls aus Holz, bedeckt, und das Ganze ist mit horizontalen und vertikalen Balken verstärkt. Zum Haus führen drei Stufen mit einem Metallgeländer auf jeder Seite. Zwei Wandleuchten in Form von Straßenlaternen umrahmen die Tür, die von einer Holzmarkise überdacht wird. Zu dem von weiten Wiesen umgebenen Besitz gehören ein großer Garten und ein ehemaliger Pferdestall.

Offen gesagt ist der »Geist«, der in dem alten Herrenhaus spukt, eine launische Mutter, die wenig Besuch empfängt, ein tristes Leben führt – zum Schluss wird sie depressiv – und begonnen hat, das Haus nach ihrem Geschmack auszustatten. Die Möbel stammen aus der Gründerzeit und dem Biedermeier. Bürgerliches, massives, langweiliges Mobiliar. An den Wänden Blümchentapeten. Die meisten Räume werden als Gästezimmer hergerichtet; die Betten sind das ganze Jahr frisch bezogen, doch niemand übernachtet dort. Die einzigen und seltenen Besucher kommen zum Nachmittagskaffee. Ulla von Bernus beispielsweise. Die Hexe Ulla von Bernus, deren Finger dicke Ringe schmücken.

Die Frau, den Nachbarn zufolge die beste Freundin von Frau Meiwes – hatte sie überhaupt andere? –, wohnt ebenfalls in einem Fachwerkhaus, im selben Dorf. Waltraud und sie sehen sich häufig, als Armin sechzehn ist; nur ein paar Schritte trennen die beiden Häuser. Der Jugendliche besucht die Hexe häufig und scheint fasziniert zu sein von der Schwarzen Magie, die diese alte Frau praktiziert, eine Satanistin, die traurige Berühmtheit erlangt hat; alle Zimmer ihres Hauses sind schwarz gestrichen, ebenso wie die Eingangstür, die sie mit einem Totenkopf, der die Zunge herausstreckt, als Klingel geschmückt hat. Von Bernus rühmt sich, zwanzig Menschen den Tod an den Hals gewünscht zu haben, und behauptet, ihre Erfolgsgarantie liege bei 90 Prozent. »Es sieht immer wie ein Unfall aus. Ich töte, wenn Satan es befiehlt.« Von den betrogenen Frauen, die ihren untreuen Ehemann für immer bestrafen wollen, verlangt sie 10 000 Mark für eine okkulte Sitzung, zahlbar im voraus. Auch gehörnte Ehemänner nehmen bisweilen ihre Dienste in Anspruch.

Die Karriere von Frau von Bernus verläuft nicht ganz reibungslos. 1982 muss sie in Augsburg in einem Mordprozess aussagen. Zwei ihrer Kunden – eine Ehefrau und ihr Geliebter – hatten sich an sie gewandt, damit sie ihnen helfe, ihren Ehemann loszuwerden. Da ihnen die »Dinge« nicht schnell genug gegangen waren, hatten sie die Sache selbst in die Hand genommen und den Ehemann ertränkt. Ergebnis: Neun Jahre Zuchthaus für beide. Die Hexe war strafrechtlich nicht weiter verfolgt worden, da man ihr nur »straflose Wahndelikte« vorwerfen konnte. Was die Freundschaft zwischen den beiden Frauen betrifft, so hatte sie sich eines Tages aufgrund einer undurchsichtigen Eifersuchtsgeschichte in Hass verwandelt. Die Hexe von Wüstefeld starb 1998 im Alter von sechsundachtzig Jahren.

Waltraud steckt viel Energie in die Einrichtung ihres Gutshauses, doch es reicht nicht, um eine unbeschwerte und fröhliche Atmosphäre zu schaffen. An die Tür eines jeden Zimmers klebt sie kleine geblümte Schilder, die poetische – aber wenig originelle – Namen wie »Frühtau« oder »Sonnenglanz« tragen.

Nur Armins Zimmer trägt den nüchternen Namen »Kinderzimmer«; das »Kind« ist fast zwanzig, als Waltraud dieses Schild anbringt. Nach dem Tod seiner Mutter – er ist siebenunddreißig – denkt er nicht daran, das Schild abzunehmen, obwohl es sinnlos und lächerlich geworden ist.

Unter dem Dach richtet die Mutter ein besonderes Zimmer ein, in dem sie eine Modelleisenbahn aufbaut. Die Miniaturlandschaft zeichnet sich durch große Vielfältigkeit aus: Fachwerkhäuser in allen Größen, alte Schlösser, Kirchen, Bauernhöfe und jede Menge Tiere. Es fehlt nichts. Fast nichts. Merkwürdigerweise gibt es keine Menschen in der Landschaft, die ansonsten so realitätsnah ist.

Übrigens ist auch auf den Bildern, die an den Wänden des Hauses hängen, nicht ein Mensch zu sehen.

Das Zimmer mit der Modelleisenbahn, in dem sich auch ein Puppenhaus, ein Holzpferd und altes kaputtes Spielzeug befinden, hat die Mutter »Schau ins Land« genannt. Als Meiwes im Dezember 2002 verhaftet wurde, entdeckten die Polizisten, die das Haus durchsuchten, einen echten Ochsenkopf, der mitten in der Modelleisenbahn thronte.

Äußerlich ähnelt Armin seiner Mutter: der gleiche Mund mit den schmalen zusammengekniffenen Lippen, die gleiche lange Nase, die gleichen tief in den Höhlen liegenden Augen. Sie ist die Gutsherrin, und er ist ihr Diener. Unterschwellig schwingt das übrigens immer mit, wenn sie ihren Sohn »Minchen« nennt, ein Diminutiv abgeleitet aus »Armin« und einem alten deutschen Wort, das »Diener« bedeutet. »Minchen, spül ab, Minchen, putz die Fenster, bring den Müll raus, schau mal, da in der Ecke ist noch Staub.« Und manchmal antwortet die zänkische Mutter den Kindern, die ihren Freund zum Spielen abholen wollen, Minchen sei nicht brav gewesen, er habe Hausarrest und dürfe nicht mit zum Spielen. Minchen schweigt und lächelt, wie immer. Er ist schüchtern und verschlossen. Und es hagelt weiter Anweisungen.

In einem Alter, in dem alle Jungs Jeans tragen – wir sind zu Beginn der siebziger Jahre –, muss Armin weiße Hemden mit Pünktchen und kurze Lederhosen tragen. In einem Alter, in dem alle jungen Leute mit dem Mofa unterwegs sind, bleibt Minchen zu Hause, weil er kein Mofa hat. Er ist ein in sich gekehrter Junge, der Waltraud als Prügelknabe dient, auch in der Öffentlichkeit, wie eine Nachbarin sich erinnert. Höflich ist die verlassene Ehefrau nur zu Besuchern.

Dieses düstere Porträt der Mutter hat Armin Meiwes selbst in dem ersten großen Interview gezeichnet, das er zwei Journalisten eines deutschen Magazins sechs Monate vor Prozessbeginn im Gefängnis gab. Und es deckt sich auch mit der Beschreibung, die einer der Zeugen, Berthold, zweiundvierzig, ein ehemaliger Nachbar und Klassenkamerad des Kannibalen von Rotenburg, gegeben hat: Waltraud sei eine »unglaublich herrschsüchtige« Frau gewesen, die ihren Sohn wie einen Untergebenen herumkommandiert habe. Dieser Nachbar wird auch sagen, dass der Angeklagte ein wirklich ruhiger, immer hilfsbereiter Mensch gewesen sei.

Während seine Mutter die Familiengeschichte aufschreibt, in kleinen Heften, die sie anschließend drucken lässt – die Schlachten ihrer Vorfahren in den napoleonischen Kriegen, im Ersten Weltkrieg und ihre Flucht als junge Frau im Zweiten Weltkrieg, wobei ihr Mann und ihre Kinder in ihren Erzählungen merkwürdigerweise nicht vorkommen –, lässt Armin allein in seinem Zimmer Filme in seinem Kopf abspielen, erzählt sich Geschichten und stellt sich schreckliche Szenen vor.

Dennoch ist Armin Meiwes ein guter Schüler, besonders in Mathematik; er bastelt gern Modellhäuser und spielt mit den Jungs seines Alters und seinem Hund … Schon bald wird er sich Spielen hingeben, die alles andere als unschuldig und absolut beunruhigend sind. Spiele, die zu Obsessionen und am Ende Realität werden.

1981 – er ist zwanzig – verpflichtet er sich für zwölf Jahre zur Bundeswehr, die er als Oberfeldwebel verlässt. Er arbeitet in der Verwaltung, ist die meiste Zeit in Rotenburg stationiert und kehrt jeden Abend zu seiner Mutter zurück. Er ist ein guter Soldat, pünktlich, gehorsam, hilfsbereit. Und es ist kein Zufall, wird einige Jahre später der vom Gericht bestellte psychiatrische Gutachter Georg Stolpmann von der Universität Göttingen betonen, dass Meiwes sich zur Armee verpflichtet, wo er mehrere Jahre arbeitet. Er habe sich wohlgefühlt in diesen rigiden Strukturen, in denen jeder einen ganz bestimmten Grad innehat und die dem Einzelnen keine Möglichkeit lassen, seine Persönlichkeit zu entfalten. Für Armin sei es genau das Richtige gewesen. Seine Mutter habe ihn so sehr unterdrückt und infantilisiert, dass er es nicht gewagt habe, gegen ihre Autorität aufzubegehren, denn er habe gefürchtet, persönlich ausgelöscht zu werden, erklärt Professor Stolpmann weiter. Als Erwachsener liebt Meiwes es, Befehlen zu gehorchen; so funktioniert er.

Nachdem er ins zivile Leben zurückgekehrt ist, verfolgt er verschiedene berufliche Pläne. Er will sich selbständig machen. Zunächst möchte er eine Computerschule in dem riesigen Gutshof in Wüstefeld eröffnen, doch sein Plan scheitert aus Geldmangel; die Renovierungskosten übersteigen seine finanziellen Möglichkeiten. Daraufhin plant er, eine Internetfirma für Arzneimittel zu gründen. Doch auch diesmal bleibt es bei der Absicht; Meiwes hat nie den Mut aufgebracht, den Plan in die Tat umzusetzen.

Er findet eine Stelle im Kasseler Rechenzentrum als Techniker im Außendienst und reist von Bank zu Bank, um Geldautomaten und Computer zu reparieren. Diese Arbeit, die er acht Jahre gemacht hat, bevor er in einer Zelle von acht Quadratmetern landete, bringt ihm ein Netto-Jahresgehalt von 60 000 Euro ein; außerdem verfügt er über einen Dienstwagen, einen Volkswagen Golf. Herr Meiwes ist Herr Jedermann, der nicht auffällt und von seinen Kollegen wegen seiner Hilfsbereitschaft, Disziplin und Höflichkeit geschätzt wird. Wenn er keine Computer repariert, nimmt er in seinem Garten alte Autos auseinander. Zwei Trabbis aus der ehemaligen DDR, die seit dem Fall der Berliner Mauer 1989 heißbegehrt sind, ein Wartburg und ein Mercedes Benz 108. Doch nachdem er sie zerlegt hatte, hat er sie nie wieder richtig zusammengebaut.

Armin Meiwes beendet seine berufliche Tätigkeit am 10. Dezember 2002 abrupt, als drei Polizisten ihn in der Kanzlei des Anwalts verhaften, dem er gerade seine ganze Geschichte erzählt hat.

Kapitel 2

Brav wie ein Engel

Meiwes ist noch ein Kind, als ernste Störungen auftreten. Später erklärt er, um den viel zu frühen Verlust der Männer seiner Familie zu kompensieren, sei er gezwungen gewesen, sich Personen zu erfinden, denen er Dinge antut. »Ich fühlte mich vollkommen allein. Zuerst ist mein Vater weggegangen, dann mein Bruder Wolfgang. Später ist meine Großmutter gestorben. Ich habe mir vorgestellt, dass jemand bei mir wäre und mich nicht mehr verlassen würde.« Seine Phantasien beziehen sich insbesondere auf das, was ihm, wie er sagt, immer gefehlt hat, ein kleiner Bruder, für den er wäre, was sein jüngerer Bruder Ingbert früher für ihn gewesen war. Ein kleiner blonder Bruder, schlank und hübsch wie Sandy, der junge Held der Fernsehserie *Flipper*. Ein imaginärer Gefährte. Er nennt ihn Franky – einer seiner Klassenkameraden heißt Frank –, er ist der Typ Junge, der ihm gefällt, und er träumt, dass Franky »ein Teil von mir wird«. Nachts, im Bett, spricht Armin mit Franky, und Franky hört ihm zu, erzählt der Angeklagte später.

Meiwes gibt zu, dass er sich zwischen acht und zwölf vorgestellt habe, wie er die Klassenkameraden schlachtet – so wie man Schlachtvieh »schlachtet« –, die ihm am sympathischsten waren. »Es war immer: den Bauch öffnen, die Eingeweide herausholen.« Die Eingeweide müssen wirklich aus dem Bauch *quellen*, und das Tollste ist für den Jungen der Moment, wenn er den Körper zerstückelt, ihn buchstäblich *in Stücke* zerlegt. »Aufschlitzen – ausweiden – zerlegen«; wenn Armin an diese Abfolge von Handlungen denkt, masturbiert er. Wenn er sich vorstellt, wie er einen Kameraden aufschlitzt und herausholt, was er in seinem Bauch hat, weckt das stets die angenehmsten Gefühle in ihm.

In diesem Alter schaut er auch bei Hausschlachtungen zu; manchmal hilft er sogar mit. Enten, Hühner, Gänse, Schweine, ein Reh, ein Wildschwein ... werden vor seinen Augen von den Bauern geschlachtet. Diese Arbeiten, die kleine Kinder in der Regel entsetzlich finden, sind für ihn etwas Normales. Er liebt Tiere, aber er ist weder bewegt noch entsetzt, wenn er sieht, wie sie sterben und in einem Blutbad zerstückelt werden.

Bei seiner Vernehmung in den Räumen der Polizei erklärte Ingbert, Armins jüngerer Bruder, dieser habe während der Kindheit nicht das geringste Interesse am Schlachten von Tieren gezeigt. Er habe die Tiere geliebt. Er habe keiner Fliege etwas zuleide tun können. Er sei ein ganz normales Kind gewesen.

Ungefähr mit zwölf oder dreizehn, als er in die Pubertät kommt, fügt Armin seiner krankhaften Wahnvorstellung ein viertes Element hinzu. Nach dem »Aufschlitzen, Ausweiden, Zerlegen« kommt das Verb »essen« hinzu. Meiwes isst das Fleisch des Kameraden, von dessen Zerstückelung er träumt.

Es ist immer das gleiche Szenario, das sich in seinen Gedanken aufbaut. Ein Mann zieht sich aus, Meiwes markiert mit Farbe die Stücke des Körpers, die er herausschneiden wird. Dann hängt er sein Opfer an den Füßen an einem Flaschenzug auf. Er nimmt ein Messer, schneidet in die Bauchmuskeln und zerlegt den Körper nach allen Regeln der Kunst. Er kocht das Fleisch auf unterschiedliche Weise und isst es. »Aber in meiner Phantasie halte ich es nicht bis zum Verzehr aus, um zu kommen, denn ich habe bereits einen Orgasmus gehabt, als ich in Gedanken den Bauch öffnete. Dieses Ritual hat sich bis heute nicht geändert«, gesteht er nach seiner Verhaftung.

Armin Meiwes war ein Kind, bevor er als Erwachsener zum Kannibalen wurde. Wie alle Kinder hat er die Bücher gelesen, die für sie bestimmt sind. Zu seinen Lieblingsbüchern gehört der Bericht der Abenteuer von *Robinson Crusoe*, der auf einer kleinen Insel in der Mündung des Orinoco in Venezuela strandet. Mit Ausrüstungsgegenständen aus dem Schiffswrack richtet er sich eine Behausung ein. Er beweist einen großen Sinn für das Praktische und baut sich eine richtige kleine Festung in einer Höhle, die er mit einem doppelten Palisadenzaun schützt, der seinerseits von einem Wald verborgen wird. Es ist ein sehr ungewöhnlicher und zugleich sehr beklemmender Bericht. Robinson fühlt sich gezwungen, sich auf seiner eigenen Insel zu verstecken, er verwischt jede Spur seiner Anwesenheit, Zeichen einer starken Angstpsychose trotz seines Organisationstalentes, das er Tag für Tag beweist – und sein Aufenthalt auf der Insel wird achtundzwanzig Jahre dauern. Robinson hat auch narzisstische Probleme. Er verkleidet sich als eine Mischung aus Negerkönig (er trägt ein Kostüm aus Ziegenleder) und asiatischem Herrscher (er läuft mit einem Sonnenschirm aus Ziegenleder herum), und stolziert in einem kindlichen Spiel der Allmacht durch sein Reich und proklamiert sich selbst als »König und Herrscher«. Doch die lange Einsamkeit verschlimmert seine psychischen Probleme, und das, was er eines Tages am Strand entdeckt, macht ihn verrückt vor Wut: Es handelt sich um die Reste eines Kannibalenfestmahls. »Ich kann das Entsetzen nicht beschreiben, das meine Seele gepackt hat, als ich den Strand übersät mit Schädeln, Händen, Füßen und anderen Resten menschlicher Gebeine sah.«

Zuerst denkt er – als guter Protestant – daran, alle Karibikindianer zu töten, die auf der Insel gelandet sind, weil sie den Kannibalismus praktizieren, doch sein Glaube erlaubt ihm auch, seine Mordgedanken unter Kontrolle zu bringen. Und er veranlasst ihn ebenfalls, einen jungen sechsundzwanzigjährigen Karibikindianer, den er Freitag nennen wird, aus den Klauen der Kannibalen zu retten, die ihn auf Robinsons Insel gebracht hatten, um ihn dort zum Picknick zu verspeisen – der rituelle Verzehr. Der Eingeborene, der kannibalistische »gute Wilde«, wird zum Protestantismus bekehrt und zum Sklaven und Freund des Herrn der Insel.

Man kann sich gut vorstellen, dass die Geschichte des Ausbeuter-Bürgers und seines kannibalistischen Freundes Meiwes Phantasie stark angeregt hat, so wie sie Generationen von Kindern fasziniert hat. Dabei wurde dieses Buch, das 1719 veröffentlicht wurde und zu denen gehört, die nach der Bibel die größte Anzahl von Ausgaben erlebt haben, ursprünglich für Erwachsene geschrieben.

Armin liest auch andere Geschichten für Kinder. Er erklärt, er sei dauerhaft beeindruckt worden von einem der Kinder- und Hausmärchen, die die Brüder Grimm gesammelt und aufgezeichnet haben, *Hänsel und Gretel*. In der Regel werden diese Märchen den Kindern erzählt, um ihnen zu helfen, erwachsen zu werden und Hindernisse zu überwinden und den Sinn des Lebens zu begreifen. Dieses Märchen, das zum ersten Mal 1812 veröffentlich wurde, gehört zu denen, die den Kindern helfen sollen, nicht mehr ganz und gar von ihren Eltern abhängig zu sein, reifer zu werden und sich den Realitäten des Lebens zu stellen. Hänsel und seine Schwester Gretel werden von ihren bettelarmen Eltern im Wald ausgesetzt. Verloren, verzweifelt und ausgehungert, stoßen sie auf ein Haus aus Brot, Kuchen und hellem Zucker, über das sie sich sofort hermachen. Das Haus ist eine Falle der alten Hexe, die nach Frischfleisch giert und den kleinen Jungen mästen will, um ihn zu essen.

Die Schwester des Jungen wird gezwungen, als Küchenhilfe zu arbeiten. Die Menschenfresserin, die es auf Hänsel abgesehen hat, die schreckliche kinderfressende Hexe erschreckt Armin ganz offensichtlich nicht; immer wieder liest er das Märchen, zieht aber nicht die erhoffte Lehre daraus. Er *glaubt* nicht daran. Er glaubt nicht an die Gefahr. Vielleicht identifiziert er sich nicht mit Hänsel, sondern mit der ausgehungerten Hexe. Mit seinem kindlichen Gemüt stößt Meiwes die Hexe nicht in den Backofen, um der Gefahr zu entgehen. Stattdessen träumt er vermutlich von dem jungen, zarten Fleisch. »Das wird ein guter Bissen werden«, murmelt die Hexe und denkt an ihre Mahlzeit; »das war ihr ein Festtag«, heißt es in dem Märchen, so dass man Gänsehaut bekommt.

Und ein weiteres widerwärtiges Detail ist Meiwes' Aufmerksamkeit vermutlich nicht entgangen. Hänsel, der in einen kleinen Stall gesperrt worden ist, in dem die Hexe ihn fett werden lassen will, muss jeden Morgen einen Finger herausstrecken, damit die Hexe prüfen kann, ob er bald fett ist. Doch anstatt seinen eigenen Finger herauszustrecken, lässt er sie ein Knöchlein betasten, das er auf dem Boden gefunden hat. Ein Knöchelchen, das sich vom Skelett des vorigen Bewohners des Stalls gelöst hat?

Armin Meiwes ist erwachsen geworden, immer noch genauso hilfsbereit, diskret und höflich, aber sein Gefühlsleben ist unterentwickelt. Er hat noch nie eine echte Freundin gehabt. Natürlich war da seine Mutter … Von dieser ersten großen Liebe scheint er sich nie gelöst zu haben, was ihm erlaubt hätte, eine männliche Identität zu entwickeln. Mama ist allgegenwärtig. Armin macht einen mehrtägigen Ausflug mit seiner Truppe, Mama begleitet ihn und übernachtet mit ihm in einem

Doppelzimmer. Armin schickt sich an, zu einem Rendezvous zu gehen, er macht sich schön, verlässt das Haus und findet seine Mutter mit verkniffener Miene auf dem Rücksitz des Wagens, als er losfahren will. Einem Nachbarn, der ihn fragt, warum er nicht heirate, antwortet Meiwes: »Vielleicht irgendwann einmal, wenn Mutter tot ist.« Eine Nachbarin, die aus dem Dorf wegzieht, schenkt ihm ihre lila- und pinkfarbene Kinderschaukel für später. Das verrostete Gestell steht noch heute im Garten des Kannibalen. Mehreren Zeugen zufolge träumt Armin jedoch davon, eine Frau zu finden und eine Familie mit vielen Kindern zu gründen. Den Kindern der Nachbarn ist er ein aufmerksamer und selbstloser Freund, sie schenken ihm ihr blindes Vertrauen und ahnen nichts von seinen immer wiederkehrenden krankhaften Phantasien.

1984 lernt Meiwes durch ein Heiratsinstitut eine Frau kennen. In dem Prozess ihres ehemaligen künftigen Ehemanns wird sie zwanzig Jahre später unter Ausschluss der Öffentlichkeit aussagen, das Gesicht hinter einer Sonnenbrille verborgen. Petra S., einundvierzig, Büroangestellte, 100 Kilo. Die Verlobung wird in Abwesenheit der Mutter gefeiert; Petras Eltern sind ebenfalls nicht informiert worden. Die Beziehung dauert neun Monate. Petra erweist sich als noch despotischer als die Mutter ihres Verlobten, und erschwerend kommt noch hinzu – ein grundlegendes Ehehindernis –, dass sie ihm schließlich erklärt, sie leide an einer Erkrankung der Eierstöcke und könne keine Kinder bekommen.

Der ehemalige Berufssoldat unterhält, wie es scheint, nur eine einzige weitere »lange« Beziehung. Eine dreiwöchige, der Frau zufolge – Martina, neununddreißig zum Zeitpunkt des Prozesses –, eine mehrmonatige, ihm zufolge. Auch was die wirkliche Natur ihrer Beziehung betrifft, gehen die Meinungen der Betroffenen vor Gericht vollkommen auseinander. Er behauptet, eine wunderbare sexuelle Beziehung mit Martina gehabt zu haben, diese leugnet jeden körperlichen Kontakt, selbst in Form von Küssen; sie hätten keinerlei Berührungspunkte miteinander gehabt. Sie lernen sich durch eine gemeinsame Freundin kennen, die an Sylvester 1999 die Kupplerin spielt. Alle drei wohnen im selben Dorf, Wüstefeld. In einem Brief, den Meiwes dieser Freundin schreibt, ohne ihn abzuschicken – er fungiert als eines der Beweisstücke –, teilt er ihr seinen Wunsch mit, eine Familie mit vielen Kindern zu gründen. Sein Wunsch wurde nicht erhört. Vielleicht hätte er Martina eines Abends beim Fernsehen nicht einfach so, ganz nebenbei, sagen sollen, dass er homosexuell sei. Außerdem sieht sie zufällig auf dem Bildschirm eines seiner Computer Fotos von nackten jungen Männern beim Sport. Gewiss, sie findet ihn sympathisch, er bringt ihr häufig Blumen mit, doch der Gutshof der Familie Meiwes ist ihr äußerst unheimlich. »Sein Haus war schrecklich, wirklich beängstigend«, erklärt sie am 9. Januar 2004 im Zeugenstand, bevor sie eine erstaunliche Beschreibung des Schlafzimmers der Mutter des Angeklagten gibt, die drei Jahre zuvor gestorben ist: Das Bett sei zerwühlt gewesen und übersät mit Kleidungsstücken, und in diesem Durcheinander habe auf der mit Spiegeln und Haarbürsten überladenen Frisierkommode die Brille der Verstorbenen gelegen, »als sei sie nur kurz hinausgegangen, um etwas zu erledigen«. Dabei sei das Fenster mit Sperrholz vernagelt gewesen, und das Sonnenlicht sei niemals ins Zimmer gedrungen. An diesem Januartag regt Meiwes sich auf, als er seiner Ex-Freundin ein paar Fragen stellt, und behauptet, er habe sie verlassen, weil sie die Absicht gehabt habe, sich sterilisieren zu lassen. »Wenn ich eine Frau habe, dann will ich eine vollwertige haben und keine, die sterilisiert ist!«, ruft er und verliert für einen Augenblick seine gewohnte Ruhe.

Die ausschließliche Beziehung, die Meiwes und seine Mutter miteinander geführt haben, eine Beziehung ohne Liebe und Gefühle, hat mit Sicherheit großen Schaden angerichtet. Die sozialen und gefühlsmäßigen Beziehungen, zu denen er fähig ist, bleiben oberflächlich. Jeder Versuch der Annäherung ist zum Scheitern verurteilt. Auffällig ist, dass er nicht selbst auf die anderen zugehen kann, vermutlich, weil er es nicht wirklich will. Er muss entweder die Dienste eines Heiratsinstituts in Anspruch nehmen oder eine Anzeige in der Rubrik »Bekanntschaften« aufgeben, oder aber darauf warten, dass eine dritte Person ihm eine Frau vorstellt. Sein soziales Leben ist alles andere als aufregend. Seine wenigen Beziehungen zu anderen sind nicht sehr tief und unverbindlich. Sie sind in das Korsett der klassischen Höflichkeitsregeln gezwängt: banale Arbeits- und Nachbarschaftsbeziehungen … Er öffnet sich anderen niemals wirklich, geht in den täglichen und gewohnten Beziehungen nicht aus sich heraus und ist nicht neugierig genug, um sich für die Persönlichkeit der anderen zu interessieren, die in seinen Augen nichts als Marionetten ohne jedes Interesse zu sein scheinen. Die Menschlichkeit ist in Armin Meiwes Beschäftigungen auf erschreckende Weise abwesend.

Eine andere ehemalige Nachbarin – die eine gewisse Presse aufgrund ihrer umfangreichen Korrespondenz als die neue »Geliebte« des Kannibalen von Rotenburg präsentiert – zeichnet an ebendiesem Januartag vor Gericht ein eher positives Porträt des Angeklagten, er sei ein »sensibler, freundlicher und hilfsbereiter Mann«. Aber es kommt nicht selten vor, dass vor allem junge Frauen Liebe oder Bewunderung für Kriminelle empfinden, die oft zu lebenslänglicher Freiheitsstrafe oder zum Tode verurteilt sind. Es kommt vor, dass Häftlinge im Gefängnis von solchen bedingungslosen »Fans« geheiratet werden, ganz gleich, was diese Kriminellen, die sie bewundern, auch Schreckliches getan haben mögen. Dieser Frau, Marion, einundvierzig, dunkelbraunes Haar und das Gesicht einer Porzellanpuppe, hat Meiwes aus dem Gefängnis zu Prozessbeginn einen Brief geschrieben, in dem er sich über den Medienrummel beschwert, der diesen Fall begleitet und den er als peinlich empfindet, weil er, wenn er allein in seiner Zelle sei, »nur ein Häufchen Elend« sei. Ein Bild, das allerdings stark von dem abweicht, das er den Kameras und den Journalisten während der Gerichtsverhandlung zeigt.

Abgesehen von diesen wenigen und unergiebigen Beziehungen zu Frauen unterhält Meiwes homosexuelle Beziehungen zu Mannschaftskameraden beim Militär, hat ein paar One-Night-Stands und geht manchmal in einen Puff, wo er am Tresen einschläft, ohne den Geschlechtsverkehr zu vollziehen. Er behauptet von sich selbst, er sei bisexuell, doch in Wirklichkeit ist sein »sexuelles« Leben sehr beschränkt.

Armin Meiwes hat ein großes Problem: Wenn er keinen dauerhaften Partner hat, kehren die kannibalistischen Phantasien aus seiner Kindheit mit Macht zurück.

Nach der Arbeit flüchtet er sich in eine Welt nach seinem Geschmack. Er liest Geschichten von Kannibalen, nimmt blutrünstige Fernsehreportagen auf, insbesondere über den Vietnamkrieg, sammelt Informationen über Mörder besonderer Art wie Jeffrey Dahmer – ein nekrophiler und kannibalistischer Amerikaner, der siebzehn Jugendliche getötet hat – oder Fritz Haarmann, den »Schlächter von Hannover«. Um seine »Bildung« zu verfeinern und sein Verlangen nach krankhaften

Phantasien zu stillen, sieht er sich auch Horror- und Zombie-filme an und lebt seine Neigung in Form praktischer Arbeiten aus.

So schneidet er beispielsweise Fotos von Körperteilen aus Katalogen und klebt sie auf einen gezeichneten Grill. Und der ehemalige Soldat begnügt sich nicht damit, Modellautos zu zerlegen. Er kauft sich auch Barbiepuppen und nimmt verschiedene Experimente an ihnen vor; die kleinen Figuren mit dem Mannequinkörper werden durchbohrt, verstümmelt, aufgespießt und mit Ketchup eingeschmiert auf seinem Grill gegrillt. Zum Schluss werden die Puppen fotografiert und die Aufnahmen digital bearbeitet und auf Festplatten gespeichert. Wenn Armin genug mit ihnen gespielt hat, schließt er die Einzelteile in einen Tresor. Seine Mutter könnte sie finden und sich fragen, was ihr großer Junge in seinem Alter mit Barbies anstellt.

Er führt auch Experimente mit seinem eigenen Körper durch. Er liebt es, sich nackt zu filmen, wobei er seinen Körper mit Ketchup einschmiert, dem er Paprikapulver beifügt, damit die Tomatensauce dicker wird und stärker echtem Blut ähnelt, und sich ein Küchenmesser an den Hals hält. Oder er zieht sich mit dem Kopf nach unten an einem Flaschenzug hoch, den er in seinem Kinderzimmer an der Decke befestigt hat; er formt Körper aus Marzipan, die er mit Kakaopulver bestäubt und in die er Stäbchen aus Lötzinn steckt, die Messer und Gabeln darstellen sollen. Und er modelliert Penisse aus Schweinehack – ein Polizist, der ein Exemplar zwischen zwei Toastbrotscheiben gefunden hat, wird schildern, mit welcher Liebe zum Detail Meiwes sie modelliert hat –, bevor er seinen eigenen Penis danebenlegt, auf einem Frühstücksbrettchen, das er sich von seiner Mutter ausgeborgt hat. Diese sitzt während Minchens nächtlichen Aktivitäten vor dem Fernseher oder liegt bereits im Bett. Zum Schluss masturbiert ihr Sohn, während er sich all diese Amateurfilmchen ansieht.

1996 lässt Meiwes sich einen Internetzugang legen, und jetzt werden seine Phantasien konkreter, brutaler. Nachdem er sich zunächst Fotos von nackten Männern angeschaut hat, dehnt er seine Suche aus mit Hilfe der Schlüsselwörter »Tod«, »Kannibalismus« … und beginnt Informationsmaterial herunterzuladen und auf zahlreichen Festplatten zu speichern. Es handelt sich um Fotos – mehrere Tausend alles in allem, davon 1800 mit kannibalistischem Inhalt – und Videofilme (307 zählt die Polizei). Der neugierige Cybernaut beginnt Verzeichnisse anzulegen und nennt sie »Fleisch« (eingescannte Bilder aus Lebensmittelprospekten) und »Grausam« (Aufnahmen von Unfallopfern, abgetrennten Gliedmaßen – manche Bilder bearbeitet er digital, indem er Köpfe, Gliedmaßen abtrennt und Blut hinzufügt; Fotos von sadomasochistischen Szenen, von ihm selbst mit erigiertem Penis, von Dutzenden von Genitalien etc.). Im Videorekorder liegt immer eine leere Kassette bereit, falls im Fernsehen Berichte über Serienmörder oder Leichenöffnungen kommen.

Der Computer – das bevorzugte Werkzeug des modernen Kannibalen?

Aufgrund all dieser Aktivitäten, die wahnsinnig viel Zeit beanspruchen und ihm keine weiteren Hobbys erlauben, geht Armin spät ins Bett. Die Nachbarn bemerken, dass hinter den Fenstern des alten Herrenhauses bis spät in die Nacht Licht brennt – Nachbarn, die nicht die geringste Ahnung von den nächtlichen Aktivitäten des höflichen Computertechnikers haben, der, nachdem er den Computer ausgeschaltet hat, in sein »Kinderzimmer« geht, wie auf dem kleinen blümchengeschmückten Schild an der Tür steht, und sich in sein Bett legt, von dem er sich seit der Kindheit nicht getrennt hat. Unter den Regalen mit der kompletten Sammlung von Walt Disneys lustigen Taschenbüchern. Micky Maus und Donald Duck wachen über Minchen.

Der ernste und diskrete Angestellte braucht nur noch einen Auslöser, um aktiv zu werden. Das Ereignis, das alles ins Rollen bringt, tritt Anfang September 1999 ein.

Kapitel 3

»Es gibt Tausende, die gefressen werden wollen«

Depressiv, krebskrank, ein Wrack und bettlägerig nach einem bösen Sturz, stirbt Waltraud Meiwes am 2. September 1999 im Alter von siebenundsiebzig in ihrem Bett. Armin ist am Boden zerstört. Sie war sein Abgott, sie hatte ihn unter ihre Fittiche genommen, und er hatte ständig ihre Anerkennung gesucht. Mit dem Tod seiner Mutter bricht der letzte Damm, der ihn daran gehindert hatte, seinen perversen Wünschen freien Lauf zu lassen; dieses Ereignis hat ihn nicht von seiner alten Phantasie befreit. Er erklärt: »Es ist furchtbar, jetzt bin ich ganz alleine auf der Welt«, und stürzt sich mit Feuereifer in die Suche nach neuen Beziehungen, die seine Welt bevölkern sollen … von innen. Meiwes kann seine Gier jetzt ungehemmt befriedigen.

Im Prozess wird er über die Taten, die er begangen hat, sagen: »Ich habe ein Tabu gebrochen, ich muss mich vor Gott und vor der ganzen Welt dafür verantworten«, und zugleich hoffen, nach einer möglichst milden Strafe in sein Dorf zurückkehren zu können. »Mein Anwalt hat mir gesagt, dass ich in zwei oder drei Jahren wieder frei sein könnte«, wer weiß? Denn das Delikt des Kannibalismus existiert in Deutschland nicht. Wie soll man die Taten strafrechtlich bezeichnen, die zu begehen er sich anschickt?

Fast vierzig und noch immer unverheiratet, ist Meiwes jetzt ganz allein in dem riesigen windschiefen Haus, in dem ihm niemand mehr Befehle erteilt. So unfreundlich seine Mutter zu ihm auch gewesen war, sie hatte ihn Tag für Tag daran erinnert, dass er sich nicht alles erlauben kann, und ihn in seine Schranken gewiesen. Im Gefängnis erklärt der Angeklagte einem Journalisten, der ihn fragt, wie seine Mutter, würde sie noch leben, reagieren würde, wenn sie erführe, was er getan hat: »Sicher würde sie mich ausschimpfen.«

Der Familiensitz wird sein ausschließliches Reich; er wird zu dem Ort, wo er sich den Traum seines Lebens erfüllen wird.

Meiwes surft jetzt täglich stundenlang im Internet, im »Netz«, macht ständig neue Entdeckungen auf Websites für Fetischisten und Websites für Sadisten, treibt sich in Diskussionsforen mit Namen wie »Verspeist«, »Gourmet« oder »Cannibal-Café« herum und richtet schließlich selbst ein Forum für Homosexuelle ein, die die gleichen Neigungen haben wie er, »Gay Cannibal«. Im Prozess wird er die Anzahl von Deutschen mit kannibalistischen oder ähnlichen Neigungen auf ungefähr 800 schätzen; insgesamt war er per E-Mail mit 430 Personen in Kontakt. Meiwes erklärt sogar, es gebe »Hunderte und Tausende, die suchen und die gefressen werden wollen«. Der Polizei wurde durch diesen Fall jedenfalls das Ausmaß eines Phänomens deutlich, das sie nicht als so bedeutend eingeschätzt hatte. Vor Gericht hat der Verteidiger Harald Ermel sich bezüglich des Prozesses und des Kannibalismus in Deutschland sogar zu der Behauptung hinreißen lassen: »Es ist nur die Spitze des Eisbergs. Gehen Sie einfach ins Internet. Das ist Wahnsinn.«

Armin benutzt das Netz, um dort in jeder Form seine Leidenschaft für die Zerlegung und den Verzehr von Menschenfleisch bekannt zu machen. Er stellt Fotomontagen ins Netz und verbreitet dort fünfzig Schlachtgeschichten und Essays. In einem empfiehlt er den Kannibalismus als Lösung für das Problem der Überbevölkerung in der Dritten Welt, vor allem in Südostasien und China. In einer seiner Geschichten mit dem Titel *Der Strichjunge* erfindet Meiwes – oder gibt er ihn wieder? – den folgenden Dialog zwischen einem jungen Stricher und einem Mann: »Der Stricher sagte: Ich habe nur Dich und ich will auch nur Dich, lass mich ein Teil von Dir werden. Ich sagte: Das geht nicht, es sei denn, ich esse Dich auf. Er sagte: Dann schlachte mich, außer Dir interessiert sich sowieso keiner für mich. Ich entgegnete: Aber ich liebe Dich doch! Er sagte: Gerade deshalb musst Du es machen, oder ich bringe mich um. Ich spürte ein unheimliches Gefühl in mir, es war, als verbinden sich unsere Seelen.« In seiner »literarischen« Produktion wie in seinen Phantasien vermischt Meiwes stets auf merkwürdige Weise Gefühle und Horror, Intimität und Grausamkeit.

»Suche Mann zwischen 18 und 30 Jahren, gut gebaut, für Schlachtung.« – »Suche jungen, gut gebauten Mann, der sich von mir gerne fressen lassen würde. Aussagekräftige Fotos erwünscht.« – »Suche einen Jungen zwischen 18 und 25 Jahren. Wenn du normal gebaut bist, werde ich dich wie ein Tier schlachten und dein geiles Fleisch essen.«

Armin Meiwes gehört zu den Männern, die ihr Image pflegen. Und den Stil, wenn er »Rekrutierungsanzeigen« entwirft, um sie ins Internet zu stellen. Der Wunsch ist klar und deutlich, und so merkwürdig das dem Normalsterblichen auch erscheinen mag, eine unglaubliche Zahl von Cybernauten antwortet auf diese englisch formulierten Anzeigen. 204, um genau zu sein. Aus Deutschland, dem Vereinigten Königreich oder anderswoher. 13 weitere nehmen Kontakt mit ihm auf, um ihm anzuvertrauen, sie würden gern an der Zerstückelung eines Menschen teilnehmen, und 29 behaupten, sie hätten so etwas bereits getan oder wollten es tun. Die Polizei wird im Januar 2004 erklären, dass die 204 Cybernauten nicht wirklich hätten identifiziert werden können; sie konnte aber auch keinen konkreten Hinweis darauf finden, dass sich unter diesen Personen weitere Opfer von Meiwes befunden hätten.

Heinrich Wilmer, Psychiater in dem Gefängnis in Kassel, wo das »lächelnde Monster«, wie er in den Zeitungen manchmal genannt wird, bis zu seinem Prozess einsitzt, der von der Verteidigung als unabhängiger Sachverständiger benannt worden war, kommt zu dem Ergebnis, der Kannibale von Rotenburg habe seine erste Kontaktanzeige in einer Mischung aus Scherz und Kühnheit, die sich rasch als ernst herausgestellt habe, aufgegeben.

1999 beginnt Meiwes aktiv nach »einvernehmlichen Opfern« zu suchen. Anzeigen wie die oben zitierten (anfangs beschränkte er sich auf Personen zwischen 18 und 25, bevor er die Suche auf Cybernauten bis 30 ausweitete) stellt er insgesamt 80 ein. Dafür benutzt er das bedeutungsschwangere Pseudonym »Franky«. Der kleine erfundene Bruder, blond und schlank, von dessen Einverleibung er als Kind träumte.

Die Anzeigen führen zu einer Vielzahl von Chats und

E-Mails mit erschreckendem Inhalt. Während der Ermittlungen ist die Polizei nicht in der Lage, sämtliche auf den im Haus des Angeklagten gefundenen 221 Festplatten und 16 Computern gespeicherten E-Mails auszudrucken; dazu wären 100 000 Blatt Papier nötig gewesen, die zwei Zehntonner gefüllt hätten.

In dieser ungeheuerlichen Korrespondenz haben die Ermittler gefunden, wonach sie zuallererst gesucht hatten, die E-Mails, die zwischen dem Kannibalen von Rotenburg und einem gewissen Bernd-Jürgen Brandes, Ingenieur in Berlin, ausgetauscht wurden, der »Cator« als Pseudonym gewählt hatte. Aber sie haben auch verblüffende Gespräche mit mehr als zweifelhaftem Inhalt gefunden, die sich durch einen Humor und Zynismus auszeichnen, die das normale Maß übersteigen, sowie, bisweilen regionale, Rezepte für die Zubereitung von Menschenfleisch.

So fragt ihn im Januar 2002, zehn Monate vor den Meiwes zur Last gelegten Taten, ein gewisser Jörg: »Hast du in deinem Urlaub junge Kerle getötet?« Antwort: »Das ist das Einzige, was ich nicht im Urlaub gemacht habe. Glaubst du, dass ich das vergessen habe? Dass ich einen jungen Kerl töten und essen will?« – »Nein, nichts ist sexyer, als sich wie ein Schwein schlachten zu lassen.«

Um einen anderen E-Mail-Partner zu befriedigen, der davon träumte, von einer Frau getötet und gegessen zu werden, legt Meiwes sich eine neue E-Mail-Adresse zu und gibt sich als Frau aus. Einem anderen Kannibalen, der ihn fragt, wen er nicht essen würde, gibt Armin die folgende verblüffende Antwort: »Meine Grenze wären Asthmatiker.« Nach seiner Verhaftung wird er hinzufügen: »Ich würde niemals eine Frau essen. Sie sind unersetzlich – vorausgesetzt allerdings, sie sind fruchtbar«, wie Meiwes zweien seiner Ex-Freundinnen schroff zu verstehen gibt.

Kunterbunt durcheinander finden sich auch Äußerungen wie diese: »Wer älter als 35 ist, lässt sich nur als Frikadelle zubereiten.« – »Hänsel möchte lebendig gebraten werden. Je jünger, desto zarter.« – »Ich hoffe, dass deine Leber mich nicht enttäuschen wird. Nur kurz angebraten, mit Zwiebelchen, köstlich …« – »Die saftigen Pobacken eignen sich hervorragend als Sonntagsbraten, und aus den Beinen schneide ich eine Menge herrlicher Schnitzel.« – »Das Hüftgold macht den Schinken schön zart.« – »Die Grieben von Jungen mit gerösteten Zwiebeln auf einer Scheibe Brot: ein Hochgenuss!« – »Ich entbeine die Schulter und salze sie, bevor ich sie koche, das ist eine Spezialität aus Baden.« Nicht verwunderlich, dass die Zeitungen, insbesondere die deutschen, es aus Scham oder Abscheu vorgezogen haben, den Inhalt mancher E-Mails aufgrund ihres widerlichen Inhalts und ihres pornographischen Charakters nicht zu veröffentlichen.

Die angelsächsische Presse neigte meist sehr viel weniger zur Selbstzensur und hat einige erschreckende Details verbreitet.

Die Diskussionsforen locken auch Paare an. »Franky« und »Cator« beginnen schließlich auch über die Vor- und Nachteile zu diskutieren, Frauenfleisch an Stelle von Männerfleisch zu essen, nachdem ein Paar unter dem Pseudonym »Hänsel und Gretel« begonnen hat, mit Franky zu korrespondieren.

Im Frühjahr 2000 antwortet ein Italiener, ein gewisser Matteo, auf eine von Meiwes' Anzeigen, die er auf einer Website namens *Flesh & Bone* entdeckt hat. Matteo sucht offensichtlich echten Nervenkitzel. Er will mit Flammenwerfern »behandelt« werden, insbesondere an den Hoden, Nägel und Heftzwecken in den Körper gebohrt bekommen und zu Tode gepeitscht werden.

»Ich fand das etwas merkwürdig«, wird der Kannibale später erklären. »Der verlangte wahnsinnige Torturen und Qualen. Das war zwar nicht, was ich mir vorstellte, aber er wollte sich essen lassen. Insofern musste ich freundlich zu ihm sein.« Und so beginnt er extra für Matteo mit der Einrichtung seines »Schlachtraums«.

Immer noch die gleiche Liebe zum Detail

Im zweiten Stock des Herrenhauses – unter dem Dach – befindet sich die ehemalige Räucherkammer. Überbleibsel aus einer Zeit, in der man Fleisch und Fisch zu Hause räucherte. Die Spuren dieser traditionellen Aktivität sind noch sichtbar an den fensterlosen Wänden. Der Ruß bildet eigenartige Formen an den Wänden, die wie Tiere aussehen. Ein Esel, ein Steinbock. Das Zimmer misst vier mal drei Meter und wird von Neonlicht erhellt. Es riecht nach dem Moder eines jahrhundertealten Hauses. Rechts ein großer Lattenkäfig – in Wirklichkeit die Verpackung eines Kaminbausatzes – und ein altes rostiges Eisenbett für eine Person, auf dem drei blaue Matratzenteile mit Blumenmuster liegen; darüber eine Wolldecke. Darauf ein Ledergeschirr und Stricke. Zu beiden Seiten ein Nachttisch. Auf den ersten hat Meiwes ein altes Fix-und-Foxi-Heft gelegt, auf den anderen einen Raumerfrischer »Limonenduft« gestellt. Neben dem Bett stehen zwei Heizstrahler – Matteo hat den Wunsch geäußert, lebendig gegrillt zu werden. Links eine Kommode, auf der Salatschüsseln aus Plastik stehen, und an die Wand genagelt zwei Holzleisten, die ein X-förmiges Andreaskreuz bilden. Darauf will Matteo »behandelt« werden. Fürs erste hat Meiwes zwei Schaufensterpuppen aus Gummi darangehängt, die er im Internet ersteigert hat. Außerdem hat er aus einer Regenschirmhülle und einem Fernsehkabel eine Peitsche gebastelt und auf der Internetseite von Beate Uhse eine Riemenpeitsche mit neun geflochtenen Tauenden aus Leder (»neunschwänzige Katze«) gekauft; aus einem Küchenschrank hat er das Beil seiner Großmutter genommen und es auf einen Biergartentisch gelegt, der in der Mitte des Raums steht. Neben dem Beil liegen nach Größe geordnet sechs Messer, ein Fleischwolf und eine Art Schlachterschürze. Das komplette Werkzeug des Schlachters.

Meiwes isoliert den Raum, indem er an manche Wände Matratzen stellt und Presssplanplatten davornagelt. Um sicherzugehen, macht er einen Test: Er stellt ein Transistorradio laut und geht in den Garten hinunter, um zu hören. Nichts. Der Raum ist schalldicht. Schließlich macht er ein paar Fotos von seinem persönlichen Schlachtraum und mailt sie Matteo.

Am 8. Dezember 2003 gibt Doris Walter, eine fünfunddreißigjährige Kommissarin der Kriminalpolizei, die im Dezember 2002 als Erste das »Haus des Schreckens« durchsucht hatte, diese präzise Beschreibung des Schlachtraums, in dem nichts verändert worden war, seit Meiwes ihn 2000 eingerichtet hatte. Auf dem Boden hat die Polizistin auch Blutspuren bemerkt, obwohl das Verbrechen fast zwei Jahre zurückliegt.

Matteo ist niemals nach Wüstefeld gekommen, um sich die Genitalien grillen oder sich verspeisen zu lassen.

Doch Armin lässt sich nicht verdrießen. Er setzt seine Suche beharrlich fort.

Die meisten Begegnungen, die er mit dem Ziel einer Schlachtung und Zerstückelung zu organisieren versucht, finden nicht statt, in der Regel, weil der »Bewerber« im letzten Augenblick zurückschreckt, wenn ihm bewusst wird, dass das Szenario, über das er mit Franky eine Weile per E-Mail phantasiert hat, auf eine Verwirklichung »im echten Leben« zuläuft und er das Haus dieses Franky nicht lebend verlassen wird. So unter anderem Jürgen, der schließlich darauf verzichtet, Meiwes zu besuchen, als er diese kurze Nachricht erhält: »Wenn du kommst, musst du damit rechnen, dass es dein letztes Kommen ist.« Kein Wunder, dass da selbst eine sehr starke Phantasie wie ein Soufflé in sich zusammenfällt.

Zu den neugierigen Cybernauten, die sich eines andern besinnen und letzten Endes nicht das Abendessen dieses Franky werden wollen, von dem sie nichts als die intimsten Phantasien kennen (und man kann verstehen, dass es ihnen nicht behagt, als Steak auf dem Teller eines vollkommen Unbekannten zu landen), gehört auch ein Mann, der sich essen lassen will, weil sein Großvater ihm als Kind, wenn er böse war, immer gesagt hatte, er würde gegessen. Jetzt, da sein Großvater tot ist, will er diese Drohung selbst wahrmachen. Und gibt seinen Plan schließlich auf.

Und da ist auch noch Luke, der ein bisschen aus dem Rahmen fällt. Dieser junge Mann will getötet und gegessen werden. So weit alles ganz normal für Franky. Doch Luke sagt ihr Treffen ab mit der Begründung, er habe Kannibalen kennengelernt, die bereit seien, ihn anlässlich des russisch-orthodoxen Weihnachtsfestes zu essen, das in dem Jahr nach dem julianischen Kalender am 6. Januar stattfindet. »Ich habe versucht, danach wieder Kontakt mit ihm aufzunehmen, um zu wissen, ob es geklappt hat oder nicht … ohne jemals eine Antwort zu erhalten«, erklärt Meiwes den Polizisten, die immer fassungsloser auf ihre Entdeckungen reagieren.

Die wenigen verwegenen Cybernauten, die nach Wüstefeld fahren, um Franky kennenzulernen und vor allem seinen »Schlachtraum« zu besichtigen, oder sich mit ihm an einem neutralen Ort – in der Regel ein Hotel – zu treffen, kehren unversehrt nach Hause zurück, nachdem sie an sexuellen Rollenspielen teilgenommen haben. Diese Treffen finden statt, nachdem Armin Meiwes die Taten begangen hat, die ihm zur Last gelegt werden. Als hätte »Franky« immer noch nicht genug gehabt.

Kapitel 4

Der Weg eines freiwilligen Opfers

Tempelhof, Berlin. Das Viertel des Flughafens, auf dem die amerikanischen Versorgungsflugzeuge landeten (die berühmte »Luftbrücke«, mit der die von den Sowjets 1948 verhängte Blockade Berlins durchbrochen werden sollte) und unter dem die Katakomben aus der Nazizeit erhalten geblieben sind.

Wenn René mitten in der Nacht aufsteht, um zur Arbeit in die Bäckerei zu gehen, tut Bernd so, als würde er schlafen; er bleibt noch etwas im Bett liegen, nachdenklich und bewegt. Er lässt den Film seiner Kindheit seit dem geheimnisvollen, schrecklichen Tod seiner Mutter an sich vorbeiziehen. Er war fünf. Sein Vater hat sich damit begnügt, ihm die Nachricht mitzuteilen – sie ist durch einen Unfall ums Leben gekommen, der Wagen prallte mit voller Wucht gegen einen Baum, als sie im Urlaub an der Nordsee, auf der Insel Sylt, war –, ohne sich die Mühe zu machen, mit seinem kleinen Jungen über den Tod, das Leben, den Himmel und die Engel, die ihn bewohnen, zu sprechen, kurz, über all das, was man den Kindern erzählt, wenn sie ein geliebtes Wesen verlieren und weder das Warum noch das Wie verstehen. Das war im Sommer 1963.

Mehr sagt der Vater seinem Sohn nicht, denn er weiß nur zu gut, warum und wie seine Frau gestorben ist. Als er eines Tages aus seiner Praxis im Berliner Stadtteil Zehlendorf nach Hause kommt – er ist Allgemeinmediziner –, findet er den leblosen Körper seiner Frau auf dem Sofa. Sie hat sich das Leben genommen. Nach dem schlimmen Vorfall, der sich in dem Krankenhaus, in dem sie als Anästhesistin arbeitet, ereignet hat, hat sie es vorgezogen, Selbstmord zu begehen. Ein Fußballspieler ist während einer Operation gestorben. Sie hat einen Kunstfehler begangen. Sie wird es sich niemals verzeihen.

Der Sohn zweier Ärzte beginnt daraufhin zu glauben, er sei schuld an dem plötzlichen und schmerzlichen Tod seiner Mutter. Er macht sich seine eigenen Gedanken, fühlt sich schuldig, und da er in dem Alter ist, in dem man anfängt, sich seiner sexuellen Identität bewusst zu werden, verbindet er den Tod seiner Mutter mit der Bedeutung seiner Genitalien. Er hat Probleme mit dem Begreifen seiner Männlichkeit. Ein Psychiater spricht von einem »irrationalen Kurzschluss«. Bernd habe sein Geschlecht für den zu frühen Tod der geliebten Mutter verantwortlich gemacht. Der Verlust seiner Männlichkeit, unendliches Leid und seine totale Vernichtung seien ihm von nun an als einzige Möglichkeit erschienen, den Tod zu sühnen. Und diese ernste Störung äußert sich in einer Obsession, die ihn nie mehr verlassen wird: Das Kind, beschrieben als ruhig und umgänglich, das ein (zumindest scheinbar) normaler Erwachsener werden wird, will gebraten und gegessen werden; jemand muss ihm unbedingt das Geschlecht abschneiden, dieses Ding muss unter Schmerzen verschwinden. Dieser extrem masochistischen Phantasie gibt Bernd sich ein weiteres Mal am Morgen des 9. März 2001 – ein Freitag – unter seiner Daunendecke hin.

Merkwürdigerweise hindert ihn die Obsession, die ihn quält, nicht daran, ein ganz normaler Schüler zu sein und eine glänzende Karriere innerhalb eines der größten weltweit operierenden Elektronikkonzerne, Siemens, zu machen.

Bis zur Wiederverheiratung seines Vaters, drei Jahre nach dem Tod seiner Frau, wird Bernd, ein unproblematisches und umgängliches Kind, von mehreren jungen Au-pair-Mädchen betreut. Er versteht sich gut mit seiner Stiefmutter, macht ein gutes Abitur und schreibt sich an der Technischen Universität Berlin ein, um Elektrotechnik zu studieren. 1986 besteht er die Prüfung zum Diplomingenieur mit »gut«. Sein weiterer Weg scheint vorgezeichnet. Bei Siemens, wo er während des Studiums bereits mehrfach als Werkstudent gearbeitet hat, bekommt er schnell eine feste Stelle und wird nach nur vier Jahren zum Abteilungsleiter befördert. Er ist dreißig. Seine acht Untergebenen schätzen ihn als freundlichen, umsichtigen und zurückhaltenden Chef. Unter anderem testet Bernd-Jürgen Brandes die Software von Telefonanlagen und entwirft Beschreibungen für die Kunden. Er gilt als weltweit anerkannter Spezialist auf diesem Gebiet. Und verdient entsprechend.

Als er sich eine Luxuswohnung kauft, sie mit sehr teuren High-Tech-Geräten ausstattet und in vollen Zügen genießt, was das Leben ihm bietet und was er mit Geld kaufen kann, kann man sich nur schwer vorstellen, dass sein höchstes Ziel der eigene Tod, die vollständige Auslöschung ist.

Tatsache ist, dass Bernd ein Doppelleben führt. 1987 lernt er durch eine Kontaktanzeige im Berliner Stadtmagazin *TIP* die drei Jahre jüngere Ariane B. kennen. Liebe auf den ersten

Blick ist es nicht; aber die beiden mögen sich. Bernd kann gut zuhören und scheint sein Leben im Griff zu haben, jedenfalls ist er bestens organisiert. Daher beschließen die beiden ein Jahr später zusammenzuziehen. Noch immer läuft alles gut zwischen ihnen, auch im Bett klappt es. Bernd äußert keine »Sonderwünsche«, keine speziellen Phantasien. Seltsam findet Ariane nur das Verhältnis ihres Lebensgefährten zu seinem Vater. Unterkühlt gehen sie miteinander um. Selbst als Erwachsener scheint Bernd sich in Gegenwart seines Vaters unwohl zu fühlen. So traut er sich beispielsweise nicht, ihm zu »gestehen«, dass er raucht, denn sein Vater ist überzeugter Nichtraucher. Was würde er sagen, wenn er erführe, dass sein Sohn nicht selten eine ganze Packung wegqualmt, wenn er die Nacht vor seinem Computer verbringt? Die Angst vor der väterlichen Missbilligung führt ihn dazu, sein wahres Wesen vor dem Menschen zu verbergen, der ihm eigentlich am nächsten steht.

In diesen Jahren eines eheähnlichen Alltagstrotts stürzt Bernd sich mit Feuereifer in die verschlungenen Pfade des Netzes. Er gründet den Berliner Computer-Club *The Best in Town*, für deren 120 Mitglieder er eine Art Vorläufer der Internet-Provider ist.

Ende 1994 endet die Beziehung zu Ariane. Die Ärzte diagnostizieren Multiple Sklerose bei der jungen Frau. Eine Paartherapie bleibt erfolglos. Sie haben sich einfach nichts mehr zu sagen, oder eher, Bernd hat nichts mehr zu sagen, will nicht über seine Gefühle sprechen.

Nach dieser Trennung, die eine siebenjährige Beziehung beendet, wird der Ingenieur immer häufiger bei den Strichern am Bahnhof Zoo gesehen. Dort lernt er im Herbst 1995 einen gewissen Immanuel kennen, einen jungen Farbigen; mit ihm entwickelt er eine echte Freundschaft, die über den bezahlten Sex hinausgeht. Die beiden reden viel miteinander, gehen spazieren, ins Kino oder in die Disco. Später wird Immanuel sich an einen Bernd erinnern, der zum Zeitpunkt ihrer Begegnung verklemmt und unsicher war. In der Folge entwickelt das Computerass einen unbändigen Willen, sich um seinen Körper zu kümmern, sich zu bewegen, sich in den Vordergrund zu stellen. Nachdem er sich in einem Fitnessstudio angemeldet hat, kauft er sich für 899 Mark ein prachtvolles silbergraues Mountainbike und gibt vor seinen Kollegen mit seinem muskulösen Körper an.

Bernd hat sich verändert, und auch wenn man vielleicht nicht von Selbstverwirklichung sprechen kann, so scheint es doch, als versuche er die verborgenen Winkel seiner Persönlichkeit zu erforschen. Er traut sich, neue Dinge auszuprobieren, wagt sich ins Unbekannte. Er outet sich als bisexuell, und Tatsache ist, dass er laut Immanuel immer stärkere »Bedürfnisse« befriedigen will, die mit der Zeit einen perversen Einschlag bekommen und einen Hang zu einem immer härteren Masochismus verraten. Beim Sex mit dem jungen Mann äußert er immer ausgefallenere Wünsche. Immanuel soll ihm drohen, ihn auspeitschen. Noch beunruhigender ist für den jungen Stricher, dass er ihm in den Penis und die Hoden beißen soll, oft zweimal am Tag. Erst wenn der Schmerz unerträglich wird, stoppt Bernd die Tortur. Diese Praktiken wiederholen sich bis zu dem Tag, an dem der Vierzigjährige seinem Partner ein Fleischermesser gibt: »Schneid ihn ab, du kannst dafür haben, was du willst«, befiehlt er vollkommen ernst und deutet auf sein Glied. Immanuel gehorcht – mit Worten, denn er hält es für ein Rollenspiel und glaubt nicht eine Sekunde, dass sein Liebhaber wirklich verstümmelt werden will. Doch der Liebhaber wird es nicht dabei bewenden lassen.

Jede Nacht wartet Bernd-Jürgen Brandes geduldig, bis René, sein letzter Lebensgefährte, in die Bäckerei geht. Die Tür schließt sich, es ist 1 Uhr 30, der Weg ist frei. »Cator«, »der als Fleisch Geborene«, wie er sich gern nennt, kann den Computer einschalten und im Internet surfen, auf der Suche nach virtuellen nächtlichen Freunden bei Chats in den Kannibalen-Newsgroups. Eines Nachts schickt ihm ein Computertechniker, dessen »virtuelle Bekanntschaft« er eben erst gemacht hat, per E-Mail Fotos seiner Zähne.

Die beiden Männer leben zweieinhalb Jahre zusammen (René ist zum Zeitpunkt des Prozesses siebenundzwanzig), sie bilden so etwas wie ein altes Ehepaar, wo jeder die kleinen Geheimnisse des anderen zu kennen glaubt. »Ich glaubte, er sei glücklich mit mir, wir redeten viel, wir kochten zusammen, wir feierten Weihnachten bei meinen Eltern«, wird René im Januar 2004 aussagen und erklären, dass sie eine ganz normale Beziehung gehabt hätten, dass Bernd niemals den Wunsch zu sterben geäußert habe, dass sie keine sadomasochistischen Phantasien gehabt hätten. Im Übrigen hätten sie gemeinsame Urlaubspläne für den nächsten Monat gehabt.

Außerdem hatte Brandes die gesamte Erfolgsprämie von 20 000 Mark, die er von Siemens erhalten hatte, für einen teuren Fernseher, eine Stereoanlage, Handys und einen Kühlschrank ausgegeben. Ganz offensichtlich Anschaffungen für die gemeinsame Zukunft.

René irrt sich auf der ganzen Linie. Er ahnt nichts von den Phantasien und Obsessionen seines Lebensgefährten und behauptet vor Gericht, dass er sein Verschwinden fast drei Jahre später noch immer nicht begreife. Ihm sei aufgefallen, dass Bernd in letzter Zeit etwas unter Haarausfall gelitten habe, aber das habe er auf den Stress geschoben; man dürfe schließlich nicht vergessen, dass er einen verantwortungsvollen Posten bei Siemens gehabt habe. Doch abgesehen von dieser beginnenden Glatze habe er nichts Ungewöhnliches an ihm bemerkt. Nach seinem Verschwinden spricht René mit einem Kollegen von Brandes, um herauszufinden, was passiert sein könnte, und sie stellen allerlei Spekulationen an: Hat er Industriegeheimnisse gestohlen? Hat er im Lotto gewonnen? »Am Abend zuvor, am 8. März, haben wir auf dem Sofa beim Fernsehen geschmust. Bernd hat zu mir gesagt: ›Du kannst mich morgen den ganzen Tag im Büro nicht erreichen, ich bin in einer Sitzung.‹ Am 9. März habe ich um 18 Uhr versucht, ihn in der Arbeit auf seinem Handy zu erreichen. Ich wollte ihn bloß bitten, auf dem Nachhauseweg etwas fürs Abendessen zu besorgen. Der Kühlschrank war leer.« Jedes Mal meldet sich nur die Mailbox. Bernd, der damit beschäftigt ist, sich seinen größten Wunsch zu erfüllen, kann den Anruf nicht annehmen.

Mehr als zwei Jahre nach seinem Verschwinden erfährt René die furchtbare Wahrheit aus der Zeitung. Inzwischen hat er unter Bernds Papieren ein handgeschriebenes Testament gefunden, in dem er ihm seinen ganzen Besitz vermacht, insbesondere seine Computerausrüstung, die auf dem neuesten Stand der Technik ist und einen Wert von fast 50 000 Euro hat. Seinen Wagen – einen Mitsubishi Colt – hatte der Ingenieur verkauft, bevor er verschwand.

Bernd ist es gelungen, seine Umgebung in die Irre zu führen. Bevor er mit dem Bäcker zusammenlebt, hat er eine sechsmonatige Beziehung mit Alexandra, einer dreißigjährigen Taxifahrerin. Sie haben sich im Oktober 1996 kennengelernt. Die junge Frau wird über ihren Ex-Freund sagen, er sei immmer freundlich und angenehm gewesen und habe ständig Scherze gemacht. Zu Beginn ihrer Beziehung hätten sie überlegt zu heiraten und eine Familie zu gründen. Doch Bernd habe ihr seine Homosexualität offenbart; sie hätten sich getrennt, seien aber bis zum 5. März, vier Tage vor seinem Verschwinden, in Kontakt geblieben.

1998 lernt Brandes Victor kennen, einen sechsundzwanzig-jährigen Kubaner, der in Berlin lebt. Er hatte eine Kontakt-anzeige in einem Stadtmagazin geschaltet und seine Dienste als »Caribbean Boy« angeboten. Drei Jahre lang treffen sie sich regelmäßig, haben mindestens zweimal pro Woche Sex, und schon bald äußert Bernd den Wunsch, verstümmelt zu werden. »Er drängte mich, in seinen Penis zu beißen. Er bekam jedes Mal einen Orgasmus, wenn ich sein Glied mit meinen Zähnen umschloss. Er wollte am ganzen Körper gebissen werden, aber der Penis war seine Phantasie, seine Obsession.« Bernd be-ginnt, ihm 1000 Mark zu versprechen, wenn er es täte, später 5000; er geht sogar so weit, ihm 10 000 Mark anzubieten. Doch Viktor weigert sich, seinen Wunsch zu erfüllen. Dieser zwang-haften Kastrationsphantasie überdrüssig, bricht er den Kontakt ein Jahr vor dem Verschwinden Bernds ab.

Zur selben Zeit lernt der Ingenieur die dreißigjährige Bettina kennen, die vor Gericht ebenfalls die offensichtliche Lebens-freude ihres Ex-Lebensgefährten schildert. »Er war die Liebe meines Lebens. Wir schmusten viel, wir hatten ein ganz nor-males Sexualleben. Er hat nie verlangt, dass ich ihm wehtue. Übrigens war er ganz besonders wehleidig. Er hätte sich nie freiwillig töten lassen. Für mich ist diese Tat kaltblütiger Mord«, schließt die junge Frau, überzeugt, dass »Cator« nur des Sex wegen zu »Franky« gefahren sei und noch am Abend zu ihr habe zurückkehren wollen. 1998 – sie leben bereits anderthalb Jahre zusammen – ereilt Bettina das gleiche Schicksal wie Alexandra: Bernd teilt ihr mit, dass er sexuelle Beziehungen zu Männern habe. Sie trennen sich, sehen sich aber weiterhin jede Woche.

Ariane, mit der Brandes eine siebenjährige Beziehung hatte, wird im Prozess aussagen, dass ihr Freund eine Heidenangst vor Spritzen gehabt habe. Gerd Brandes, 79, wird die Aussagen der Ex-Freundin seines Sohnes Bernd bestätigen. »Er war ein ziemlich wehleidiges Kind, sensibel, ein Stubenhocker. Er hatte ein enges Verhältnis zu seiner Mutter. Nach ihrem Tod haben wir nicht mehr über sie gesprochen. Er wusste übrigens nicht, wie sie wirklich gestorben ist.«

Bernd-Jürgen Brandes offenbart in jeder Hälfte seines Doppellebens die verschiedenen Facetten seiner Persönlichkeit. Während seine »offiziellen« Freundinnen und Freunde erleben müssen, wie von einem Tag auf den anderen ihre Hoffnungen auf eine Heirat oder ein langes Zusammenleben mit ihm sich in Luft auflösen, entfernen andere sich für immer von ihm, schockiert über seine dunkelsten Wünsche. Die so wenig mit seinem beruflichen Erfolg vereinbar sind. Je höher er die gesellschaftliche Leiter emporsteigt, desto stärker wird sein Verlangen nach Auslöschung. Dieser aufgeklärte, wohlhabende und normal entwickelte Mann hat den Wunsch, vollständig von der Oberfläche der Erde zu verschwinden. Er wird diesen Wunsch mit unendlicher Entschlossenheit und Hartnäckigkeit verfolgen. Unsichtbar werden, inexistent. Der Zufall – das Schicksal, werden manche sagen – wird ihm einen anderen Mann schicken, der bereit ist, ihn zu verschlingen und in sich zu bewahren – um nie mehr das Gefühl innerer Einsamkeit haben zu müssen.

Kapitel 5

»Ich hoffe, ich werde dir schmecken«

»Hi, Franky, hier bin ich. Ich bin 36, 175 cm und 72 kg schwer. Ich hoffe, du meinst es wirklich ernst, weil ich es wirklich will. Wobei du erst mal meinen Schwanz und meine Eier stückweise abbeißen solltest. Du musst damit aber nicht unbedingt anfangen, gerne würde ich deine Zähne auch in anderen Fleischpartien spüren und sehen. Mein Schwanz und meine Eier sollen aber unbedingt abgebissen werden. Danach bin ich schlachtbereit, wenn du dieses möchtest.« – »Die Jüngeren beißen leider nicht so an, wie ich das gerne hätte. Wenn alles gut geht, kann es sein, dass noch ein weiterer Schlachtjunge kommt, der ist 25 Jahre alt. Wenn der nicht im letzten Moment einen Rückzieher macht. Einmal hat sich einer bei mir gemeldet, der war 59 Jahre alt, das war dann doch etwas zu extrem, ein so alter Knochen, der wäre dann etwas zu zäh gewesen. Alles, was unter 40 Jahren ist, das kann man durchaus noch als schlachtfähig betrachten.« – »Schneide oder beiße meine Wangen auf, damit du den Mund weit öffnen kannst, und verspeise meine Zunge bis zur Wurzel. Ich möchte sehen, wie das Blut aus deinen Mundwinkeln tropft. Und dann schlachte mich, während ich noch bei Bewusstsein bin.« – »Lebendes Fleisch ist doch etwas widerstandsfähiger als gebratenes.«

Cator und Franky plaudern über dies und das im Internet. Franky erzählt ihm ganz nebenbei, dass er sich Spaghetti Carbonara zum Abendessen mache. Cator antwortet: »Für Spaghetti Carbonara dürftest du ab FR also auch nix mehr einkaufen müssen, dann ist ja genug Fleisch da für die verschiedenen Zubreitungsmöglichkeiten.« Dann wendet die Unterhaltung sich einem anderen Thema zu.

»Bist du eigentlich Raucher oder Nichtraucher?«

»Ich bin Raucher, ich hoffe, du hast nichts dagegen.«

»Trifft sich gut, ich rauche auch.«

»Dann passt es ja, geräuchertes Fleisch hält sich länger.«

»Stimmt.«

»Was machst du mit dem Gehirn?«

»Das lasse ich, wo es ist, den Schädel wollte ich dir nicht spalten.«

Cator fragt sich, ob seine Brustwarzen abgebissen werden. Er fragt Franky auch, was er mit seinen Knochen zu tun gedenke. »Wichtig bei der Entsorgung ist ja eben, dass keine Rückschlüsse auf meine (Ex-)Person und dich möglich werden.« – »Das werde ich schon meistern. Wichtig ist nur, dass ich dein Fleisch bekomme, die Reste werde ich dann schon los. Jedenfalls bin ich nicht so blöd und werfe deine Überreste auf einen Autobahnparkplatz oder so.«

Dann machen die beiden Cybernauten sich erneut Gedanken darüber, was mit Cators Schädel werden soll. »Sicherer wird es sein, ihn zu vergraben, am besten auf dem Friedhof, da fällt es am wenigsten auf, wenn dort ein Schädel gefunden wird.« – »Na ja, den Schädel solltest du vielleicht auch zermahlen, wie die Knochen.« – »Wir haben einen schönen kleinen Friedhof hier.« – »Du könntest den Schädel als Aschenbecher benutzen!«, sagt Cator scherzhaft und fährt fort: »Tja, man sollte einen grünen Punkt tragen (wie recyclebare Produkte), dann wär's einfacher. Besorg Verbandsmaterial. Ich will nicht verbluten, ohne dass was passiert. Vielleicht können wir ja auch was von mir kochen/braten?« – »Mit Schlachttieren diskutiert man im Allgemeinen nicht«, beendet der Ex-Soldat die Diskussion.

Armin Meiwes und Bernd-Jürgen Brandes alias Franky und

Cator »haben sich gefunden«, wie man so schön sagt. Die Chatprotokolle scheinen zu beweisen, dass sie sich gut verstehen, dass sich das, was sie jeweils suchen, perfekt ineinanderfügt wie Legosteine, kurz, dass sie sich ergänzen. Brandes hat Ende 2000 die Kontaktanzeige ins Netz gestellt, auf die Meiwes am 5. Februar 2001, viereinhalb Wochen vor der Tat, antwortet: »Hallo! Diese Botschaft richtet sich nicht an all diese Phantasierer und Rollenspieler. Sie richtet sich an die ECHTEN Kannibalen, die die unwiderrufliche Entscheidung getroffen haben, wirklich Menschenfleisch zu essen. Ich biete mich an. Ich biete an, mich von Euch bei lebendigem Leib verspeisen zu lassen. Keine Schlachtung, sondern Verspeisung! Also, wer es WIRKLICH tun will, der braucht ein ECHTES OPFER!« Franky signalisiert Cator sofort sein Interesse. Diesem ersten Kontakt folgt eine Reihe von E-Mails, die zu dem konkreten Treffen der beiden Männer führen. Beim Chatten versucht Meiwes, Brandes' rudimentäre Kenntnisse der menschlichen Anatomie zu verbessern. »Ich kenne mich gerade in der Anatomie recht gut aus. Speziell mit Jungen«, versichert Franky. Cator schickt ihm zwei Fotos seines nackten Körpers.

»Will jemand diese beiden Fotos sehen?«, wird der Vorsitzende Richter fragen, da sie zu den Beweisstücken gehören. Niemand im Saal hebt die Hand.

Cator teilt Franky seine Wünsche mit; vor allem will er, dass er ihm den Penis abbeißt. Daher hat er ihn zunächst gebeten, ihm Fotos seiner Zähne zu schicken. »Er wollte, dass man mit den Zähnen Fleisch aus seinem Körper reißt«, wird Meiwes dem sprachlosen Gericht erzählen. Eine gewisse Presse war sich nicht zu schade, Großaufnahmen dieser berühmten weißen Zähne zu veröffentlichen.

Meiwes und Brandes nutzen ihre zahlreichen Cybergespräche – noch kennen sie sich nur unter ihren Pseudonymen –, um den Schlachtungsprozess minutiös und realistisch auszumalen: wie er ins Fleisch schneidet und welche Geräusche das macht. So wie man einen Arbeitsplan erstellt, verständigen sie sich über das, was bei ihrem Treffen geschehen wird.

Die »Plauderei« im Netz ist geprägt von Nervosität, als das Datum des Treffens näher rückt. Der Ingenieur scheint zu begreifen, dass Franky es ernst meint.

Und er meint es ernst.

Kapitel 6

Das Hauptgericht kommt mit der Bahn um 10 Uhr 15

Es ist gerade mal sechs Uhr morgens. Anfang März ist es im Nordosten Deutschlands noch dunkel. Cator schaltet seinen Computer ein und »reinigt« gründlich seine Festplatte, indem er endgültig alle kompromittierenden Dateien, alle E-Mails löscht, wie Franky es ausdrücklich von ihm verlangt hat. Er verzichtet auf das Frühstück, öffnet den Kleiderschrank und wählt einfache, praktische Kleidung. Eine hellblaue Jeans, eine grüne Jacke, marineblaue Turnschuhe. Er steckt sein Handy ein, seinen Pass und eine große Summe Bargeld; mehrere Tausend Mark. Einen kleinen Teil dieser Summe verwendet er, um am Bahnhof Berlin-Zoologischer Garten eine Zugfahrkarte zu kaufen, einfache Hinfahrt.

Er darf keinerlei Spuren dieses Kaufs und seines endgültigen Ziels hinterlassen. Sein Zug fährt um 7 Uhr 38. Ungefähr 300 km liegen vor ihm.

Cator hat einen Tag Urlaub genommen an diesem 9. März, einem Freitag, und seinen Kollegen erklärt, er müsse nach London fahren, um wegen seines Haarausfalls einen Spezialisten zu konsultieren. Worüber sich niemand wundert, denn schon seit einiger Zeit erzählt er, er bekomme langsam eine Glatze.

Bahnhof Kassel-Wilhelmshöhe, 10 Uhr 15. Ein Mann mit runden Brillengläsern und einem ziemlich grobschlächtigen Gesicht steigt aus dem Intercity Express 793 aus Berlin. Sein Darm ist leer; er hat bewusst nichts gegessen, bevor er losfuhr.

Ein anderer Mann erwartet ihn auf dem Bahnsteig. Beide erkennen sich sofort, obwohl sie sich nie begegnet sind; der Berliner mit der Brille hat dem anderen drei Fotos von sich geschickt, von vorn und von hinten. »Ich bin dein Cator, ich bin dein Fleisch«, sagt er zu dem großen Mann, der ihn eindringlich mustert.

Cator und Franky entdecken sich endlich, sie tauschen ihre echten Namen aus. Ihre Geschichte wird das Stadium der Virtualität verlassen und Realität werden. Doch Franky ist furchtbar enttäuscht; Cator hat hinsichtlich seines Alters geschwindelt, als er behauptete, er sei sechsunddreißig, denn er ist ganz offensichtlich ein paar Jahre älter, sieben, um genau zu sein. Und außerdem findet er ihn sehr korpulent, athletisch. Das wird ihm mehr »Arbeit« machen, als er dachte. Nun ja ... Jetzt, da er gefunden hat, was er suchte, und Cator schon mal da ist und vor ihm steht, verdrängt er seine Enttäuschung. Eigentlich findet er seinen E-Mail-Partner recht sympathisch. Und er möchte ihn gern näher kennenlernen, bevor sie zu dem kommen, was ihnen am Herzen liegt. Doch schon wieder eine Enttäuschung für Meiwes: Brandes will unbedingt noch heute getötet werden. Er will nicht noch eine Woche warten, wie

Armin es sich vorgestellt hatte. Dieser gibt nach und stimmt seiner Bitte zu; Hauptsache, er erreicht sein Ziel. Der Weg dorthin ist nicht wichtig.

Die beiden gut vierzigjährigen Männer steigen in den Wagen und fahren in Richtung Rotenburg und von dort weiter nach Wüstefeld, das ruhige kleine Dorf, in dem das Leben nur von zwei Ereignissen bestimmt wird: dem Rapsblütenfest und den traditionellen »Wüstefelder Runden«. Der Wagen fährt auf das erste Anwesen am Dorfeingang. Das Gelände ist verwildert; halb verborgen im wilden Gras sind zwei schiefe alte Grabsteine aus Granit zu erkennen. Sie tragen keine Inschrift. Hinten bei den alten Pferdeställen warten mehrere Autowracks auf bessere Zeiten. Das riesige verkommene Gutshaus überrascht Bernd, der in einer ultramodernen Luxuswohnung lebt, ein wenig. Dennoch folgt er seinem Gastgeber ins Innere, in den Wintergarten. Dort zieht er sich nackt aus, setzt sich an den Tisch, und Armin serviert ihm Kaffee.

Eine halbe Stunde vergeht.

Die beiden Männer stehen auf, um den Schlachtraum zu besichtigen.

Bernd sagt Armin, dass dieser Verschlag ihm zusage – um dort sein Leben zu beenden. Außerdem möchte er eine Kostprobe dessen, was ihn erwartet; sein künftiger Peiniger soll in sein Glied beißen, bis das Blut kommt. Dieser tut es oder versucht es zumindest, denn er beißt nicht fest genug ins Fleisch. Bernd ermahnt ihn, sich anzustrengen: »Beiß zu, los, beiß mich!« Doch der Computertechniker ist nicht dazu imstande, und jetzt ist Brandes derjenige, der enttäuscht ist; er findet Armin zu sanft, zu gutmütig – wie kann er die Sache zu Ende bringen, den Plan durchführen, den sie so sorgfältig ausgearbeitet haben, wenn er jetzt schon schlapp macht?

Franky versichert ihm, dass er imstande sei, ihn zu kastrieren, wenn es so weit sei, das sei kein Problem für ihn, aber es wäre gut, wenn Cator vor sich hin döse, wenn er zur Tat schreite. Daher gibt er ihm eine Flasche *Wick MediNait*, einen Erkältungssaft, der für seine beruhigende Wirkung bekannt ist. Bernd trinkt die Flasche in einem Zug aus. 180 Milliliter. Der Saft soll müde machen und das Schmerzempfinden senken. Doch nach einer Stunde von Müdigkeit keine Spur.

Brandes beschließt, sich anzuziehen und zu gehen. Er will nach Hause zurück, nach Berlin. Was soll's, er wird einen anderen Peiniger finden, und Meiwes soll sich ein anderes Opfer suchen, da er nicht fähig ist, die Kastration durchzuführen, von der er träumt. »Du kannst es nicht!«, wirft er ihm vor.

Armin fühlt sich reingelegt. Cator hat ihm verschwiegen, dass er sadomasochistische Beziehungen zu Strichern gehabt hat und verlangen würde, von ihm gefoltert zu werden, von ihm, der keine besondere Lust verspürt, jemandem wehzutun, wie er später vor Gericht erklären wird. Alles, was Meiwes will, ist, einen Mann zu *essen*; und er betont, dass er, um dieses Ziel zu erreichen, keine andere Wahl hat, als einen Menschen zu *töten*.

Die Geschichte des Computertechnikers, der Barbiepuppen aufspießt, und des Ingenieurs, der davon träumt, von einem Kannibalen gefressen zu werden, scheint wenig verheißungsvoll zu beginnen. Die beiden wahnsinnigen Cybernauten haben sich in ihren Partnern getäuscht. Cator will weg; da nichts von dem, was er erwartet, geschieht, wird Franky ihn wieder zum Bahnhof nach Kassel bringen, wo er den Zug zurück nach Berlin nehmen wird.

Der Wagen fährt in den Norden von Hessen. Unterwegs

versucht Armin Bernd zu überreden. Er versichert ihm, dass alles wie geplant ablaufen werde. Am Bahnhof in Kassel geht der Ingenieur zum Schalter und stellt sich in die Schlange, um eine Fahrkarte zu kaufen; der nächste Zug fährt um 14 Uhr 44. Einundzwanzig Monate später wird Meiwes erzählen, dass sein künftiges Opfer, nachdem er auf der Toilette gewesen sei, seine Meinung plötzlich geändert habe. Zurück in der Bahnhofhalle, bittet Bernd Armin, in der Bahnhofsapotheke ein paar Dinge zu kaufen: nicht rezeptpflichtige Schlaftabletten – *Vivinox* – und ein zweites Fläschchen *Wick MediNait*. Dann treffen sie sich wieder. Die Medikamente sollen Bernd erlauben, die Schmerzen auszuhalten und lang genug durchzuhalten, um mit Armin zusammen seinen Penis zu essen.

Was Meiwes von dieser Episode erzählen wird, klingt für die Ermittler nicht sehr logisch. Ihm zufolge soll der Berliner sich entschlossen haben, trotz seiner Enttäuschung in das unheimliche Haus in Wüstefeld zurückzukehren, denn wäre er nach Hause zurückgefahren, wäre er gezwungen gewesen, seine Abreise zu erklären, denn er hatte ein Testament geschrieben.

Die Polizisten halten diese Argumentation für fadenscheinig, denn Brandes hatte seinen Arbeitgeber über seine Abwesenheit an dem Tag informiert, und das Testament war nicht bei einem Notar hinterlegt worden, sondern befand sich in seiner Wohnung.

Nichts sprach also dagegen, dass er nach Hause zurückkehrte, als sei nichts geschehen. Es stellt sich daher die Frage, wie Meiwes es geschafft hat, Brandes zu überzeugen – was genau hat er ihm gesagt? Niemand war Zeuge ihrer Begegnung; niemand, außer der Angeklagte selbst, kann erzählen, was an dem Tag genau geschehen ist. Und obwohl Meiwes bei den Verhören durch die Polizei und vor Gericht mit Details nicht geizt, ist es doch unmöglich, seine Erklärungen in ihrer Gesamtheit zu erhärten.

Unterwegs trinkt Brandes das zweite Fläschchen *Wick MediNait* und schluckt zehn *Vivinox*. Wird er fähig sein, den stechenden Schmerz, den die Abtrennung seines Glieds verursachen wird, auszuhalten, ohne ohnmächtig zu werden? Er will keinen Augenblick der Tat versäumen und an der Verspeisung dieses Penis, den er verabscheut und den er loswerden will, teilnehmen.

Rückkehr zum Ausgangspunkt: Die beiden Männer sind in das »Geisterhaus« im Land der Brüder Grimm zurückgekehrt.

Bernd kippt eine halbe Flasche billigen Korns hinunter und nimmt den Rest der Schlaftabletten, weitere zehn. Er folgt Armin in den Schlachtraum.

Cator zieht sich erneut aus. Franky ebenfalls. In dem düsteren, vom Neonlicht erhellten Raum – der die Bühne eines sorgfältig inszenierten Todes sein wird – werden die beiden Männer ein Liebespaar. Aus dem Kofferradio, das Meiwes auf Wunsch von Brandes geholt hat, tönt leise melancholische Musik. Sie zünden sich Zigaretten an. Armin umarmt Bernd auf dem alten verrosteten, mit einer fleckigen Decke bedeckten Eisenbett. »Mach dir keine Sorgen«, flüstert er ihm ins Ohr. Er streichelt seine Arme, seinen Hals, seine Wangen. »Mach dir keine Sorgen«. Im Radio singt Judy Garland »Somewhere over the rainbow«, das Lied aus dem wunderbaren und düsteren Film *Der Zauberer von Oz*. Die junge Judy, die ein tragisches Schicksal hatte, singt das legendäre Lied mit ihrer einschmeichelnden Stimme. »Irgendwo über dem Regenbogen, ganz oben, gibt es ein Land, von dem ich einmal in einem Wiegenlied hörte (…) und die Träume, die du zu träumen wagst, werden wahr.«

Merkwürdig: Nachdem der Zufall den Peiniger und sein Opfer zusammengeführt hat, begleitet er auf so bewegende Weise Taten, die sich als unerträglich grausam herausstellen werden – für das Gericht und die Geschworenen, die am 8. Dezember 2003 gezwungen sind, sich die Videoaufnahme anzusehen, die der Kannibale von Rotenburg gemacht hat. »Wenn ich bis morgen früh durchhalte, dann essen wir meine Eier zum Frühstück«, flüstert Bernd. Armin stimmt zu.

Doch Bernd schläft noch immer nicht ein.

Um die Zeit totzuschlagen, vertiefen sich die beiden Männer in die seltsamen Spuren, die der Ruß an den Wänden der alten Räucherkammer hinterlassen hat. Sie amüsieren sich damit, die Umrisse von Tieren zu erraten. »Da oben, siehst du den Steinbock?« – »Ja, ich sehe etwas … oder ist es ein Esel?« Armin zündet erneut zwei Zigaretten an; eine reicht er Bernd. Der ungeduldig wird und schließlich verlangt: »Nun mach schon, tue es, schneid ihn doch endlich ab!« Er steht jetzt mitten im Zimmer, nackt, Franky holt ein Frühstücksbrettchen aus der Küche, damit Cator seinen erigierten Penis darauflegt, und die Kastration, die für beide sichtlich ein Fest ist, wird zur blutigen Farce.

Eine Nacht des langsamen Sterbens
Es ist fast 18 Uhr 30.

Alles ist bereit für die nächsten Schritte. Armin drückt den Aufnahmeknopf seiner Kamera, ein rotes Lämpchen leuchtet auf. Sie haben verabredet, die ganze Szene zu filmen. Alles wird auf Video festgehalten.

Auch die Patzer der Schlachtung. Denn als Franky das Glied abschneiden will, ritzt er nur die Haut ein, was Bernd zur Weißglut treibt. Er verlangt von Meiwes, ein schärferes Messer aus der Küche zu holen. Armin ist verblüfft: »Das ist doch ein ganz neues Messer!« Er läuft in die Küche, und als er zurückkommt, beeilt er sich, eine achtzehn Zentimeter lange Klinge durch das Glied des Ingenieurs gleiten zu lassen. Das Blut spritzt, und Bernd brüllt vor Schmerz, als würde ihm die Haut abgezogen, und hüpft um den Tisch herum.

Armin hat es »geschafft« … auch wenn es eine Verstümmelung in zwei Anläufen war. Er hat den Penis seines Gastes abgeschnitten. Und die Szene ist verewigt worden.

»Er hat furchtbar geschrien und ist um den Tisch gesprungen. Aber dann hat er mir gesagt, er sei überrascht, dass es nicht mehr wehtut«, wird der Computertechniker im Prozess erzählen. »Er hat sich sehr gefreut, dass seine Wunde so stark blutet. Das hat ihm Lust verschafft.« Tatsache ist, dass Brandes ruft: »Sieh nur, er ist nicht mehr da!« und auf die Wunde zwischen seinen Beinen und das Blut, das herausströmt, deutet. Um die Blutung zu stillen, die Bernd schneller als geplant ins Jenseits befördern würde, verbindet Meiwes die Wunde. Immer noch vor dem gleichmütigen Auge der Kamera. Sehr schnell färben sich die Kompressen und die Mullbinde rot, und Blut tropft auf den Boden. Bernd ist glücklich, aber er wundert sich, dass er keinen Orgasmus gehabt hat.

Die beiden Männer gehen zum nächsten Schritt über, die »Teilung« des Penis, da sie beschlossen haben, halbe-halbe zu machen. Sie müssen sich beeilen, Bernd, der am Tisch sitzt, bekommt schon einen glasigen Blick. Armin macht sich am Herd zu schaffen, er beeilt sich, das Glied zu braten, doch sein Gast kann nicht abwarten, bis »seine Hälfte durch war, er versuchte sie mehr oder weniger roh zu essen, und natürlich war sie zu hart. Das hat ihn wütend gemacht.« »Er war zu zäh, um gegessen zu werden, also haben wir ihn blanchiert«, und dann beschließt Meiwes, ihn zu braten und mit Salz, Pfeffer und Knoblauch zu würzen. Doch der Penis schrumpft beim Braten zusammen und verkohlt. Letzten Endes wird der zu frische Penis ganz hart und ungenießbar.

Zu diesem Zeitpunkt schaltet Armin die Kamera aus, um seinem verstümmelten Gast zu helfen, ins Badezimmer zu gehen, wo er die Wanne mit lauwarmem Wasser füllt, um darin in aller Ruhe auszubluten. Ein paar Stunden wird er in der Wanne sitzen und Radio hören. Er beschreibt seinem Peiniger, was dieser mit seinen Knochen, seinem Schädel und seinen Zähnen machen soll. Alles soll zu einer Art Mehl zermahlen werden. Armin verspricht ihm, sich um die »Abfälle« zu kümmern.

Während des Bads liest Meiwes in seinem »Kinderzimmer« einen *Star-Trek*-Roman. Er hat einen blauen Schlafanzug angezogen. Mehrmals geht er ins Badezimmer, in dem der Berliner im Sterben liegt, um zu sehen, wie es um ihn steht. Cators Blick verliert sich in den grünen Fliesen an den Wänden. Das Wasser ist rot. Armin wartet weiter.

Die Stunden vergehen. Franky zieht seinen verschrumpelten, schwer angeschlagenen Freund aus dem Wasser, führt ihn zu einem Bett und lässt ihn erneut allein. Später kommt er zurück, um nachzusehen. Meiwes hält den Zeitpunkt für gekommen, ihn für die Schlachtung vorzubereiten. Es ist 3 Uhr 30. Im Schlachtraum hängt er ihn mit den Füßen an den Flaschenzug, um ihn auf den Tisch zu hieven.

Die Schlachtung

Es gelingt ihm nur mit Mühe.

Schließlich liegt Brandes' Körper nackt im grellen Neonlicht auf dem Tisch.

Vor Gericht wird Meiwes aussagen, er sei zu diesem Zeit-

punkt überzeugt gewesen, dass sein Opfer tot sei. Die Videoaufzeichnung zeigt allerdings etwas anderes, und die Experten – ein Gerichtsmediziner und ein Toxikologe –, die die
Bilder kommentieren sollen, vertreten eindeutig die Meinung,
dass Brandes noch gelebt habe, als Meiwes ihm mehrmals das
Messer in den Hals gestochen hat. Der Angeklagte habe es
bemerken müssen, denn auf dem Videoband sind eindeutige
Lebenszeichen zu erkennen: Der Kopf bewegt sich mehrmals
von vorn nach hinten, und die Lippen zucken. Außerdem strömen enorme Mengen von Blut aus dem Hals. Dem Gerichtsmediziner zufolge sei Bernd unter Schmerzen verblutet.

Unmittelbar bevor Armin sein Opfer tötet, beugt er sich
über es und rezitiert den 23. Psalm, »Gott ist mein Hirte«, und
betet ein Vaterunser. »Ich habe ihn noch einmal geküsst, ich
habe gebetet, auch für mich, für meine Vergebung – und ich
habe mit dem Messer zugestoßen.« Man sieht, wie er auf die
Halsschlagader zielt.

Meiwes, der immer noch seinen blauen Schlafanzug trägt,
schützt sich mit einer behelfsmäßigen Schlachterschürze – die
Bettunterlage, die er vom Bett seiner Mutter genommen hat –,
und er hat Gummistiefel angezogen.

Mit einem Axthieb trennt er den Kopf vom Rumpf und trägt
ihn ins Badezimmer, um ihn in der Badewanne zu reinigen. Zurück im Schlachtraum, stellt er ihn auf den Tisch, damit Bernd
seiner Zerstückelung »beiwohnen« kann. Die beiden Männer
scheinen das vorher verabredet zu haben. Immer wieder
spricht Armin mit dem Kopf. Er tätschelt den Unterarm seines
enthaupteten Opfers und beginnt ihn aufzuschlitzen und seine
Eingeweide und sein Herz herauszunehmen. Dann beginnt er
mit der Zerlegung. Er trennt die Arme und dann die Beine ab.

Zwischendurch flucht er, weil Brandes so korpulent ist. »Der nächste muss schlanker sein«, sagt er in die Kamera. Und es werde kein langwieriges Vorspiel geben, keine Kastration, keinen Schnickschnack, die nur wertvolle Zeit kosten. Einfach nur schlachten, nach »fleischhygienischen« Regeln, wie er es nennt.

Im Prozess kommentiert der als Sachverständige bestellte Gerichtsmediziner die Szene wie folgt: »Man sieht in dieser Videoaufzeichnung, dass der Angeklagte zum ersten Mal einen Menschen zerlegt. Er verwechselt den Dickdarm mit dem Dünndarm und die Leber mit der Milz. Er hat offensichtlich keine Ahnung von der menschlichen Anatomie.«

Dennoch gelingt es Meiwes, diesen menschlichen Körper zu zerlegen und sein Vorhaben zu Ende zu führen. Nachdem er die inneren Organe in Salatschüsseln aus Plastik gelegt hat, schneidet er das Fleisch in Portionen, die er in blaue Gefrierbeutel verpackt. Er arbeitet sorgfältig und genau; wie eine gute Hausfrau etikettiert er jeden Beutel. Das Datum wird vermerkt und die Art des Stücks, »10. 3. 2001 – Halsgrat« … Plant Meiwes etwa weitere Schlachtungen und Zerlegungen? Und wenn ja, fürchtet er, sich hinsichtlich der Herkunft der »Fleischstücke« und ihres Verfallsdatums nicht mehr zurechtzufinden? Jedes Stück bekommt einen Namen, Steak, Braten, Koteletts, Filet. Ingesamt portioniert er dreißig Kilogramm Fleisch. Die fünfundsechzig Beutel packt er in eine Gefriertruhe in Form eines Safes, unter die Fertigpizzen.

Nachdem die Schlachtung beendet ist und er gründlich saubergemacht hat, begräbt Meiwes die Knochen, die Innereien und die Haut in seinem Garten, an drei verschiedenen Stellen. Da es nicht ausgeschlossen ist, dass er am Wochenende Besuch bekommt, hält er es für besser, die verräterischen Reste sofort loszuwerden. Es ist noch dunkel, als er Löcher gräbt und die Stücke, die er für ungenießbar hält, darin beerdigt. Trotz der morgendlichen Stunde – in ein oder zwei Stunden wird es hell werden – verspürt er keine Müdigkeit. Er freut sich darauf, seinen Geliebten zu essen. Der ein Teil seiner selbst werden wird.

In dieser Nacht benutzt Meiwes drei Videokassetten zu 90 Minuten. Sie werden die wichtigsten Beweisstücke für das Urteil bilden. Unter anderem werden sie erlauben zu beurteilen, ob das Opfer sein vollständiges Einverständnis für die Tat gegeben hatte, insbesondere nach der Kastration, wie es sich verhalten hat und ob der Angeklagte bemerken konnte, dass Bernd noch lebte, als er ihm die tödlichen Messerstiche beibrachte.

Am Samstag, den 10. März, geht Armin Meiwes in aller Herrgottsfrühe schlafen.

Von Bernd-Jürgen Brandes sind nur noch dreißig Kilo Fleisch, verpackt in kleine Plastikbeutel, übrig.

Kapitel 7

Fetische

Armin hat einen Fuß von Bernd aufgehoben, den er künstlerisch, mit frischen Tomaten dekoriert und eingerieben mit Ketchup und Gewürzen, auf einem Teller drapiert.

Hinter den Teller stellt er eine Salatschüssel mit heißem Wasser; es soll aussehen, als dampfe der Fuß. »Er sah so schön aus, es hat mich sexuell erregt – dabei war der Fuß noch roh«, wird der Angeklagte aussagen.

Er hat auch einen Armknochen aufgehoben, um ihn im Ofen zu trocknen und anschließend mit einer Küchenreibe zu zerraspeln – ein Experiment wird er das später nennen. Das

Knochenmehl bewahrt er in einem Brotkasten auf. Ursprünglich wollte er auch einen Arm in der Küche aufhängen, wie einen Parmaschinken, doch das wäre zu protzig gewesen.

Die Perversion

Für Meiwes beschränkt sich der Akt des Kannibalismus nicht auf die Zerlegung und den Verzehr des Fleisches. Er hat für ihn auch eine wichtige stark sexuell konnotierte »visuelle« Komponente. Vor Gericht wird er aussagen: »Ich habe mir die Ausweidung und die Zerstückelung oft mit Stolz angesehen. Ich habe Bilder ausgewählt, die ich auf meinem Computer bearbeitet habe. Von Anfang an hatte ich die Absicht, ein Zeugnis davon auf einem Videoband zu hinterlassen, weil ich dachte, ich könnte anschließend nicht glauben, dass ich das wirklich getan habe. Später habe ich mir den Film vorgeführt und dabei masturbiert.« Er wird auch erklären: »Durch diese Schlachtung habe ich gespürt, dass der Körper nicht einfach weggeworfen wird, sondern noch eine Bedeutung hat« – mit anderen Worten: *Esst euch gegenseitig*, damit nichts verschwendet wird?

Der Kannibale misst seiner Tat einen hohen moralischen Wert bei, sein Motiv hat etwas Rituelles, den Experten zufolge, die in diesem Zusammenhang von einem Wunsch nach Verschmelzung und Regression sprechen. Es sei seine Art gewesen, sich den Menschen zu nähern und die Leere der Einsamkeit zu füllen, wird Dr. Klaus Beier, Psychotherapeut und Sexualwissenschaftler an der Charité in Berlin, erklären. Der Arzt konnte keine »schwerwiegende Persönlichkeitsstörung« bei Meiwes erkennen. Ein anderer Experte, Professor Georg Stolpmann (Universität Göttingen), weist auf die Tatsache hin, dass der Tod seines Opfers für den Kannibalen ein »romantischer« und »gewaltloser« Akt gewesen sei.

Was die Gefühle betrifft, die er empfunden hat, als er sein Opfer getötet hat, erklärt Meiwes: »Ich habe den Körper gern zerlegt, aber der Augenblick des Todes war furchtbar, das war der schrecklichste Augenblick in meinem Leben.« »Es war ein unbeschreibliches Gefühl«, wird er einem Polizisten sagen. »Ich habe zugleich Hass, Liebe, Freude und Wut empfunden. Der Traum meines Lebens wurde wahr.« Zu all diesen Gefühlen kam, den Experten zufolge, der Wunsch hinzu, über sein Opfer Macht zu haben und es zu dominieren. Der Angeklagte wird als unreif beschrieben und unfähig, sich mit jemandem zu identifizieren und zu empfinden, was der andere empfindet, als unfähig, seine Wünsche und seine Triebe unter Kontrolle zu haben. Er brauche eine starke Erregung, um seine Gefühle stimulieren zu können. Dadurch, dass er einen Menschen getötet und gegessen habe, habe er aus rein egoistischer Sichtweise starke Gefühle in sich auszulösen vermocht, auch wenn er das Gegenteil behaupte. »Als er die Tat beging, hat Meiwes mehr an sich selbst als an Brandes gedacht.« Diese Meinung der Experten widerspricht völlig der These, die der Angeklagte vertritt, der behauptet, er habe aus Mitleid, aus Altruismus gehandelt. Brandes habe darunter gelitten, am Leben zu sein, und deswegen habe er ihm geholfen zu sterben, indem er eine Art Sterbehilfe geleistet habe. Diese These wird die Verteidigungsstrategie des Kannibalen sein.

Kapitel 8

Zu Tisch

»Wenn mein alter Klassenkamerad Armin mich sonntags zum Essen einlud, machte er einen Braten. Er servierte ihn auf dem Familiengeschirr der Familie und schimpfte mit mir, weil ich meine Kartoffeln auf dem Teller zerquetschte.« Berthold, der alte Freund, hatte schlechte Tischmanieren, seinem Gastgeber zufolge. Er muss fast erstickt sein, als er erfuhr, dass sein ehemaliger Klassenkamerad und Nachbar zum Kannibalen geworden war – und sich zugleich gefragt haben, von welchem »Tier« diese Braten wohl stammten. Denn er wurde weiterhin zum Essen eingeladen, während der Berliner bereits in der Tiefkühltruhe lag.

Sein erstes Kannibalendinner gönnt Meiwes sich zwei Tage nach seinem Verbrechen. »Es war wie beim Abendmahl«, wird er über diese Mahlzeit sagen, versteigt sich also dazu, seine kannibalistische Tat mit der Eucharistie zu vergleichen.

Er holt zu diesem Anlass das schöne schwarze Geschirr aus der Vitrine im Esszimmer und schmückt den Tisch mit Kerzen. Zum Steak gibt es Prinzesskartoffelbällchen, Rosenkohl und eine grüne Pfeffersauce. Er öffnet eine Flasche südafrikanischen Rotwein. Das Menschenfleisch schmecke so ähnlich wie das vom Schwein, wird er erzählen. Nur etwas herber.

Das Steak wird in Olivenöl gebraten und gewürzt mit Salz, Pfeffer, Knoblauch und Muskat. Die Zeitungen und Zeitschriften der ganzen Welt, die die genauen Zutaten dieses Rezepts angeben, veröffentlichen auch alle die gleichen Fotos vom Fall des Kannibalen von Rotenburg, angefangen mit dem besonders symbolträchtigen Foto, auf dem man einen entspannten und breit lächelnden Armin Meiwes in blauem Hemd sieht, der beide Ellbogen auf einen Tisch stützt und lässig und glücklich eine Zigarette raucht. Vor ihm zwei Flaschen Rotwein und ein paar Gläser. Die Bildunterschriften teilen nie mit, ob es vor dem März 2001 aufgenommen wurde oder danach.

Was wird Meiwes nach seiner Verhaftung über die Empfindungen erzählen, die er gehabt hat, während er Menschenfleisch aß? Und über die Wirkungen dieses Verzehrs auf ihn? »Es ist überwältigend, dieses Gefühl der Zufriedenheit. Es ist etwas anderes als eine Liebesbeziehung. Man kann dieses Gefühl nicht auf andere Weise erreichen.« Er fügt hinzu, er sei Brandes mit jedem Bissen etwas näher gekommen, er habe häufig sein Bild vor Augen gehabt und in Gedanken seinen Körper berühren können.

Seit sein Freund in ihm sei, seit er ihn in gewisser Weise »geheiratet« habe, sei er auch psychisch viel stabiler geworden. Er fühle sich nicht mehr allein, die innere Leere sei wie weggeblasen.

Er habe sogar das Gefühl, einige Fähigkeiten von Brandes übernommen zu haben. Der konnte zum Beispiel gut Englisch sprechen. Und Meiwes glaubt, er spreche jetzt deutlich besser Englisch als früher …

Zwischen Mitte März 2001 und dem 10. Dezember 2002, dem Tag seiner Verhaftung, isst Franky Cators Körper »im Rahmen der üblichen Mahlzeiten«, das heißt, er hebt dieses Fleisch nicht für besondere Gelegenheiten auf. Er taut es nach und nach auf. Da er über verschiedene Arten von Fleischstücken verfügt, unterscheiden sich auch die Zubereitungsarten. Im Sommer nutzt er beispielsweise das schöne Wetter, um sich »Koteletts« auf dem Grill, der auf der Terrasse steht, zu grillen. Dorfbewohner, die an seinem Haus vorbeigehen, während er sein Fleisch grillt, werden sich nachträglich entsetzt fragen, ob es sich um Koteletts dieses geheimnisvollen Berliners gehandelt haben mag, der in dieses gottverlassene Kaff gekommen ist, um sich von ihrem Nachbarn, übrigens ein charmanter Mann, töten und zerstückeln zu lassen.

Tatsache ist, dass die Nachricht von einem Fall von Kannibalismus in einem Dorf mit dreißig Einwohnern wie eine Atombombe einschlug. Die Gemüter waren zutiefst geschockt, denn nichts deutete darauf hin, dass dieser »ideale Nachbar« das Leben eines anderen auslöschen und, vor allem, ein Tabu wie den Kannibalismus brechen würde. Die Dorfbewohner waren fassungslos, als sie erfuhren (die meisten aus dem Radio am Tag nach seiner Verhaftung), womit Armin seine Nächte verbrachte, und sein Doppelleben und das ganze Ausmaß der Täuschung entdeckten – denn er verhielt sich allen gegenüber absolut zivilisiert, während er sich privat bestialischen Handlungen hingab. Das Trauma und ein unbestimmtes Schamgefühl dem Rest der Welt gegenüber (»das Dorf des Kannibalen« konnte man in gewissen Zeitungen lesen) dauerten bis zum Prozess an. Am schrecklichsten war für die Dorfbewohner jedoch die Zeit unmittelbar nach der Aufdeckung des Falls.

Tagelang waren die Wege und Straßen verstopft von Scharen von Journalisten und Übertragungswagen des Fernsehens. Das Dorf war der Sensationspresse und der Presse ganz allgemein ausgeliefert. Eine Gruppe von Journalisten hatte sogar einen Hubschrauber gemietet, um den Besitz der Meiwes zu überfliegen.

Weihnachten 2002 war überschattet von dieser unappetitlichen Geschichte. Alle stellten sich Fragen, und jeder kramte in seinem Gedächtnis nach Erinnerungen an Minchen, an Armin. *Und an dem Tag, an dem ... bin ich dagewesen? Was ist genau passiert? Wie konnte Armin so etwas nur tun? Einen Typen essen? Er machte doch einen so netten Eindruck ... Wie kann es sein, dass ich nichts bemerkt habe?*

Manfred, Bauer und Nachbar von Meiwes, einundvierzig,

war der Einzige, der den Mund aufgemacht hat, als die Journalisten einfielen und die Menge der Neugierigen ins Dorf strömte. RTL bot ihm unmittelbar nach der Entdeckung der menschlichen Überreste im Garten seines Nachbarn am 11. Dezember einen Vertrag an. Er erzählte ihnen: »Er war ein normaler Junge, wir haben als Kinder viel zusammen gespielt. Mit zehn sind wir auf unseren Ponys ausgeritten. Im Mofa-Alter ist der enge Kontakt dann abgebrochen, denn Armin hatte kein Mofa.« Das »Geisterhaus« der Meiwes ist das Geburtshaus von Manfreds Vater; bis Mitte der sechziger Jahre hat er dort mit seiner Mutter gelebt. Bis die Meiwes es ihnen abkauften.

Als der Fall bekannt wurde, machte Manfred anfangs noch Witze über seinen alten Kannibalenfreund. Manchmal auf eine etwas merkwürdige Art, die man mit der uneingestandenen Verlegenheit erklären kann, die dieser Fall unweigerlich auslöste. So fuhr er beispielsweise im Juli des folgenden Jahres – sieben Monate nach der Verhaftung – durch die Straßen des fünf Kilometer entfernten Rotenburg am Steuer eines Themenwagens, der mit vier Plakaten geschmückt war, auf die er dicke Blutstropfen gemalt hatte und Sprüche wie »Wir haben euch zum Fressen gern« oder »Kleines Dorf nun weltbekannt, ist Wüstefeld im Hessenland«. Auf dem Wagen hatte er einen Biertisch und einen Steingrill aufgestellt, auf dem er Bratwürste grillte und gratis an die Zuschauer verteilte, die applaudierten und sie ihm, wie es scheint, aus den Händen rissen.

Dann veränderte sich seine Haltung allerdings. Jetzt will er vor allem eines: dass Armin nie wieder nach Wüstefeld zurückkommt. *Man muss ihn wegsperren.*

Auch der Bürgermeister des Dorfs will nur eines: dass der ganze Trubel endlich aufhört. Philosophisch fügt er hinzu, die Deutschen wüssten jetzt zumindest, dass es nicht nur ein Rothenburg ob der Tauber, sondern auch ein Rotenburg an der Fulda gebe.

Er ist sich bewusst, dass der Prozess die Sache wieder aufwühlen werde, doch einen Presseansturm wie im Dezember 2002 erwartet er nicht. Alle Fotos von Rotenburg, von Wüstefeld und vom Gutshaus der Meiwes seien bereits gemacht worden. Und der Spitzname »Kannibalenstadt«, den man Rotenburg gegeben hat, habe seines Wissens niemandem geschadet. Schließlich hätte die Tat doch überall stattfinden können …

Das Einzige, was ihn die Fassung verlieren lässt, ist der Anruf, den er am 24. Dezember um 20 Uhr, zwei Wochen nach der Verhaftung seines Bürgers, erhalten hat. Die Kripo forderte ihn auf, sofort das Grundstück des Kannibalen beleuchten zu lassen, da der nächtliche Wachschutz wegen Weihnachten wegfalle. »Das hätten sich die Verantwortlichen ja auch früher einfallen lassen können«, sagt er in scharfem Ton. Es ärgert ihn, dass er seine Mitarbeiter ausgerechnet an Weihnachten vor die Tür jagen muss. Sie hätten schon genug unter der Tat gelitten und sie seien schließlich keine hartgesottenen Kriminalbeamten. Wie dieser Mitarbeiter vom Bauamt, der am 11. Dezember im Garten des Kannibalen mit einer Baggerschaufel den Kopf und die Knochen des Opfers aus dem Erdreich gebuddelt hatte.

Das Anwesen von Meiwes bereitet dem Bürgermeister keine Sorgen. Wenn es ein makabrer Wallfahrtsort hätte werden sollen, dann wäre es das schon – aber das ist nicht der Fall.

Das Haus werde nicht abgerissen, wie es manchmal mit Häusern geschieht, in denen grässliche Verbrechen stattgefunden haben, da es sehr alt sei und unter Denkmalschutz stehe.

In der von diesem Verbrechen hart getroffenen Region erhoben sich Stimmen, die das Grauen herunterspielten und in Bezug zu dem setzten, was im Rest der Welt passiert.

Eine Rotenburgerin, die ihren Namen »wegen des Geschäfts« nicht nennen will, hält Meiwes im Vergleich zu vielen anderen Missständen der Gesellschaft für »gar nicht so schrecklich«. Kindermörder oder Morde in Familien findet sie abstoßender. »Sie sind bloß nicht so spektakulär wie dieser Fall.«

Ein fünfundzwanzigjähriger Mann, der bei diesem Interview mit am Tisch sitzt, stimmt zu. Armin Meiwes habe vor allem gegen Moralvorstellungen verstoßen.

Kannibalismen und Kannibalen

Ein Mensch, der einen anderen Menschen isst, diese Praxis ist nicht neu. Der Kannibalismus ist sozusagen fester Bestandteil der Zivilisation – jedenfalls mancher Kulturen, in denen er nicht verboten ist. In den westlichen Gesellschaften ist er ein großes Tabu, das als beunruhigend, gefährlich und unrein angesehen wird. In den Augen der Gesellschaft ist er ein Verbrechen.

Die Hauptmotive für diese Tat sind verschiedener Art, doch es lässt sich nicht leugnen, dass der kannibalistische Trieb in unseren Kulturen allgegenwärtig ist, auch in den westlichen, in denen er allerdings unterdrückt wird; er ist eingeschrieben in die Struktur unserer Phantasie. Man braucht sich nur einmal die Sprache der Liebe näher anzusehen (»ich habe dich zum Fressen gern«, »mit den Augen verschlingen«, »mein Hase«) oder die in vielen Kulturen verbreiteten Kindermärchen (*Rotkäppchen*, *Hänsel und Gretel*). Auch die Religionen haben eine »kannibalistische« Komponente. Im Christentum beispielsweise und vor allem im Katholizismus ist die Eucharistie ein Sakrament, bei dem der Gläubige »den Körper Christi isst und sein Blut trinkt«. Das Abendmahl präsentiert sich als eine Art »Zaubermahl«.

Der Kannibalismus ist ritueller Natur. Man findet ihn bei

manchen Urvölkern Latein- und Nordamerikas, Australiens, Indonesiens und Afrikas, wo er Teil der gesellschaftlichen Organisation ist. Unter bestimmten Umständen ist er aber auch ein Akt der Ernährung, der das Überleben sichert. Ein berühmter Fall von Kannibalismus in der Geschichte war derjenige der Überlebenden des Floßes der *Medusa*. 1816 schickte die französische Regierung vier Fregatten nach Afrika, um Senegal wieder in Besitz zu nehmen, das England gerade an Frankreich zurückgegeben hatte; mehrere Hundert Personen befanden sich an Bord. Eine der Fregatten, die *Medusa*, lief ein paar Kilometer vor der afrikanischen Küste auf Grund, da das Wasser nicht sehr tief war. Ein Floß wurde gebaut, und 151 Passagiere nahmen darauf Platz. Nach dreizehn Tagen waren nur noch 15 übrig; sie hatten überlebt dank der Körper ihrer Leidensgenossen.

In jüngerer Zeit – 1972 – stürzte eine Fokker, zu deren Paasagieren unter anderen eine Rugby-Mannschaft aus Uruguay gehörte, auf dem Flug nach Chile in den Kordilleren der Anden in 3000 Metern Höhe ab. Von den 45 Passagieren überlebten 27 den Absturz, und von diesen überlebten nur diejenigen, die Menschenfleisch aßen, da die Rettungsmannschaften erst nach 75 Tagen zu ihnen gelangen konnten.

Der Kannibalismus kann übrigens auch in der Hexerei seinen Platz finden. Und – wie im Fall des Kannibalen vom Rotenburg – Symptom einer schweren Persönlichkeitsstörung und Ausdruck von Perversion, Fetischismus oder, manchen Fachleuten zufolge, eines extremen Sadismus sein.

Als Armin Meiwes Informationen über seine Lieblingsthemen – perverse Mörder – sucht, interessiert er sich sehr für Jeffrey Dahmer und Fritz Haarmann. Ersterer, ein Amerikaner, geboren 1960, wird der »Kannibale von Milwaukee« genannt; als die Polizei seine Wohnung durchsucht, findet sie sieben Schädel, vier vollständige Köpfe, Genitalien (in einem Topf), Fleischstücke und ein Herz (in einer Tiefkühltruhe) sowie weitere menschliche Überreste in einem großen mit Chemikalien gefüllten Fass (das in seinem Schlafzimmer stand). Dahmer wurde wegen des Mordes von 17 homosexuellen Jugendlichen verurteilt. Teilweise hat er sie mit Hilfe einer elektrischen Bohrmaschine trepaniert, um sie zu Sexsklaven zu machen, und anschließend hat er sie zerstückelt und die Körper auf die oben angegebene Weise beseitigt.

Der andere Serienmörder, der Meiwes nachts Gesellschaft leistet, ist ein Landsmann von ihm, allerdings vor seiner Zeit. Fritz Haarmann, der »Schlachter von Hannover«, wurde 1879 in der Hauptstadt Niedersachsens geboren. In der von einer schweren Finanzkrise und Hungersnot geprägten Zwischenkriegszeit kämpft die deutsche Bevölkerung so gut sie kann, um sich Brennstoffe, Nahrungsmittel und Kleidung zu verschaffen. In dieser Zeit des blühenden Schwarzmarkts und der Sittenlosigkeit macht Haarmann, ein notorischer Homosexueller, »Geschäfte«. Geistig leicht zurückgeblieben, aber schlau, grausam, amoralisch und launisch, hat er in seiner Kindheit mit Puppen gespielt und sich verkleidet; Näharbeiten faszinieren ihn. Nach einem Aufenthalt in einer psychiatrischen Klinik – aus der er flieht – verbringt er zwei Jahre in der Schweiz und kehrt schließlich nach Hannover zurück. Dort gerät er schnell auf die schiefe Bahn – Diebstähle, Betrügereien – und landet während des Ersten Weltkriegs für fünf Jahre im Gefängnis; so muss er nicht an die Front.

Wieder auf freiem Fuß, mietet er einen kleinen Laden und ein Hinterzimmer und zieht einen sehr speziellen Schwarzmarkt auf. Die Polizei lässt ihn weitgehend in Ruhe, obwohl Nachbarn einen merkwürdigen Handel mit Säcken beobachten und seltsame Geräusche bei ihm hören. Haarmann wird von der örtlichen Polizei beschützt, die ihn, überlastet und nachlässig, als Spitzel benutzt; dafür drücken die Polizisten hinsichtlich seiner Schwarzmarktaktivitäten beide Augen zu. Schließlich bekommt er aber doch Ärger mit der Justiz, wird jedoch nur zu kurzen Gefängnisstrafen verurteilt und kann, sobald er wieder zu Hause ist, »weitermachen«; er steht sich gut mit der Polizei.

Eines Tages wird er »Detektiv«; ein Kommissar bietet ihm an, seine Detektei zu leiten. Das erleichtert ihm den Kontakt mit jungen Männern, meist zwischen fünfzehn und zwanzig, die sich im Wartesaal des Hauptbahnhofs von Hannover herumtreiben. Er nimmt sie mit nach Hause, schläft mit ihnen und bietet ihnen dafür Kost und Logis. Beim Geschlechtsverkehr tötet er sie, meist indem er sie in den Hals beißt und ihnen mit den Zähnen die Luftröhre herausreißt; anschließend macht er aus ihren Körpern Steaks, Pasteten und Würste. Die Kleidung seiner Opfer verkauft er, und die Knochen entsorgt er, indem er sie nachts in großen Leinensäcken durch die menschenleeren Straßen der Stadt schleppt und sie in die Leine, den Fluss, der durch Hannover fließt, wirft.

Schließlich beschweren sich die Nachbarn über die anhaltenden Säge- und Hackgeräusche, die ihren Schlaf stören, und finden es auch merkwürdig, dass häufig Jungen und junge Männer zu Haarmann kommen, das Haus aber meist nicht mehr verlassen. Und die Leine spuckt Schienbeine, Oberarmknochen und Schädel aus – insgesamt werden mehrere Hundert menschliche Knochenteile gefunden. Dank des Polizeischutzes wird der Schlachter von Hannover erst im Juni 1924 verhaftet, Inspektoren aus Berlin werden zu Hilfe gerufen, um diesen merkwürdigen Fall aufzuklären. Nach seiner Verhaftung legt Haarmann ein umfassendes Geständnis ab. Ausführlich beschreibt er das Entbeinen der Leichen, führt die Bewegungen vor, die dazu nötig sind, und gibt Tipps für die beste Zubereitung.

Vor Gericht werden alle anwesenden Nachbarn und früheren »Kunden« fast ohnmächtig, als sie erfahren, dass das Fleisch, das sie sehr billig auf dem Schwarzmarkt gekauft haben, kein Pferdefleisch war – sondern das von dreißig, wenn nicht gar vierzig jungen Männern. Wie viele es tatsächlich waren, ist nicht bekannt. Am 19. Dezember 1924 wird Fritz Haarmann vierundzwanzigmal zum Tode verurteilt, für Verbrechen, die er zwischen 1918 und 1924 begangen hat. Er erklärt: »Ich bin körperlich und geistig gesund. Ich habe nur von Zeit zu Zeit verrückte Ideen. Ich möchte geköpft werden. Das geht schnell. Danach werde ich Frieden haben.« Er wurde im April 1925 hingerichtet.

Der Kopf des Schlächters von Hannover wird in einem Glas mit Formalin in Göttingen aufbewahrt. Vier Hirnschnitte, die zu wissenschaftlichen Zwecken entnommen wurden, befinden sich in München.

Deutschland hat die traurige Ehre gehabt, dass zwischen den Kriegen mehrere vampirhafte und kannibalistische Serienmörder auf seinem Boden ihr grausiges Handwerk betrieben haben; diese Männer waren große Vorgänger. Neben dem Schlächter von Hannover gab es den »Vampir von Düsseldorf«, Peter Kürten, geboren 1883 und gestorben 1931, ein Sexualsadist, der buchstäblich nach Blut dürstete und dem neun Morde nachgewiesen wurden, und Karl Denke, ein Serienmörder, der nicht sehr bekannt ist, weil er sich in der Nacht nach seiner

Verhaftung in seiner Zelle erhängt hat, so dass man nicht mehr nach den Motiven für seine Taten forschen konnte.

Karl Denke, der »Kannibale von Ziebice«, wird 1870 in der schlesischen Kleinstadt Oberkunzendorf bei Münsterberg (heute Ziebice in Polen) geboren. Seine Eltern waren wohlhabende Bauern; das Erbe, das sie ihren Kindern hinterlassen, fällt der galoppierenden Inflation der Nachkriegszeit zum Opfer. Denke genießt einen ausgezeichneten Ruf in der Stadt, in die er zieht; er wird »Papa Denke« genannt. Bis zu diesem Tag vor Weihnachten 1924, an dem eines seiner Opfer knapp dem Tod entgeht; beim ersten Axthieb flieht der junge Mann blutend und alarmiert die Behörden.

Die Polizisten, die seine Wohnung durchsuchen, kommen aus dem Entsetzen gar nicht mehr heraus; der geachtete Bürger hat zwischen 30 und 40 Personen, mindestens 26 Männer und 5 Frauen – in der Hauptsache Bettler, Landstreicher und Tagelöhner –, getötet, deren Ausweise und vom Blut steifen Kleidungsstücke, aufgehängt auf Kleiderbügeln, gefunden werden. In zwei Fässern und zahlreichen Gläsern in der Küche lag Menschenfleisch in Salzlake, außerdem wurden Töpfe mit Menschenfett und Knochen (die als Brennstoff dienten) gefunden und Hosenträger und Schnürsenkel, die Denke aus menschlicher Haut hergestellt hatte. Das alles hatte er an der Haustür verkauft. In diesen Zeiten des Hungers waren Lebensmittel jeglicher Art heißbegehrt. Der Kannibale selbst hatte sich nach eigener Aussage seit drei Jahren ausschließlich von Menschenfleisch ernährt.

Diese Männer haben Verbrechen begangen, die ebenso abstoßend und tabubehaftet sind, wie das, das dem Kannibalen von Rotenburg zur Last gelegt wird. Dieser unterscheidet sich jedoch insofern von seinen »Vorgängern«, als er ein *freiwilliges* Opfer gesucht – und gefunden – hat. Die Bewertung dieser Besonderheit wird für das Gericht das Hauptproblem sein. Es wird eine adäquate Antwort auf die folgenden Fragen finden müssen: Wie soll man einen Mann verurteilen, der eine Person tötet, die allem Anschein nach genau das gewünscht hat? Und was soll man von einem gebildeten Erwachsenen halten, der von einem Mann getötet und gegessen werden will?

Kapitel 9

»Ich habe bald kein Fleisch mehr«

Sehr bald schon, nachdem er seine Tiefkühltruhe »gefüllt« hat, macht Franky sich im Internet auf die Suche nach einem neuen freiwilligen Opfer. Das nächste soll jünger, zarter sein. Bei jedem ersten E-Mail-Kontakt überprüft er daher sehr streng die Kriterien, denen die Person, die er sucht, entsprechen soll (»… dann komm zu mir, ich werde dich schlachten und dein köstliches Fleisch essen. Bewerbe dich bitte mit Angabe von Alter, Größe und Gewicht, am besten mit Foto«).

Die Monate vergehen. Eines Tages schreibt Meiwes einem seiner Kontakte, »ich habe bald kein Fleisch mehr«, es klingt wie ein Hilferuf. Dass er von »Fleisch« spricht, deutet darauf hin, dass sein Verbrechen nicht vertraulich geblieben ist. Kein Wunder, denn Franky prahlt im Netz damit, einen Mann geschlachtet zu haben, und legt zum Beweis Fotos vor; auf entsprechenden Seiten veröffentlicht er eine Auswahl der »besten Momente« von Bernds Zerstückelung. Eine Art Anthologie des Kannibalismus in Bildern, bestehend aus fünfzig blutrünstigen Fotos. Man wundert sich zu Recht, dass sich keiner von den zahllosen Cybernauten, die diese Kannibalenforen besuchen, in denen Meiwes seine Tat offen zugibt, Gedanken macht über die Schwere dessen, was *tatsächlich* geschehen ist, und sich fragt, ob dieser »Franky« nicht eine Gefahr für die Gesellschaft darstellt.

Die erneute Suche lässt sich gut an und führt zu einem lebhaften Austausch von E-Mails, deren Inhalt von nicht zu überbietender Grausamkeit ist.

So antwortet etwa auf eine Anzeige, die er am 22. November 2001 auf Englisch einstellt: »Ich suche einen jungen Mann zwischen 18 und 25 Jahren. Hast du einen normal gebauten Körper, dann komme zu mir, ich schlachte dich und esse dein geiles Fleisch. Franky«, am nächsten Tag ein gewisser Carl: »21, hübsch, durchschnittlich groß, 38–28–32, unbeschnittener Schwanz von 20 cm, sexy Arsch zum Braten, ich liebe die Vorstellung, gegessen zu werden … also mache deinen Spieß fertig, Franky, und brate mein geiles Fleisch.«

In dem Forum »Cannibal-Café« macht ein gewisser Stevo am 15. August 2002 morgens um 4 Uhr 10 das folgende Angebot: »Ich biete euch mein Fleisch zum Essen an. Diese Botschaft richtet sich an alle, Männer oder Frauen, die sich wünschen, daß ich ihre Traummahlzeit werde, denn ich bin 18 und habe zartes und köstliches Fleisch, das danach verlangt, verschlungen zu werden. Wenn ihr denkt, ihr würdet mich gerne in eurem Bauch haben, schickt mir eine Nachricht, und ich werde allen antworten, die mir erklären, wie sie mich essen wollen.« Meiwes antwortet am 18. August um 13 Uhr 23: »Ich bin Franky, aus Deutschland. Du interessierst mich sehr, erzähl mir mehr von dir, Größe, Gewicht … Ich werde dich schlachten und dein köstliches Fleisch essen.«

Im selben Forum stellt Franky am 10. September 2002 um 10 Uhr 11 den folgenden Text ein, als Antwort auf eine Botschaft von Hänsel vom 8. September um 13 Uhr 35: »Hi, Hänsel, lebend gebraten zu werden, das ist sicher eine schöne Vorstellung, gerade für dich als Opfer. Aber bedenke, dass bei deinem Gewicht etwa 35 kg Fleisch an dir vorhanden sind, wenn also jeder Kannibale bei der Mahlzeit dann etwa 500 gr Fleisch von dir isst (das ist eine sehr große Portion), braucht man also etwa 70 Personen, die dich verspeisen werden. Immerhin soll ja auch nichts von deinem köstlichen Fleisch übrigbleiben und verderben. Eine so große Anzahl zusammenzutrommeln dürfte recht schwierig sein. Wenn du dich also entschließen solltest, dich ›normal‹ schlachten und zerlegen zu lassen, dann melde dich bitte bei mir: anthrophagus@hotmail.com. Ich werde dich fachmännisch schlachten und zerlegen und auch mit anderen Kannibalenfreunden komplett verspeisen. Ich freue mich schon auf deine Antwort. Dein Metzgermeister.«

Diese E-Mails bilden nur einen winzigen Ausschnitt aus dem ungeheuren E-Mail-Verkehr, den Meiwes mit kühnen und neugierigen jungen Leuten hat, die sich offensichtlich gern Lust verschaffen, indem sie ihre Phantasien schreiben und ausdrücken. Man wird nie wissen, wie ernst diese »Bewerber« ihren Wunsch und ihre Bitte meinen. Für die meisten Männer bleibt die Phantasie Phantasie und verlangt nicht nach Verwirklichung.

Aufmarsch von Bewerbern im Haus des Grauens

Einige von Frankys zahlreichen Kontakten ringen sich jedoch tatsächlich zu einem persönlichen Treffen durch. Manche von ihnen werden im Prozess unter Ausschluss der Öffentlichkeit und mit verborgenem Gesicht – sehr verborgen meist, aus

Angst, die Enthüllung ihrer intimsten Phantasien könnte Auswirkungen auf ihr Privat- und Berufsleben haben – aussagen. Sie werden durch eine Geheimtür in den Gerichtssaal geführt. Der Vorsitzende Richter bittet sie, Angaben zur Person zu machen; teilweise benutzen diese öffentlichkeitsscheuen Zeugen eine Mittelsperson für ihre Aussagen, die ihnen als »Stimme« dient, damit sie von niemandem erkannt werden.

Jörg, ein vierunddreißigjähriger Deutscher aus der Gegend von Stuttgart, arbeitet als Koch. Er hat ausdrücklich darum gebeten, dass das Publikum und die Journalisten den Gerichtssaal während seiner Aussage verlassen. Vermutlich ist es ihm sehr peinlich, von seiner Begegnung mit dem Kannibalen von Rotenburg zu erzählen – vielleicht schämt er sich sogar. Er verbirgt sein Gesicht hinter einer großen Sonnenbrille und trägt eine blaue Kopfbedeckung. Er ist eines der »potentiellen« Opfer von Meiwes, die im Verlauf dieses Prozesses aussagen werden. Teils »bestehen« diese Männer die Prüfung durch denjenigen, der sich als ihr Peiniger anbot, nicht, teils machen sie entsetzt einen Rückzieher, wenn ihnen plötzlich bewusst wird, auf was sie sich da eingelassen haben.

Dieser Mann stand zweieinhalb Jahre über E-Mails mit Franky in Verbindung; außerdem traf er sich fünfmal mit ihm, das erste Mal in einem Hotel in Kassel. Eine Woche später trafen sie sich im Herrenhaus in Wüstefeld. Franky hatte ihm »einen Tod nach deinen Wünschen« versprochen. Dort besichtigte Jörg den Schlachtraum und machte Rollenspiele mit dem Hausherrn, bei eingeschalteter Kamera. Eines dieser Spiele bestand darin, sich auszuziehen und sich Schildchen in die Körperteile stecken zu lassen, deren Fleisch essbar ist. Und sich dann den Körper mit Olivenöl einreiben und mit dem Kopf nach unten an einem Fleischerhaken aufhängen zu lassen; dabei sollte Meiwes mit einem roten Stift das essbare Fleisch in Hinblick auf eine mögliche Zerlegung markieren. Rumsteak, Speck, Filet ... Doch das Spiel musste abgebrochen werden. Jörg fühlte sich nicht gut und wollte aufhören. Meiwes ließ ihn daraufhin nach Hause zurückfahren; der Zeuge behauptet, er habe nichts gegen seinen Willen gemacht. Als er den Gerichtssaal verlässt, dreht Jörg sich zu dem Angeklagten und flüstert ihm ein »Hallo« zu.

Ein gewisser Alex aus Regensburg kreuzte ebenfalls den Weg des Kannibalen; er fesselte ihn im Auto, um eine Schlachtuntersuchung an ihm durchzuführen. Das Treffen war ebenfalls schnell beendet. Alex wollte lieber einer Frau ausgeliefert sein.

Für den Nachmittag des 10. Januar 2002 verabredet Meiwes sich mit Dirk M., siebenundzwanzig und »Conference Organizer« für eine internationale Hotelkette mit Sitz in London, mit dem er seit dem 18. Juni 2001 in E-Mail-Kontakt steht, im Etap-Hotel in Mannheim. Sie treffen sich in der Hotelhalle und schütteln sich die Hand. »Sie müssen Hunger haben nach der Reise«, sagt Meiwes, der weiß, dass der junge Mann direkt aus London kommt. Sie essen einen Big Mac und Pommes bei McDonald's. Dirk will getötet und gegessen werden. Außerdem wollte er zum Tode verurteilt werden. Daher hat Meiwes ihm »auf dessen Wunsch ein liebevoll gestaltetes Urteil« mit Hilfe des Computers erstellt und ausgedruckt.

Im Hotelzimmer zieht Dirk sich aus, sein Peiniger fesselt ihn mit Handschellen an das Hotelbett, wickelt ihn in Zellophan und steckt ihm Nadeln in den Körper, um wie auf einer Landkarte die Leber, die Nieren usw. in Hinblick auf eine Zerlegung zu markieren. Dann wird die Sitzung unterbrochen. Die beiden Männer beschließen, ins Kino zu gehen – sie sehen sich *Ocean's Eleven* mit George Clooney an, glaubt Meiwes sich zu erinnern –, und als sie wieder im Hotel sind, zeigt Meiwes ihm die Videoaufnahme, die er mit Jörg in seinem Schlachtraum gemacht hat. Er vergisst, ihn darauf hinzuweisen, dass er das Videoband bearbeitet hat, um die Sequenzen »realer« erscheinen zu lassen. Plötzlich wirft Dirk das Handtuch. »Die Wirklichkeit, das ist zu viel«, erklärt er und lässt den Kannibalen stehen, der ihn erst am 15. Dezember 2003 vor Gericht wiedersieht, eine Baseballmütze tief ins Gesicht gezogen, die Augen hinter einer Skibrille versteckt.

Ein weiteres potentielles Opfer des Kannibalen, mit dem er sich traf – von 204 Cybernauten, die gegessen werden wollten –, war ein gewisser Alexander aus Essen, der Geburtsstadt von Meiwes. Dieser achtundzwanzigjährige Student hatte allerdings einen entscheidenden Fehler: Er war zu dick. Alexander hatte es Franky geschickt verborgen, als sie sich im Netz kennengelernt hatten, indem er die Fotos, die er ihm geschickt hatte, digital bearbeitet hatte; dadurch wirkte er schlanker und attraktiver, als er in Wirklichkeit war, und konnte den Kannibalen so zu einem Treffen überreden. Dieser Bewerber schien interessant zu sein, weil er geköpft und zerlegt werden wollte, wie er in seiner Kontaktanzeige schrieb. Nach vier Tagen, die sie gemeinsam in Wüstefeld verbrachten, begleitete Armin ihn zum Bahnhof; Alexander war nicht nur zu dick, er war auch zu wortkarg.

Mit Stefan aus Kassel war es umgekehrt; sowohl körperlich als auch geistig sah Meiwes in ihm das ideale Opfer, doch leider wollte der Mann nicht sterben. »Ich habe mit Wasserfarbe die Schlachtlinien auf seinen Körper gezeichnet. Er wollte, dass ich ihm Kärtchen in die Haut stecke. Er hing an meinem Haken«, wird er über sein Treffen mit ihm erzählen.

Auch mit Thomas, einem neununddreißigjährigen kaufmännischen Angestellten, der sich als »unterwürfiges Schlachttier« vorgestellt hatte, kam es zu Rollenspielen. Dieser Mann verlangte, wie ein Tier gemästet und anschließend geschlachtet zu werden. Für ihn hatte Meiwes den großen Lattenkäfig im Schlachtraum gebaut. Thomas träumte davon, in einem Viehwagen zum Käfig gebracht und hineingestoßen zu werden, auf allen Vieren zu kriechen und durch die Latten die blutigen Stiefel des Schlachters zu lecken. Thomas war nicht mit leeren Händen gekommen; er hatte ihm eine echte Schlachterschürze mitgebracht. »Ich war sexuell stark erregt, als ich in dem Käfig eingesperrt war und Armin draußen mit seinem Messer in der Hand sah. Aber dann bekam ich es doch mit der Angst zu tun«, wird er vor Gericht aussagen.

Meiwes sagte Thomas nicht, dass er ihm nicht gefiel; außerdem fand dieser es unangenehm, mit dem Kopf nach unten am Fleischerhaken aufgehängt zu werden. Nachdem sie mit dem Käfig »gespielt« hatten, tranken sie ein Bier und verabschiedeten sich.

Daniel, ein fünfundzwanzigjähriger Student, kam ebenfalls nach Wüstefeld, um Rollenspiele auszuprobieren – ohne allerdings weiterzugehen.

Obwohl diese von einer sexuellen Perversion geprägten Treffen einigermaßen albern wirken, handelt es sich nicht in allen Fällen um Entlastungszeugen. Sie wollen nicht? Es steht ihnen ja frei zu gehen! Zu dick, zu alt, nicht sympathisch oder motiviert genug: Meiwes erscheint als der höfliche, aber anspruchsvolle Kannibale. Er spielt den Schwierigen, den Wählerischen, aber er will dem Gericht auch beweisen, dass er nur die Personen essen – und töten – wollte, die es wirklich wollten. Der Verteidiger geht sogar noch weiter und weist darauf hin, sein

Mandant habe darauf geachtet, dass seine Besucher sich nicht den Kopf am Boden stießen, wenn er sie an seinen Fleischerhaken hängte. Laut den Aussagen von mit dem Fall befassten Ermittlern soll ein weiterer Sexualpartner des Angeklagten – ein gewisser »M« – ihm allerdings zwei seiner Kollegen zum Schlachten angeboten haben, ohne sie um ihre Einwilligung zu bitten. Er habe geplant, sie unter irgendeinem Vorwand in das Haus in Wüstefeld zu locken und zu betäuben. In E-Mails, die er mit einem anderen Cybernauten ausgetauscht habe, habe »M« erklärt, es sei nötig, die Opfer zu betäuben, weil die meisten Leute am Leben hingen; daher habe man keine andere Wahl, als sie zu ihrem »Glück« – sich töten und essen zu lassen – zu zwingen.

Andererseits wird im Prozess betont, Meiwes sei sehr vorsichtig und sich der Illegalität seiner Handlungen vollkommen bewusst gewesen; er habe die Cybernauten, die er kennengelernt habe, gebeten, alle verräterischen Daten in ihrem Computer zu löschen, bevor sie ihre Wohnung – vielleicht für immer – verlassen, und ihm eine unterschriebene Erklärung auszuhändigen, in der sie bestätigen, dass sie volljährig sind.

Keiner dieser Cybernauten ist in Wüstefeld geblieben. Dabei hatte Franky ihnen die Bahnfahrt oder den Flug bezahlt.

Kapitel 10

»Einen Kaffee, Herr Kommissar?«

Was logischerweise geschehen musste, geschah. Ein Internetsurfer leitete die »Pensionierung« von Amts wegen des Kannibalen von Rotenburg ein.

Anfang Juli 2003 stößt ein Student aus Innsbruck, Reinhold H., beim Surfen im Internet zufällig auf eine Kontaktanzeige von Franky. Da er sie ziemlich beunruhigend findet, will er der Sache auf den Grund gehen; er heuchelt Interesse und entdeckt das ganze Ausmaß des kannibalistischen Wahns des Inserenten, insbesondere die Aufnahmen des zerstückelten Cator. Er sagt sich, dass die Taten, mit denen dieser Mann prahlt, vielleicht nicht einfach nur virtuell sind, sondern möglicherweise »im echten Leben« begangen wurden.

Der junge Österreicher wendet sich daher an das Bundeskriminalamt in Wiesbaden, das die Sache ernst nimmt – die Fotos sind überaus beunruhigend –, und eine Untersuchung wegen des »Verdachts der Gewaltdarstellung« einleitet. Die Polizisten wollen nicht glauben, dass ein Mensch einen Menschen tötet, um an ihm einen Akt von Kannibalismus zu begehen, doch sollte sich das bewahrheiten, wäre nicht auszuschließen, dass es nicht nur ein Opfer, sondern mehrere gegeben hat, und damit würde die Angelegenheit ein erschreckendes Ausmaß annehmen.

Dazu muss man wissen, dass das Delikt des Kannibalismus im deutschen Strafrecht nicht existiert. Kein Gesetz verbietet, Menschenfleisch zu essen. Es muss also ein Mord vorliegen, oder zumindest Tötung, um einen Verdächtigen verfolgen zu können. Doch wenn dieser »Franky«, wie er im Internet durchblicken lässt, einen Mann getötet und gegessen hat, der in die Handlungen, die an seiner Person begangen wurden, eingewilligt hat, dann betreten die Polizei und die Justiz juristisches Neuland, denn es würde sich um einen einmaligen Fall in der Geschichte des internationalen Rechts handeln – abgesehen von der Tatsache, dass der Fall jedes menschliche Begriffsvermögen übersteigt.

Doch die wirklichen Überraschungen stehen der Polizei erst noch bevor.

Die erste Schwierigkeit für die Ermittler besteht darin, die Person zu identifizieren, die sich hinter dem Pseudonym »Franky« verbirgt, also die Spur von einer einfachen Anzeige aus zurückzuverfolgen, die in ein Diskussionsforum gestellt wurde, in dem niemand seine wirkliche Identität preisgibt. Ein wahres Labyrinth. Daher ist es kein Wunder, dass die Ermittlungen erst zwei Monate nach dem Hinweis des Innsbrucker Studenten erste konkrete Ergebnisse zeitigen.

141 Tage nach dem ersten Hinweis genehmigt das Amtsgericht Rotenburg endlich einen Durchsuchungsbeschluss für das Anwesen und die Nebengebäude von Armin Meiwes in Wüstefeld 1 wegen des »Verdachts der Gewaltdarstellung«.

»Meine Damen und Herren, guten Tag. Kommen Sie doch bitte herein … Kann ich Ihnen einen Kaffee anbieten?« Ein liebenswürdiger, gut gelaunter und selbstsicherer Mann öffnet am Morgen des 10. Dezember, einem Dienstag, den Beamten der Kripo die Tür und bittet sie freundlich herein. Doch die Kripobeamten statten diesem Herrn Meiwes, dessen »kannibalistische Neigungen« sie bereits kennen, keinen Höflichkeitsbesuch ab, sie sind gekommen, um das Haus zu durchsuchen, seine Computer zu beschlagnahmen und nach Beweisen für einen eventuellen Mord zu suchen. Denn noch sind sie nicht sicher, dass er seine Phantasie bis zum bitteren Ende ausgelebt hat.

Als Erste betritt eine junge Frau, die fünfunddreißigjährige Kriminaloberkommissarin Doris Walter, das düstere Herrenhaus. Ihr gebührt die Ehre, den Schlachtraum zu entdecken, in dem sich nichts verändert hat, seit er eingerichtet wurde. Die Kommissarin traut ihren Augen nicht: all diese sorgfältig auf dem Tisch angeordneten Schlachtwerkzeuge … Und erst recht misstrauisch wird sie, als sie auf dem Boden alte Blutspuren entdeckt. Meiwes erklärt sie damit, dass er in diesem Raum, der früher als Räucherkammer gedient habe, Fleisch aufgehängt habe. Später wird Doris Walter aussagen, sie habe sich zu dem Zeitpunkt noch nicht vorstellen können, dass der Hausherr hier tatsächlich einen Menschen zerlegt hat.

Bei der Hausdurchsuchung finden sie zahlreiche Gefrierbeutel, die insgesamt zehn Kilo Fleisch enthalten und mehrere Knochen. Alles wird für die Untersuchungen beschlagnahmt; jeder verdächtige Hinweis muss sorgfältig überprüft werden. Ein Kriminaltechniker hält alles mit einer Videokamera fest. Vor der Tür des Herrenhauses wartet ein grauer Leichenwagen mit geöffneter Heckklappe. Zwei Beamte der Spurensicherung, die weiße Anzüge mit Kapuze, gelbe Handschuhe, Masken und blaue Überschuhe tragen, um den Tatort nicht zu kontaminieren, kommen mit einem hermetisch abgeschlossenen Sarg aus dem Haus und schieben ihn in den Leichenwagen. Er enthält drei Gefrierbeutel und die Knochen. Diese überaus wichtigen Beweisstücke müssen das gerichtsmedizinische Institut absolut unversehrt erreichen, da es sich möglicherweise um die Reste eines mutmaßlichen Opfers handelt.

Um den Garten des Anwesens wird ein Ausgrabungsgebiet abgesteckt. Polizisten entrollen ein rotweißes Absperrband mit der Aufschrift »Polizeiabsperrung«, um den Zugang zu verbieten. Der Tatort muss gesichert werden.

Weitere Lieferwagen parken in der Allee des Anwesens. Die Polizisten laden eine Kreissäge, einen Grill, 16 Computer, 221

Festplatten, 95 CD-ROMs, 1800 Disketten und 307 Video-kassetten ein.

Armin Meiwes wird zur Polizeiwache gebracht. Bei der Vernehmung schweigt er zu seinem Verbrechen. Da seine Falschaussage den Verdacht eines Tötungsdelikts nicht erhärtet, wird er am Nachmittag aus Mangel an Beweisen wieder auf freien Fuß gesetzt. Denn noch immer glaubt die Polizei nicht, es mit einem Mord in Tateinheit mit einem Akt von Kannibalismus zu tun zu haben. Sie glaubt, es handele sich lediglich um einen Akt von Gewaltverherrlichung im Internet und hält den Verdacht eines Tötungsdelikts nicht für zwingend gegeben. Daher lassen die Polizisten den Kannibalen wieder gehen. Und dieser sucht schnurstracks seinen Anwalt auf.

Harald Ermel vertritt Meiwes bereits seit einigen Jahren, im wesentlichen bei Verstößen gegen die Straßenverkehrsordnung. Als Meiwes in seiner Kanzlei ist, packt er aus. Der Anwalt wird blass, er kann nicht glauben, was dieser Mann, der für ihn, abgesehen von den Lappalien, für die man niemanden einsperrt, immer über jeden Verdacht erhaben gewesen war, ihm da erzählt. Harald Ermel rät Meiwes, sich der Polizei zu stellen. Der stimmt zu. Der Anwalt ruft im Kommissariat an, um mitzuteilen, dass sein Mandant ihm alles erzählt habe. Kriminalhauptkommissar Jürgen Schade, der in der Nähe war, als die Kriminaloberkommissarin Doris Walter den Anruf entgegennahm, wird später sagen, er werde niemals das Gesicht vergessen, das seine Kollegin gemacht habe, als sie erfahren habe, dass der Mann, bei dem sie noch am Vormittag eine Hausdurchsuchung durchgeführt hatte, tatsächlich in diesem Haus einen Mann getötet und gegessen hat.

Ein Beamter fährt sofort zur Kanzlei des Anwalts, begleitet von drei Polizisten, um Armin Meiwes festzunehmen.

Die Identität des Mannes, der gegessen worden ist – und der gleich nach seinem Verschwinden vor fast zwei Jahren bei der Berliner Polizei als vermisst gemeldet worden war –, wird von dem Kannibalen, der ein umfassendes Geständnis ablegt, sofort enthüllt.

Jetzt kann die Medienbombe platzen.

Am Mittwoch, dem 11. Dezember, gibt die Staatsanwaltschaft in Kassel eine Pressemitteilung über den in Wüstefeld entdeckten Fall von Kannibalismus heraus. Das Amtsgericht Rotenburg erlässt einen Haftbefehl gegen Armin Meiwes.

Am Donnerstag, dem 12. Dezember, schnüffeln Leichenspürhunde in dem verwilderten Garten. Es ist früher Nachmittag. Die an der Leine geführten Tiere werden von Polizisten in kakifarbener Kleidung begleitet; bei den alten grünbemoosten Grabsteinen aus Granit schlagen sie an. Dort sind seit ewigen Zeiten die Hunde der Familie Meiwes begraben.

Natürlich wird die Arbeit der Hunde ergänzt durch Grabungsarbeiten. Die Erde wird auf der Suche nach Leichenteilen mit Hilfe eines Baggers umgegraben. Noch hat die Polizei keine Sicherheit hinsichtlich der wirklichen Zahl der Opfer. Meiwes behauptet, es habe nur eines gegeben – aber wer weiß?

Das Haus und das Anwesen von Meiwes werden mehr als eine Woche lang von Mannschaften des Erkennungsdienstes durchkämmt. Auf den ersten Blick hat die Polizei keinen Hinweis gefunden, der vermuten ließe, es gäbe dort außer der Leiche von Bernd-Jürgen Brandes noch eine oder mehrere weitere Leichen. Insgesamt nehmen die Ermittlungen (unter anderem die Auswertung der Internetkorrespondenz, zu der auch die Überprüfung von Frankys zahlreichen Kontakten gehört) mehrere Monate in Anspruch. Die Polizei hat zu diesem Zweck die Soko »Chat« eingerichtet.

Meiwes hat gestanden. Er beendet seine Vernehmung mit folgender Erklärung: »Zum Schluss möchte ich noch hinzufügen, dass ich niemand anderen getötet habe. Aber ich hätte es getan, wenn die Gelegenheit sich geboten hätte.«

Im Garten des Kannibalen werden menschliche Überreste ausgegraben, vor allem Knochen und ein Schädel, die, wie die Analyse ergibt, Brandes gehören. Das gerichtsmedizinische Institut untersucht auch das »Fleisch« aus den drei Gefrierbeuteln. Die Stücke werden gewogen, gemessen, es werden DNA-Tests durchgeführt, durch die sie sich alle eindeutig dem Berliner Ingenieur zuordnen lassen. Anschließend werden diese Reste der Familie Brandes zur Bestattung übergeben.

Im März 2003 – zwei Jahre nach der Tat – untersucht ein psychiatrischer Gutachter Armin Meiwes, um herauszufinden, inwieweit er für seine Tat verantwortlich gemacht werden kann.

30. Juni. Die Ermittlungen sind abgeschlossen. Das psychiatrische Gutachten kommt zu dem Ergebnis, dass der Angeklagte schuldfähig, körperlich und geistig gesund und verhandlungsfähig ist.

Im Juli desselben Jahres klagt die Staatsanwaltschaft Meiwes des »Mordes zur Befriedigung des Geschlechtstriebs« in Tateinheit mit Störung der Totenruhe an.

Am 8. Oktober bestätigt das Gericht in Kassel die Anklagepunkte und legt den Beginn des Prozesses auf den 3. Dezember fest. Vierzehn Prozesstage sind vorgesehen. 38 Zeugen werden vor Gericht erscheinen; das Urteil wird für Ende Januar 2004 erwartet.

Der Verteidiger plädiert auf »Tötung auf Verlangen«, ein Verbrechen, wofür eine Haftstrafe zwischen sechs Monaten und fünf Jahren vorgesehen ist; sollte dem Antrag der Staatsanwaltschaft stattgegeben werden, droht dem Angeklagten allerdings lebenslange Haft, was mindestens fünfzehn Jahre Gefängnis bedeutet.

Kapitel 11

Und die Rolle der Medien?

Die unglaubliche Geschichte von Armin Meiwes, dem kannibalistischen Computertechniker, hat in unseren Zeiten der allgemeinen Überinformationen Ströme von Tinte fließen lassen. Es ist viel geschrieben worden über dieses lächelnde Monster, diesen »idealen Kannibalen«, für den er, wie es scheint, gerne gehalten werden möchte.

Egal, ob Meldungen oder Kommentare, die Bandbreite der Presseartikel reichte von billigen und geschmacklosen Klischees bis hin zu fundierten soziologischen oder psychologischen Analysen, die nicht einfach nur schockieren oder »reißerisch« sein wollten. Klischeehaft waren nicht nur die Texte, sondern auch die Fotos, zuallererst das der großen weißen Zähne (Großaufnahmen dieses Mundes, den man nicht ansehen konnte, ohne an Rotkäppchens unschuldige Bemerkung zu denken: »Aber Großmutter, was hast du für ein entsetzlich großes Maul« bzw. »was hast du für große Zähne« in der Version von Charles Perrault, die sehr viel grausamer als diejenige der Brüder Grimm ausgeht). Der Kannibale spielte ja selbst damit, und mehr als einmal – schließlich hätte er vor der Meute der Fotografen auch mit geschlossenem Mund lächeln können.

Die ganze Welt fühlt sich betroffen von diesem unerhörten Fall von Kannibalismus in einem der industrialisiertesten, entwickeltsten und »zivilisiertesten« Länder des Planeten. Ist es da nicht normal, sich für die verschlungenen Wege der menschlichen Natur zu interessieren, vor allem wenn sie beginnt, beunruhigende Spiralen zu drehen?

Im Juli 2003, am 23., um genau zu sein, veröffentlicht das Nachrichtenmagazin *stern* das erste detaillierte Dossier über den Fall des Kannibalen von Rotenburg. Der Fall war bereits durch die Presse gegangen, als er sieben Monate zuvor bekannt gemacht worden war. Doch diesmal begeben sich zwei Redakteure des Magazins in die Justizvollzugsanstalt Kassel I, um dort einen Armin Meiwes aus Fleisch und Blut zu treffen, der seine Besucher mit der leicht geschmacklosen Bemerkung: »Kommen Sie herein, keine Angst, ich werde Sie schon nicht fressen!« empfängt. In diesem Interview erzählt der Angeklagte sein Leben und sein Verbrechen und erklärt auch, dass er sich mit anderen potentiellen Opfern verabredet habe, nachdem er Brandes getötet und gegessen habe.

Wenn man dieses Dossier, das sich als ausführliche Chronik, von der Kindheit des Angeklagten bis zur Anklage, präsentiert, liest, läuft es einem unweigerlich kalt den Rücken herunter. Die Fakten werden mit der Unverblümtheit dargestellt, ohne die man nicht auskommt, es sei denn, man würde das Wesentliche des Falls verschweigen, und ein Leser des Magazins ist so schockiert, dass er Anzeige erstattet; er wirft den Journalisten vor, die ungeheuerlichen Details des Verbrechens auszuwalzen. Dabei tun diese nur ihre Arbeit, indem sie die Vergangenheit *beider* Protagonisten unter die Lupe nehmen – sie haben also nicht den Verbrecher zuungunsten seines Opfers in den

Vordergrund gestellt, was in der Berichterstattung über Verbrechen in den Medien nicht allzu häufig der Fall ist –, mit dem Ziel, einer Geschichte, die jedes menschliche Begriffsvermögen übersteigt, einen »Rahmen« zu geben.

Zwei Wochen vor Prozessbeginn gibt der Kannibale von Rotenburg auch der evangelischen Wochenzeitung *Kasseler Sonntagsblatt* ein Interview, das am 22. November veröffentlicht wird. Armin Meiwes erklärt Pastor Reinhard Heubner, dem Chefredakteur des Blattes, darin, er bereue die Tötung. Was den Verzehr von Menschenfleisch betrifft, so sieht er die Sache anders: Bernd sei in der Erinnerung ein Teil seiner selbst geworden. Der Angeklagte weist darauf hin, es handele sich nicht um Mord, da er einem Mann, der sich sehnlichst gewünscht habe, das Ende seines Lebens selbst zu bestimmen, »Sterbehilfe« geleistet habe, womit er seine Tat auf eine Stufe mit der Euthanasie stellt; außerdem behauptet er, er habe aus Mitleid gehandelt. Er fügt hinzu, Brandes habe unter noch grauenhafteren Umständen sterben wollen und er habe sich geweigert, seiner Bitte nachkommen. In dem Interview kündigt Meiwes auch an, er wolle seine Memoiren schreiben, als warnendes Beispiel für andere. Er wolle, sagt er, Personen, die ebenfalls Phantasien hätten, wie er sie gehabt – und realisiert – habe, davon abhalten, sie real auszuleben. Er will potentielle Kannibalen überzeugen, eine entsprechende Therapie zu machen und über ihre Pläne offen zu sprechen, um nicht in die gleiche Spirale zu geraten wie er. Einige Zeitungen haben diese Information wie folgt ergänzt: Meiwes habe vor, in seine Memoiren eine Liste seiner kannibalistischen Rezepte aufzunehmen, etwa Bizeps in Marsalasauce, Schnitzel mit Knoblauch und Zitronensaft und panierte Jungenleber.

Ein paar Tage später kann man folgende Erklärung von Meiwes in einer deutschen Sonntagszeitung lesen: »Ich brauche niemand anderen mehr in mir«, was bedeuten würde, sein Appetit auf Menschenfleisch sei ein für alle Mal gestillt.

Während sein Verteidiger Harald Ermel der Presse erklärt, sein Mandant habe bereits konkrete Angebote für die Veröffentlichung seiner Autobiographie erhalten, antworten die wichtigsten deutschen Verleger der ddp, die sie über ihre Absichten befragt, dass sie überhaupt nicht daran dächten, auch nur irgendetwas zu veröffentlichen, das von einem Verbrecher (oder seinem »Ghostwriter«, da der Anwalt mitgeteilt hatte, Meiwes würde möglicherweise einen anonymen Verfasser beschäftigen) stamme. Die großen Verlage, die immerhin alle schon Bücher über kannibalistische Schlächter veröffentlicht haben, geben einmütig die gleiche Antwort, »kein Interesse«, manchmal unter Angabe von Gründen.

Aus dem Lübbe Verlag in Bergisch-Gladbach hört man: »Wir wollen weder dem Kannibalen noch anderen Verbrechern eine Möglichkeit zur Selbstdarstellung geben.« Wenn allerdings ein Kriminologe ein Buch über die größten Kriminalfälle des Jahrhunderts schreiben wolle und Meiwes' Tat darin vorkomme, dann sei das »etwas anderes«. Ähnlich sieht man es beim Frankfurter Eichborn-Verlag, wo man sich allerdings vorstellen kann, eine Biographie über Meiwes zu veröffentlichen, »aber nur dann, wenn der Text nicht reißerisch und voyeuristisch geschrieben ist, sondern ein Psychogramm des Täters entsteht«. Denkbar sei ebenfalls ein »spannend geschriebener Roman« über den Fall. »Wenn es sich um eine Fiktion handelt, ist das eine andere Baustelle«, denn die Literatur habe auch die Aufgabe, Tabus zu brechen und »schlimmste Phantasien in Kunstwerke umzusetzen«, man brauche nur an den Marquis de Sade zu denken.

Bei Rowohlt kann man sich vorstellen, einen anderen Aspekt der beispiellosen Horrortat zu beleuchten: »Wie gehen die Medien und die Gesellschaft mit diesem Fall um?« Doch auch wenn die meisten Verlage kein Interesse an der Autobiographie von Meiwes signalisierten, sei es unwahrscheinlich, dass die Memoiren des Zweiundvierzigjährigen unveröffentlicht bleiben. Am Ende werde sich doch ein Verlag finden, der den Text herausbringe. »Es gibt da eine Ekelgrenze.«

Während des Prozesses wurde der Fall vor allem in den angelsächsischen Ländern sehr aufmerksam verfolgt, viel aufmerksamer als in den anderen, vor allem den romanischen Ländern. Nach jedem Prozesstag veröffentlichte die Presse detaillierte Berichte über diese »Meiwes & Brandes Story«, wie eine Zeitung sie nannte. Der »Kannibale von Hessen« erlangte dadurch einen großen Bekanntheitsgrad. Bis in die Kannibalenforen hinein, wo Anzeigen wie die folgende aus dem Boden sprossen: »Ich bin 38 Jahre, 1,80 m, muskulös, gesund. Ich möchte gegessen werden wie Bernd-Jürgen.« (11. November 2003) Was für eine unglaubliche Referenz …

Kapitel 12

Ein Bild des Jammers

Auf dem Anwesen in Wüstefeld sind die rot-weißen Plastikstreifen mit der Aufschrift »Polizeiabsperrung« noch immer nicht entfernt worden, auch wenn sie stellenweise zerrissen sind. Vom Zahn der Zeit. Und von den Schaulustigen, die, von Neugier getrieben – vor allem jetzt unmittelbar vor dem Prozess –, noch immer durch den großen Garten streifen und über das hohe Wildgras und die Brennesseln steigen auf der Suche nach eventuellen Spuren des Verbrechens, das ein Dorfbewohner begangen hat, der einmal über jeden Verdacht erhaben war.

Der Kannibale im Gerichtssaal

Sechsundvierzig Plätze. Nicht einer mehr. Ein guter Grund, mitten in der Nacht aufzustehen, um sich auf dem Gehsteig vor dem Landgericht Kassel um vier Uhr morgens anzustellen – wie zahlreiche Menschen es getan haben, sehr junge Frauen vor allem, die zu dem Publikum gehören wollen, das zum Prozess zugelassen wurde, der an diesem 3. Dezember 2003, einem Mittwoch, beginnt. Diese Zuschauer sind gekommen, um den Kannibalen leibhaftig zu *sehen*. Gewiss handelt es sich um einen Fall und einen Prozess, die in den Annalen der Justiz ohne Beispiel sind, doch rechtfertigt dies, zu nachtschlafender Zeit aufzustehen, um sich vor einer geschlossenen Tür die Füße abzufrieren?

Einer dieser neugierigen Zuschauer, ein fünfundzwanzigjähriger Mann, gesteht dem Journalisten, der ihm sein Mikro entgegenstreckt, ohne Umschweife: »Ich interessiere mich für das Grauenhafte.« Seit mehr als drei Stunden harrt er in eisiger Kälte aus – ist das nicht auch *grauenhaft*? Katja, zwanzig, kommt aus Rotenburg; sie kennt den Angeklagten, »aber nicht persönlich«. Sie wartet seit 4 Uhr 15, zusammen mit ihrer Freundin Jennifer, achtzehn. Die gleichaltrige Hanne und Fabienne, siebzehn, sind kurz vor sechs gekommen. Letztere will einen Vortrag über den Prozess vor den Schülern ihrer Klasse halten. »Es ist unvorstellbar, dass jemand einen Mann geschlachtet hat, als wäre er ein Schwein!«, ruft sie. »Ich gehöre ebenfalls zu diesen leicht bekloppten Neugierigen«, gibt eine neununddreißigjährige Frau aus Kassel zu. In dieser

Angelegenheit sei alles so verrückt, »der Schuldige und das Opfer sind alle beide krank«.

Auch bei den Journalisten sind die Plätze hart umkämpft; das Gericht verfügt nur über fünfunddreißig Plätze für hundert Anfragen nach Akkreditierung. Die Presse der ganzen Welt ist gekommen, um den Feinschmeckerkannibalen kennenzulernen, den kaltblütigen Schlachter, den kultivierten Menschenfresser ... kurz, einen Menschen, der sich einer ungeheuerlichen Tat schuldig gemacht hat.

In der Schlange steht eine englische Journalistin, Kate Connoly, die für den *Daily Telegraph* arbeitet. Sie ist aus beruflichen Gründen da, hat aber keine Akkreditierung bekommen. Daher muss sie sich unter das normale Publikum mischen. Für sie wird mit diesem Prozess juristisches Neuland in Deutschland, in Europa, in der ganzen Welt betreten. »Es ist schwierig, umfassend zu informieren, ohne ins Detail zu gehen«, sagt sie.

Das Interesse der britischen Medien ist beträchtlich. Ein Fernsehreporter hat sogar lange vor Prozessbeginn einen Livebericht vor dem Eingang des Gerichts gedreht.

Und noch jemand ist aus beruflichen Gründen gekommen, aus München, aber ohne Mikro und Kamera, Jaques (ohne »c«) Buval, der Michael Newtons *Große Enzyklopädie der Serienmörder* aktualisieren will, an der er mitarbeitet, indem er sie um ein Kapitel über den Kannibalen von Rotenburg erweitern möchte.

Die Zuschauer und Journalisten nehmen Platz im Saal D 130 des Landgerichts. Ein fensterloser Raum. Es ist genau neun Uhr.

Deutschland wird noch entsetzter reagieren, als es abends im Fernseher und am nächsten Morgen aus der Presse erfährt, wie entspannt und selbstsicher der Angeklagte an diesem Morgen vor die Legionen von Kameras und Fotoapparaten getreten ist.

9 Uhr 25. Zwei Polizisten führen einen Angeklagten in den Saal, der einen sehr guten Eindruck macht, glatt rasiert und in einem tadellosen Anzug mit perfekt gebundener Krawatte. An jedem Prozesstag wird er einen anderen schlichten und eleganten Anzug tragen. Grausam und vornehm, zurückhaltend und im Scheinwerferlicht der Medien stehend, zivilisiert und primitiv, vereint der Angeklagte alle Extreme in sich. Und während des gesamten Prozesses wird er nicht aufhören, die ganze Welt durch seine natürliche Art, Handlungen zu schildern, die alle für widernatürlich halten, zu überraschen und zu entsetzen.

Die Menge der Journalisten, die keinen Platz im Saal gefunden haben, verfolgt den Prozess auf Leinwänden, die in der Galerie aufgestellt worden sind. Verblüfft, fassungslos verfolgen Zuschauer und Medien aufmerksam Meiwes Schilderung seines Lebens und seines Verbrechens und alle widerwärtigen Details, die der Angeklagte oder das Gericht zur Sprache bringen und die sich in blitzartiger Geschwindigkeit über die Mauern des Gerichts hinaus verbreiten.

An diesem 3. Dezember gesteht Armin Meiwes sein Verbrechen. Fünf Stunden lang. Seine Aussage wird von einer Mittagspause unterbrochen. Der Angeklagte wird in einen anderen Raum geführt, wo er einen kleinen Beutel mit Broten und etwas Obst hervorholt. Die Verhandlung geht weiter. Er spricht ruhig, selbstsicher, Begriffe und Ausdrücke wie »Schlachtvorgang« oder »Ausweiden« kommen ihm ganz natürlich über die Lippen, als handle es sich um Kaninchen, deren Tötung er in seiner Kindheit mit angesehen hat. Er schildert seine Phantasien, insbesondere die des Zerlegens, als sei es das Natürlichste von der Welt, zum Entsetzen des Publikums. Detailliert beschreibt er sein Sexualleben, er ist nie um Worte verlegen. »Ich fühlte mich vollkommen allein. Ich habe mir vorgestellt, jemand wäre in mir und würde mich nie mehr verlassen.« Zwischen zwei Erklärungen beugt er sich zu seinem Anwalt und scherzt mit ihm. Wenn man ihn darum bittet, kommentiert er Fotos. Dabei sortiert er aus und ordnet sie sorgfältig.

Ein Muster an Geduld. Er lächelt, erweist sich als sachkundig und höflich. Er wirkt, als sei er stolz auf das, was er getan hat. Der Prozess scheint ein Geschenk für ihn zu sein; er kann in aller Ruhe von seiner Erfahrung berichten und sie in aller Öffentlichkeit noch einmal durchleben. Man könnte meinen, er genieße seine Aussage vor Gericht, sie mache ihn glücklich. Jedenfalls bereitet sie ihm keine Schwierigkeiten. Was ist das Geheimnis dieses so eigenartig-einzigartigen Allerweltsmannes?

Abgesehen von den Zuschauern und den Polizisten sind zwölf Personen im Gerichtssaal anwesend: drei Richter, unter ihnen der Vorsitzende Richter, Volker Mütze, fünfundvierzig; der Staatsanwalt der Anklage Marcus Köhler, sechsunddreißig; Harald Ermel, der Verteidiger, und sein Mandant Armin Meiwes, der es abgelehnt hat, von Staranwälten verteidigt zu werden; drei Sachverständige – ein Psychiater, ein Gerichtsmediziner und ein Toxikologe; und drei Laienrichter als Schöffen, ein Rentner, ein kaufmännischer Angestellter und ein Bauingenieur.

Volker Mütze ist seit drei Jahren im Amt. Dieser Prozess ist ihm zufällig zugeteilt worden, nach dem Rotationsprinzip.

Die Verteidigung hat das Wort. Armin Meiwes schildert seine Kindheit, seine Jugend, das gemeinsame Leben mit seiner Mutter bis zu deren Tod und alles, was darauf folgte. Das Eintauchen in den Horror. Er freue sich, die Wahrheit sagen, sprechen, alles gestehen zu können, hat der Angeklagte vier Tage vor dem Prozessbeginn dem Gefängnispfarrer erklärt. Und tatsächlich erzählt er alles, ausführlich, im Plauderton. Dabei benutzt er präzise, technische Termini, als spreche er zu Wissenschaftlern, die gekommen sind, um sich über ein ganz neues Experiment zu informieren. Meiwes erzählt diese entsetzliche Nacht, als handele es sich um etwas ganz Normales.

Während er von seinen Phantasien und dem Verbrechen erzählt, das er in der Nacht vom 9. auf den 10. März 2001 begangen hat, müssen immer wieder Zuschauer und Journalisten überstürzt den Saal verlassen und zu den Toiletten des Gerichts eilen, um sich zu übergeben oder kaltes Wasser über ihr Gesicht laufen zu lassen. Meiwes enthüllt dem Gericht, das fassungslos zuhört, schockierende Dinge. Die Verblüffung, die Spannung im Gerichtssaal ist so groß, dass man bisweilen Lachen hört – ein nervöses, unkontrolliertes Lachen, das unter diesen Umständen die einzig mögliche Schutzreaktion zu sein scheint.

Unter anderem wird dem Angeklagten vorgeworden, er habe die schwerwiegenden Persönlichkeitsstörungen von Bernd-Jürgen Brandes ausgenutzt und Vorteil aus seiner Schwäche gezogen, um seine – sexuelle – Lust zu befriedigen. Meiwes habe ganz genau gewusst, dass es Brandes alles andere als gut gegangen sei. Aufgabe des Gerichts wird es daher sein zu ermitteln, ob das Opfer im Vollbesitz seiner geistigen Kräfte war, als es die Entscheidung traf, sich töten und essen zu lassen, und gegebenenfalls den Beweis für eine verminderte Zurechnungsfähigkeit zu liefern.

Nachdem der Angeklagte zugegeben hat, dass seine Tat

unmoralisch und krankhaft gewesen sei, weist er die Anklage wegen Mordes zurück, indem er geltend macht, man könne nicht der Mörder eines Menschen sein, der sterben wolle. Er bezeichnet seine Tat als Sterbehilfe, fügt hinzu: »Er hat mir seinen Körper geschenkt« und erklärt: »Essen ist ein Tabu, aber nicht verboten. Zeigen Sie mir ein Gesetz!« Außerdem verneint er, getötet zu haben, um sich sexuell zu erregen. Für ihn hat die »Schlachtung« nichts mit sexueller Befriedigung zu tun. »Man hat eine sexuelle Beziehung mit einem Partner, im Bett, nicht mit einem Stück Fleisch«, erklärt er. Dennoch kann man sich beim Anschauen des Tatvideos des Eindrucks nicht erwehren, dass die gefilmten Szenen eine starke sexuelle Konnotation haben.

Meiwes gibt ebenfalls zu, weitere potentielle Opfer gesucht zu haben, nachdem er Brandes getötet hatte. Er wollte die letzten Stücke seines ersten Opfers gemeinsam mit dem nächsten essen.

Am Nachmittag nach der Verhandlung sind die zwanzigjährige Katja und ihre achtzehnjährige Freundin Jennifer der Meinung, das frühe Aufstehen habe sich gelohnt. Sie behaupten, das, was sie gehört hätten, habe sie nicht erschüttert. Armin Meiwes habe einen sympathischen Eindruck auf sie gemacht, er habe überhaupt nicht wie das Monster gewirkt, das die Medien aus ihm gemacht hätten.

Falls die beiden jungen Frauen wiederkommen, werden sie wie alle anderen Zuschauer am nächsten Verhandlungstag nicht im Saal bleiben können, um das Tatvideo anzuschauen. Vielleicht hätten sie dann ihre Meinung über den Angeklagten geändert.

Albtraumhafte Bilder

Montag, der 8. Dezember, zweiter Verhandlungstag. Armin Meiwes trägt einen dunkelbraunen Anzug, eine getüpfelte Krawatte und schwarze Schuhe. Zu den Beweisstücken gehören 16 Computer, 221 Festplatten, 95 CD-ROMs, 1800 Disketten, 307 Videos, 12 000 E-Mails, Tausende von Fotos, darunter 1800 mit kannibalistischem Inhalt, und ein großer brauner Umschlag, auf dem in Druckbuchstaben steht: *VIDEOS MEIWES 8–12–2003 für LS Kassel*. Er enthält drei Videobänder von jeweils 90 Minuten.

Morgens beginnen die Ermittler, auf der Grundlage der Videoaufnahmen, der Untersuchung des Tatorts und der Erklärungen, die der Angeklagte bei den Vernehmungen gemacht hat, detailliert den Mord an Bernd-Jürgen Brandes zu schildern. Kriminaloberkommissarin Doris Walter beschreibt den Schlachtraum, wie sie ihn vor einem Jahr vorgefunden hat, wobei sie besonders auf die Dinge hinweist, die sie überrascht haben: die Anordnung der Schlachtwerkzeuge, die Blutspuren auf dem Boden usw. Sie spricht auch über den Inhalt der Videobänder. In diesem Zusammenhang sagt ein erfahrener Ermittler aus: »So etwas hatten wir noch nicht gesehen … Es ist dermaßen makaber. Selbst für einen erfahrenen Polizisten ist es unvorstellbar.« Ein anderer Ermittler sagt, besonders habe ihn die gewissenhafte Beschriftung der Gefrierbeutel verblüfft: »Jedes Stück Fleisch in der Gefriertruhe war etikettiert.«

Nach seiner Verhaftung hatte Meiwes seine kannibalistischen Neigungen einem Polizisten erklärt, indem er sich mit einem Werwolf verglichen hatte, in den er sich alle sechs bis acht Wochen aus einem unbezähmbaren Drang heraus verwandelt habe; »das muss mit dem Vollmond zu tun gehabt haben«, hatte seine Erklärung gelautet.

Harald Ermel, sein Verteidiger, legt von Anfang an Wert darauf zu betonen: »Mein Mandant ist kein Monster, sondern ein Mensch wie Sie und ich. Er ist nicht verrückt, er ist anders.« Meiwes sei ein »Gentleman alter Schule«.

Alle Polizisten, die mit der Untersuchung betraut waren, geben zu, bei ihren Ermittlungen zu ihrer großen Verblüffung die Kreise des »Kannibalismus« in Deutschland entdeckt zu haben und damit ein Phänomen, von dessen Ausmaß sie keine Ahnung gehabt hätten. Insgesamt hätten sie 800 000 Webseiten mit kannibalistischem Inhalt gezählt. Auf der Suche nach möglichen anderen Opfern von Meiwes oder anderen aktiven Kannibalen hätten ihre Ermittlungen sie insbesondere nach Österreich und in die USA geführt. Diesbezüglich seien ihre Ermittlungen übrigens noch nicht abgeschlossen.

Am Nachmittag des 8. Dezember muss das Beweisstück Nummer Eins dem Gericht vorgeführt werden. Es geschieht selten, dass ein Verbrechen von dem Täter auf diese Weise aufgenommen, auf einem Videoband »festgehalten« wird und ein Gericht sich für die Begründung seines Urteils teilweise darauf stützen kann.

Die Videoaufzeichnung – viereinhalb Stunden lang, wobei zu bedenken ist, dass zwischen der Kastration und dem Ende der Zerlegung des Opfers fast zehn Stunden vergangen sind –, die Meiwes in dieser Nacht gemacht hat, wurde von einer amerikanischen Tageszeitung »the ultimative snuff movie« genannt. Allerdings muss ein solcher Film bestimmten Kriterien entsprechen, um diese Bezeichnung zu verdienen. Er muss einen echten Mord vor laufender Kamera zeigen; in der Regel wird das Opfer (meist eine junge Frau) verschiedenen Akten sexueller Gewalt und Folterungen ausgesetzt. Die drei Video-kassetten des Kannibalen entsprechen diesen Kriterien eines *snuff movie* nicht genau, das außerdem auch ein lukratives Ziel verfolgt, da es sich um einen Film handelt, der verkauft und über bestimmte Vertriebsnetze vertrieben wird. Es ist übrigens nach wie vor nicht sicher, ob diese *snuff movies* tatsächlich existieren. Fiktion, Mythos oder Realität?

Kurz nach 15 Uhr schickt der Vorsitzende das Publikum aus dem Gerichtssaal – in dem ein merkwürdiger Geruch nach Chloroform in der Luft liegt –, unter Berufung auf Artikel 172 des Gerichtsverfassungsgesetzes, der besagt, dass das Gericht die Öffentlichkeit von der Verhandlung ausschließen kann, »wenn eine Gefährdung der Staatssicherheit, der öffentlichen Ordnung oder der Sittlichkeit zu besorgen ist«. Die Türen werden daher von innen geschlossen.

Die zwölf Mitglieder des Gerichts können nur mühsam die neunzigminütige Kurzfassung der viereinhalb Stunden Film ertragen. Die drei Schöffen werden während des ganzen Pro-zesses übrigens in keiner Weise psychologisch betreut, ebenso wenig wie die Ermittler während ihrer Ermittlungen. Einige Polizisten berichteten, dass sie während der schlimmsten Phase der Ermittlungen Probleme hatten zu essen, dass sie den An-blick des Essens auf ihrem Teller nicht ertragen konnten. Eine Polizistin erzählte in diesem Zusammenhang die folgende Ge-schichte: Eines Tages habe sie eine prächtige Schweinshaxe für das Abendessen im Familienkreis gekauft, doch als sie das Fleisch auf ihrem Teller gesehen habe, sei ihr plötzlich übel geworden. Die Mahlzeit war beendet, bevor sie angefangen hatte.

Nachdem der Vorsitzende den Ausschluss der Öffentlichkeit angeordnet hat, bittet er, den Raum zu verdunkeln und den

Videorekorder einzuschalten. Auf einer drei mal drei Meter großen Leinwand ziehen die Bilder vorüber. Die Anwesenden – ein paar Polizisten, darunter Kriminaloberkommissarin Walter, und Mitglieder des Gerichts – werden gebeten, keine Sequenz, keine Einstellung zu verpassen. Doch der Film enthält Bilder, die kaum auszuhalten sind, und manche Zuschauer wenden daher bisweilen für ein paar Sekunden den Blick ab. Psychisch gesehen ist es eine harte Prüfung, aber unerlässlich, um die Fakten möglichst gerecht und präzise ermitteln und beurteilen zu können.

Nach der Vorführung sagt Rosemarie, Schöffin seit sieben Jahren, bleich und fassungslos den Journalisten: Während des ganzes Films habe sie unwillkürlich immer wieder gedacht: »Ich bin unter Verrückten!« Besonders verblüfft habe sie die das erstaunliche Verhalten des Angeklagten, der nicht einmal die Augen abgewandt, sondern die ganze Vorführung aufmerksam verfolgt habe. Er habe gelächelt. »Für ihn war es ein ganz normaler Film«, fügt sie hinzu. Während des gesamten Prozesses führe sie intensive Gespräche mit ihrem Mann, um das durch den Fall verursachte Trauma zu »verdauen«.

Anatomie der Fakten

Am Freitag darauf, dem 12. Dezember, sind die Bilder, die dem Gericht fünf Tage zuvor »unbearbeitet« vorgeführt wurden, Gegenstand eines Kommentars und einer Interpretation durch zwei Sachverständige: Manfred Risse, Gerichtsmediziner, und Harald Schütz, ein einundsechzigjähriger Toxikologe. Ihre Gutachten werden für den weiteren Prozess und das Urteil von großer Bedeutung sein.

Dr. Risse behauptet nach Ansicht des Videos, dass Bernd-Jürgen Brandes noch gelebt habe, als Meiwes ihm das Messer mehrmals in den Hals gestoßen habe, was einen besonders schmerzhaften Tod zur Folge gehabt habe. Man sehe, wie das Blut aus der Halsschlagader sprudele, ein untrügliches Zeichen. Außerdem habe sich der Kopf des Opfers in den Augenblicken unmittelbar vor der Ausführung des Verbrechens mehrmals deutlich von vorne nach hinten bewegt. Auch seine Lippen hätten sich bewegt. Er habe geatmet. All diese Feststellungen stehen in vollkommenem Widerspruch zu Meiwes' Erklärung, Brandes sei bereits tot gewesen, als er ihn in den Schlachtraum gebracht habe, um ihn zu zerlegen.

Der Toxikologe soll sich über das Zusammenwirken des Alkohols – eine halbe Flasche Korn – und der verschiedenen Medikamente, die das Opfer geschluckt hat – zwanzig Tabletten *Vivinox* und zwei ganze Flaschen *Wick MediNait*, ein Erkältungssaft, der aufgrund seines Alkoholgehalts müde macht –, äußern. Das Opfer müsse einen Blutalkoholspiegel zwischen 0,8 und 1,4 g/l, wenn nicht sogar maximal 1,6 g/l gehabt haben. Durch diese Mischung müsse das Schmerzempfinden von Brandes zum Zeitpunkt der Entmannung herabgesetzt gewesen sein; außerdem müsse sie ihn »kühner« gemacht und ihn enthemmt haben. Dr. Harald Schütz vertritt die Meinung, dass das Opfer tatsächlich vor sich hin gedämmert habe; doch da der Tod erst Stunden nach der Einnahme eingetreten sei, hätten die Medikamente zwangsläufig ihre betäubende Wirkung verloren. Der Sachverständige sieht sich nachträglich nicht in der Lage zu sagen, inwieweit der freie Wille des Opfers eingeschränkt gewesen sei, zumal die Wechselwirkung von Alkohol und Medikamenten bei jedem anders ist. Wäre Brandes körperlich imstande gewesen, nach seiner Kastration und vor seiner Agonie »alles zu beenden«, wenn er es gewollt hätte?

An diesem Tag bricht der Angeklagte aus seiner üblichen

Gelassenheit aus, um dem Gerichtsmediziner zur großen Überraschung des Gerichts zu einigen Punkten, die den Tod seines Opfers betreffen, Fragen zu stellen. Er will sich verteidigen, was die entscheidende Frage nach dem genauen Zeitpunkt und den Umständen von Brandes' Tod betrifft. Daher stellt er Dr. Risse einige Fragen und erklärt nach einer der Antworten kategorisch und arrogant: »Das ist nicht das, was ich von Ihnen jetzt hören wollte.« Das Gericht wird zunehmend fassungsloser.

Meiwes nützt die Gelegenheit auch dazu, ein Experiment zu schildern, das er zwei Tage zuvor in seiner Zelle gemacht habe. Er habe mit Absicht eine Tasse Kaffee auf dem Tisch umgekippt, bis sich ein Fleck von der Größe eines DIN-A4-Blattes (21 cm x 29,7 cm) gebildet habe, um zu versuchen, die Blutmenge zu schätzen, die sein Opfer verloren habe, als er ihm in den Hals gestochen habe! Ergebnis: »Nur 75 Milliliter, nicht mehr«, ruft er und hebt eine kleine Tupperware-Plastikdose hoch, die Kaffee enthält, wohingegen man auf dem Video das Blut in Strömen fließen sieht. In der Nacht des Verbrechens sei er übrigens gezwungen gewesen, einen Eimer zu benutzen, in den das Blut geflossen sei.

Der Gerichtsmediziner widerspricht dieser Darstellung. Doch der Angeklagte lässt sich nicht beirren. »Welche Farbe hat das Blut?«, erkundigt er sich. »Das Blut ist rot«, erwidert der Sachverständige. »Hell oder dunkel?« – »Man sieht, dass Sie keine Ahnung von Anatomie haben …« – »Wenn ich ein Schwein oder Schaf töte, sehe ich hellrotes Blut. Bei dem Berliner habe ich nur dunkelrotes Blut gesehen«, fährt der Angeklagte fort. »Das ist nicht das, was ich gesehen habe«, entgegnet der Mediziner. »Ich habe das Blut sprudeln sehen!« – »Ich habe nur eine kurze krampfartige Bewegung gesehen, ein

Zucken.« – »Sollen wir uns den Film noch einmal anschauen, Sequenz für Sequenz?«, fragt der Sachverständige ungeduldig. »Hätte er überleben können?«, fährt Meiwes unbeirrt fort. »Ohne weiteres!« – »Nachdem ich ihm die Messerstiche versetzt hatte? – »In dem Augenblick nicht mehr, Sie haben ihm ja praktisch die Kehle durchgeschnitten!« – »Hätte eine Bluttransfusion ihm geholfen, länger zu leben? Wie viel Blut hatte er noch im Körper?« »Das lässt sich aufgrund des Videos nicht sagen.« – »Sie könnten aber schätzen: der abgeschnittene Penis, die Stunden in der Badewanne, das Blut auf der Matratze.« – »Man kann so etwas nicht schätzen«, widerspricht Dr. Risse. Der Vorsitzende des Gerichts schaltet sich ein: »Vielleicht erinnern Sie sich, dass Sie in die Kamera gesagt haben, als Sie seinen Hals berührt haben, bevor Sie ihn erstachen: ›Dein Puls rast ja‹?« Der Kannibale bricht in Gelächter aus und meint: »Könnte das nicht von seinem Herzen kommen, das blutleer war?« – »Es konnte nicht blutleer sein, denn dann hätte es nicht so bluten können!«, entgegnet der Mediziner. »Ich habe nur ein langsames Herauslaufen bemerkt, Tropen für Tropfen!«, beharrt der Angeklagte. Im Saal herrscht atemlose Stille. Armin Meiwes' Wut hat sich gelegt, er ist wieder ruhig. Die Maske ist gefallen und hat das Gesicht eines Mannes gezeigt, der über Leben und Tod bestimmen will.

Manfred Risse hat auch die drei Gefrierbeutel mit Menschenfleisch, die in der Gefriertruhe gefunden worden waren, untersucht und analysiert. Da von den dreißig Kilo, die eingefroren worden waren, nur noch zehn Kilo übrig waren, hat der Angeklagte also durchschnittlich ein Kilo pro Monat gegessen.

Zeugen mit besonderen Vorlieben

Nach dem Wochenende wird der Prozess am 15. Dezember mit der Aussage von zwei Männern fortgesetzt, Jörg, vierunddreißig und Koch, und Dirk, siebenundzwanzig und »Conference Organizer« für eine internationale Hotelkette. Sie gehören zu der kleinen Anzahl »potentieller Opfer« des Kannibalen, die nach Wüstefeld gefahren waren oder sich mit ihm in einem Hotel getroffen hatten. Diese beiden Männer – und die wenigen anderen, die eine Woche später in den Zeugenstand treten werden – erzählen, meist unter Ausschluss der Öffentlichkeit und teilweise mit verdecktem Gesicht, von ihren Rollenspielen mit dem Kannibalen. Und sie betonen, dass Meiwes sie losgebunden habe und habe gehen lassen, wenn sie ihn darum gebeten hätten. Manche sagen, sie hätten noch mal Glück gehabt.

Kapitel 13

Ein Häftling mit Humor

An Weihnachten möchte Armin Meiwes in die Messe seines Gefängnisses gehen. Wenn man einem britischen Tabloid glaubt, wünscht er sich für sein Weihnachtsessen – ausnahmsweise dürfen die Häftlinge Wünsche äußern – ein riesiges zwanzig Zentimeter großes Frankfurter Würstchen. Die Gefängnisverwaltung beschließt, ihm den Wunsch zu erfüllen, weigert sich aber, ihm dieses Würstchen mit Knoblauch und in einer Weißweinsauce zu servieren, wie Meiwes es sich wünscht. So habe er, tönt er, den Penis seines Opfers an einem Märzabend des Jahres 2001 zubereitet.

In der Justizvollzugsanstalt Kassel-Wehlheiden ist er aus Sicherheitsgründen in einer Isolierzelle untergebracht. Doch ganz offensichtlich hat er keine Angst vor seinen Mithäftlingen; der Kannibale ist so wohlerzogen und sympathisch, dass er sich zahlreiche Freunde macht. Er befreundet sich mit zwanzig Gefangenen und hat Kontakt zu hundert (von den insgesamt 564 Inhaftierten), die mit ihm reden möchten und ihn um Hilfe bitten, beispielsweise, wenn sie etwas zu schreiben haben. »Er kann sich gewählt ausdrücken«, erklärt sein Anwalt. Er geht regelmäßig zum Gottesdienst. Er erhält zahlreiche Briefe, doch die Personen, die mit ihm in Verbindung zu treten versuchen, haben weder kannibalistische Neigungen, noch bewerben sie sich als Schlachtopfer. Diese Briefpartner interessieren sich für »den Menschen Armin Meiwes«. Er bekommt Besuche, von Erwachsenen und Jugendlichen aus seiner Stadt beispielsweise, doch nie von Familienangehörigen.

Am 4. März 2004 gab Meiwes einem Fernsehteam von Pro 7 ein Interview. Er trug an dem Tag einen blauen Jogginganzug und war vollkommen entspannt. Hier das Gespräch zwischen dem »Mustergefangenen«, wie sein Anwalt ihn nennt, und dem Reporter.

»Wie geht es Ihnen im Gefängnis?«

»Es geht mir wirklich gut. Ich fühle mich wohl im Gefängnis. Ich habe keine Probleme, man kümmert sich um mich. Das Essen ist gut. Kartoffeln, Bohnen, Würstchen, viel Fisch. Ich bin glücklich.«

»Womit beschäftigen Sie sich?«

»Ich lese viel, ich ruhe mich aus. Jeden Tag darf ich zu einem zweistündigen Spaziergang in den Hof. Bald werde ich Fernsehen haben …«

»Fühlen Sie sich schuldig?«

»Nein. Es war Tötung auf Verlangen, ich bin kein Mörder.«

»Welche Strafe erwarten Sie?«

»Mein Anwalt sagt, in zwei Jahren könnte ich rauskommen. Sie haben nichts, was ihnen erlaubt, mich länger einzusperren.«

»Bereuen Sie Ihre verrückte Tat?«

»Von Zeit zu Zeit denke ich daran, aber ich weiß, dass ich nur getan habe, was der andere wollte.«

Oft isst Meiwes auch Eintopf mit Würstchen und Heringe mit Kartoffeln.

Kapitel 14

Der Kannibale von Rotenburg ist geistig gesund

Montag, der 29. Dezember: Heinrich Wilmer, der vom Verteidiger, der seinem Mandanten eine Einweisung in die Psychiatrie ersparen will, als unabhängiger sachverständiger Zeuge geladen ist, ist Gefängnispsychiater in der Justizvollzugsanstalt Kassel. Er hält den Angeklagten für körperlich und geistig gesund. Allerdings stellt er eine schwere Persönlichkeitsstörung bei ihm fest, an der vermutlich die Trennung seiner Eltern, als er acht Jahre alt war, nicht ganz unschuldig ist. Die traumatische Erfahrung des Auszugs seines Vaters und seiner beiden Halbbrüder habe Meiwes in der Folge daran gehindert, tiefe Beziehungen zu anderen zu knüpfen.

Laut dem Psychiater ist der Angeklagte ein unreifer Mensch, unfähig, sich in andere einzufühlen und seine Triebe zu kontrollieren. Als er Brandes getötet habe, habe er nur an sich gedacht, auch wenn er etwas anderes behaupte. Anscheinend habe er nie an dem mutmaßlichen Wunsch seines Opfers, geschlachtet zu werden, Zweifel gehabt und sich Gedanken über den psychischen Zustand des Masochisten Brandes gemacht.

115

Er an seiner Stelle hätte sich gefragt, ob bei dem Kerl nicht eine Schraube locker sei. Stattdessen habe Meiwes Brandes' Wunsch, getötet zu werden, für *real* gehalten und sich beeilt, seine eigene Kannibalenphantasie *Realität* werden zu lassen, erklärt Dr. Wilmer. Er fügt hinzu, der Angeklagte habe außerdem versucht, sich interessant zu machen, er liebe es, im Scheinwerferlicht zu stehen. Er scheine den Medienrummel um seinen Prozess zu genießen. »Er hat sich darauf gefreut, wie ein Kind auf den Weihnachtsmann.«

Wenn Meiwes über sein Verbrechen spricht, tut er das mit kalter Sachlichkeit. »Ich dachte, ich säße einem Wissenschaftler gegenüber, der ein Experiment macht.« Die sexuelle Phantasie sei nur Nebensache gewesen, Meiwes sei es um den intensiven Kick gegangen. »Die Schlachtung und das Einverleiben standen im Vordergrund.«

Auf die Frage, ob die Gefahr bestehe, dass der Angeklagte rückfällig werde, gibt der Psychiater keine Antwort und will den beiden anderen Hauptgutachtern nicht vorgreifen; ihre Meinung könnte das Urteil stark beeinflussen. Dr. Wilmer ist der Meinung, eine Psychotherapie sei nötig, diese könne aber ambulant durchgeführt werden.

Armin Meiwes scheine unter dem Strafvollzug nicht besonders zu leiden; er zeichne sich durch gute Umgangsformen aus; die Mitgefangenen suchten mit ihm das Gespräch, fügt der Gefängnispsychiater noch hinzu.

Ein modernes Verbrechen

Anfang 2004, 5. Januar, siebter Verhandlungstag. Vier Ermittler der Kriminalpolizei des Landes Hessen tragen die Ergebnisse der langwierigen Auswertung der 2000 Datenträger vor, die im Haus des Kannibalen gefunden wurden. Neben den E-Mails, die Meiwes mit gut 400 Cybernauten ausgetauscht hat, die unter anderem geschlachtet und gegessen werden wollten – zumindest glaubten oder sagten sie es –, haben die Ermittler Tausende von Fotos zusammengetragen, die Folterungen und homosexuelle pornographische Handlungen zeigen, darunter auch fünfzig Fotos, die von dem Angeklagten im Netz verbreitet wurden und die ihn bei der Zerlegung seines Opfers zeigen.

Aufgrund der überprüften Computerdaten sind die Polizisten der Meinung, es deute nichts darauf hin, dass Meiwes weitere Personen getötet habe.

Das Internet: In diesem Fall hat das *World Wide Web*, das »weltweite Netz«, das sich aus einer Vielzahl nationaler, regionaler und privater Netze zusammensetzt, die untereinander vernetzt sind, eine fundamentale Rolle gespielt. Zahlreiche Experten – Kriminologen, Psychiater – und Journalisten vertreten die Meinung, dass das ungewöhnliche Verbrechen, das Armin Meiwes begangen hat, in hohem Maße durch das Internet ermöglicht worden sei. Das Web macht es sehr leicht, aufgrund gemeinsamer Vorlieben, Leidenschaften oder Perversionen mit vollkommen Unbekannten in Kontakt zu treten, die über den ganzen Planeten verstreut leben. Eines der flagrantesten Beispiele für die Nutzung dieses Kommunikationsmittels sind die Pädophilen, die Fotos austauschen, kaufen und verkaufen, kurz einen riesigen Handel mit verbotenen Bildern treiben. Die Cyberkriminalität zieht sehr weite Kreise.

In unserem Fall ist Franky in einem Diskussionsforum, das von Anhängern des Kannibalismus (oder von Personen, die entsprechende Phantasien haben) frequentiert wird, auf die Kontaktanzeige von Cator gestoßen – was genauso gut auch andersherum der Fall hätte gewesen sein können, da beide Anzeigen eingestellt hatten. Dank des Netzes konnte Meiwes weltweit freiwillige Opfer, volljährig und geimpft, rekrutieren.

Wie hätte jemand, der in einem Dreißig-Seelen-Dorf, in der Obhut von Pfaffen, eingezwängt zwischen zwei düsteren Wäldern, begraben ist, einen leitenden Angestellten von Siemens auftreiben können, der im Luxus in einer Hauptstadt – dem brodelnden Herzen des Landes – lebt, die 3,5 Millionen Einwohner zählt? Ohne dieses Kommunikationsmittel hätte Meiwes sicher nicht die »Chance« gehabt, sein ideales Opfer zu finden, und Brandes den Arm, der ihn bereitwillig tötet, und das solide Gebiss, das ihn kaut.

Hätte der Kannibale deswegen darauf verzichtet, seine Phantasie zu realisieren? Hätte er endlos gewartet, bis er zufällig eine Person gefunden hätte, die sich wünschte, gegessen zu werden? Hätte er sich getraut, seine Anzeige, »suche gut gebauten Mann zwischen 18 und 25 Jahren zum Schlachten und Essen«, in der Lokalzeitung zu schalten?

Die Phantasie des Zerlegens und Verzehrs von Menschenfleisch, die so sehr in Meiwes' Persönlichkeit verankert ist, wäre im Laufe der Jahre sicher nicht verschwunden. Vielleicht wäre sie durch die zunehmende Frustration, sie nicht ausleben zu können, sogar noch stärker geworden. Hätte Meiwes sich schließlich nicht ein zufälliges, vorzugsweise junges Opfer geschnappt, um Triebe zu befriedigen, die sein ganzes Leben vollkommen beherrschten?

Diese Fragen ergänzen jene, die der Vorsitzende Richter den beiden anderen von der Justiz bestellten psychiatrischen Gutachtern stellt: Wie groß ist die Gefahr der Rückfälligkeit in einem solchen Fall?

Der Traum von einer Familie?

Am 9. Januar, dem achten Verhandlungstag, treten zwei Frauen in den Zeugenstand, die Ex-Freundinnen von Meiwes waren: Martina, die dem Angeklagten widerspricht, als er behauptet, sie hätten eine mehrmonatige Beziehung gehabt – ihr zufolge habe sie nur drei Wochen gedauert –, die sich durch wunderschönen Sex ausgezeichnet habe – sie behauptet, sie hätten sich nie berührt. Meiwes hat Martina schließlich verlassen, weil sie sich sterilisieren lassen wollte. Er aber wollte unbedingt eine Familie mit vielen Kindern gründen. Die zweite ist Marion, die von den Zeitungen als »Geliebte des Kannibalen« präsentiert wird und von der man nur eines mit Sicherheit weiß: Sie schreiben sich Briefe.

Am selben Tag soll auch der Vater von Armin Meiwes vor Gericht erscheinen. Er lässt sich unter Vorlegung eines ärztlichen Attests wegen »psychosomatischer Magen-Darm-Beschwerden« entschuldigen. Auch Ingbert, sein Halbbruder, ebenfalls Computerfachmann, erscheint nicht. Er beruft sich auf sein Recht auf Nichterscheinen, hat das Gericht aber autorisiert, Passagen aus dem Protokoll seiner Vernehmung zu verlesen. Darin erklärt Ingbert insbesondere, Armin sei ihm immer als ein »ganz normaler« Junge vorgekommen, der die Tiere geliebt, keiner Fliege etwas habe zuleide tun können und wie alle Kinder seines Alters gespielt habe. Er habe seiner Familie seine Homosexualität gestanden, aber nur seine Mutter habe Probleme damit gehabt. Als er erfahren habe, dass sein Halbbruder einen Mann getötet und gegessen habe, sei er aus allen Wolken gefallen.

Das Opfer konnte sich gut verstellen

Am Montag, dem 12. Januar, treten ein Ex-Geliebter des Opfers – Victor, ein sechsunddreißigjähriger Kubaner – und sein letzter Lebensgefährte – René, Bäcker, siebenundzwanzig zum Zeitpunkt der Tat – in den Zeugenstand. Während Ersterer die masochistischen Phantasien seines Freiers und Freundes ausbreitet (der ihn angefleht habe, ihm in den Penis zu beißen, und später, gegen eine große Summe Geldes, ihn sogar abzubeißen), zeichnet Letzterer das Bild eines wolkenlosen, harmonischen Ehelebens, durchaus mit Zukunftsperspektive.

Ein anderer Zeuge, Berthold, zweiundvierzig und ehemaliger Nachbar der Meiwes, macht interessante Aussagen über die extrem besitzergreifende Mutter des Angeklagten und beschreibt ihr despotisches Verhalten ihrem jüngsten Sohn gegenüber. Er erzählt auch die folgende Geschichte, die auf das Jahr 2000 zurückgeht: Während eines Besuchs bei ihrem Freund Armin seien seine Frau und er auf Fotos aus dem Internet gestoßen, auf denen man Unfallopfer mit abgetrennten Gliedmaßen gesehen habe. »Wenn ihr wüsstet, was man alles im Netz finden kann! Wirklich brutale Sachen!«, habe ihr Gastgeber sie kommentiert. Er erzählt auch noch eine andere merkwürdige Geschichte: 2002 (im Jahr nach dem Verbrechen) habe Meiwes ihm, ganz schön besäuselt, anvertraut, er habe per Internet Kontakt zu einem Mann, »der fragt mich in regelmäßigen Abständen, ob er reif zum Schlachten sei«. In nüchternem Zustand habe er ihn anschließend gebeten, das Gespräch zu vergessen.

Das Spielzeug des Kannibalen: Barbie und Marzipan

Der zehnte Verhandlungstag ist dem umfangreichen E-Mail-Verkehr des Angeklagten gewidmet und seinen verschiedenen

Hobbys, den sadomasochistischen Spielen, die er mit seiner Sammlung von Barbiepuppen trieb, und den Arbeiten, mit denen er seiner Phantasie Gestalt verlieh: das Modellieren von Leichen und Genitalien aus Hackfleisch, Marzipan, Ketchup und Kakaopulver.

An diesem 16. Januar erfährt man auch, dass Meiwes im September 2003 – drei Monate vor Prozessbeginn – einen Entschuldigungsbrief an den Vater seines Opfers, einen neunundsiebzigjährigen Arzt im Ruhestand, geschrieben hat. Er schrieb: »Bernd hat Sie sehr geliebt. Ich bereue meine Tat sehr, gäbe alles dafür, sie ungeschehen zu machen. Aufessen wollte ich ihn, aber töten nicht. Er wollte gegessen werden, für ihn war es ein schöner Tod. Wenn ich es nicht gemacht hätte, hätte er bestimmt einen anderen gefunden. Ich bitte Sie um Vergebung, ich möchte Ihnen mein herzlichstes Beileid aussprechen.«

Näher an den Menschen

Montag, 19. Januar: Wie Dr. Wilmer hält auch Dr. Klaus Beier, Psychotherapeut und Sexualwissenschaftler an der Berliner Charité, den Angeklagten für körperlich und geistig gesund; er zeige keine Anzeichen einer Persönlichkeitsstörung. Er hält ihn für voll schuldfähig. Seine Faszination für den Kannibalismus habe sich bereits in frühen Kindertagen entwickelt. Einsam und unter der Fuchtel seiner herrschsüchtigen Mutter – dennoch habe er sich immer vor einer Trennung von ihr gefürchtet – sei ihm der Kannibalismus als eine Möglichkeit erschienen, sich den Menschen »zu nähern«.

Für das, was er ist, gebe es keine Klassifikation, er sei in der Tat »außergewöhnlich«. »Die Gedärme sollen herausquellen, aber das Tollste war für ihn, das Fleisch zu zerlegen. Das sucht sich keiner aus, das ist Schicksal. (…) Er ist überdurchschnittlich intelligent, selbstzufrieden, selbstsicher, befasst sich lieber mit sich selbst. Die Bindung zu seiner Mutter war ungewöhnlich eng. Die Mutter lebte wie eine Gutsherrin in ihrem eigenen Kosmos und verhinderte, dass er eine Frau findet, die ihn ihr wegnimmt.«

Weiter führt Dr. Beier aus, sein Fetisch sei »männliches Fleisch, zu 80 Prozent lebt er in einer fetischistisch-kannibalistischen Welt. Alles muss bei ihm in der Pfanne und im Magen landen. Er sagt, seit er Bernd Brandes in sich habe, sei er nicht mehr allein. Wenn er heute jemanden sehe, der ihm gefalle, stecke er ihn auch in seine Schlacht-Phantasien. Sex sei weniger als Schlachten, Sex könne er an jeder Ecke haben.«

Der Sachverständige schließt die Gefahr der Rückfälligkeit nicht aus.

Der Peiniger und sein Opfer hätten sich gegenseitig instrumentalisiert, um Phantasien zu realisieren, die sich sehr früh entwickelt hätten. Dadurch, dass er das Menschenfleisch zum Fetisch erhoben habe, habe Meiwes sein Bedürfnis nach einer engen und sicheren Beziehung befriedigen wollen, während der Schmerz, den Brandes als kleiner Junge über den Tod seiner Mutter empfunden habe, ihn dazu geführt habe, sich auf irrationale Weise die Schuld dafür zu geben und seine Männlichkeit beseitigen zu wollen.

Der zweite psychiatrische Sachverständige, der gehört wird, Georg Stolpmann von der Universität Göttingen, betont die Schwere der psychischen Deviationen, die Meiwes dazu geführt haben, seine Phantasie Realität werden zu lassen. Er geht ebenfalls auf die Kindheit und Jugend des Angeklagten ein – der Verlust des Vaters und der Brüder, die herrschsüchtige Mutter. Diese habe die Persönlichkeitsentwicklung ihres Sohnes behindert, indem sie ihn infantilisiert und unterdrückt habe. Er habe nicht gewagt aufzubegehren, aus Furcht, ausgelöscht zu werden. Die Beziehung zur Mutter sei ohne Liebe und Gefühle gewesen und habe großen Schaden angerichtet; das Kind habe sich in seine innere Welt geflüchtet, und um den Frustrationen zu entgehen und zu überleben, habe er sich vorgestellt, einen Menschen zu essen. »Fressen oder gefressen werden«, sei die Devise gewesen. Auf diese Weise seien seine ersten Phantasien entstanden, die das Menschenfleisch zum Fetisch erhoben hätten.

Der Sachverständige erklärt auch, es sei nicht verwunderlich, dass Meiwes sich für zwölf Jahre zur Bundeswehr verpflichtet habe, die ihm rigide Strukturen und die Hierarchie geboten hätten, die wie für ihn gemacht gewesen seien: Sie hätten seine Persönlichkeit negiert. Der Tod seiner Mutter habe sich nicht positiv auf seine Phantasien ausgewirkt, und seine sozialen Beziehungen seien ebenso spärlich geblieben wie vorher. Zu diesem Zeitpunkt habe er angefangen, seine makabren Kontaktanzeigen ins Netz zu stellen. Den Tod seines Opfers habe er sich »romantisch« vorgestellt; für ihn sei es keine Gewalttat gewesen. Er habe große Geduld und Beharrlichkeit bei seiner Suche bewiesen – die gleiche Beharrlichkeit, die er als Kind habe entwickeln müssen, da er gezwungen gewesen sei, sich seiner Mutter gegenüber nur auf sich selbst zu verlassen. Er habe sein Ziel niemals aus den Augen verloren und wolle als jemand gesehen werden, der immer erhält, was er will.

Meiwes habe einen Mann zum Schlachten und Essen gesucht, und er habe ihn gefunden. Egoistisch habe er sich nicht für die Motive seines Opfers interessiert. Er habe nicht einen Augenblick seine eigene Phantasie aus den Augen verloren und seinen Machtinstinkt befriedigt, der von sexueller Lust begleitet sei.

Dr. Stolpmann hält den Angeklagten für uneingeschränkt schuldfähig. Er habe im vollen Bewusstsein der strafrechtlichen Folgen seiner Tat gehandelt.

Damit ist die Sitzung beendet. Der Prozess wird nach dem Wochenende am 26. Januar mit dem Antrag des Staatsanwalts und dem Plädoyer der Verteidigung fortgesetzt.

Kapitel 15

Und das Urteil?

Niemand ist zu diesem Zeitpunkt – kurz vor Prozessende – in der Lage vorherzusagen, wie er ausgehen wird. Bereits in der vierten Woche erklärt der Vorsitzende Richter, dass der Ausgang vollkommen offen sei und »in alle Richtungen« gehen könne.

Marcus Köhler, der Staatsanwalt, beantragt eine lebenslängliche Freiheitsstrafe für Armin Meiwes, den er einen »Menschenschlächter« nennt, der, getrieben von »niedrigsten Beweggründen«, ausschließlich den Geschlechtstrieb habe befriedigen wollen. Er habe seine Tat geplant und das masochistische Einverständnis des Berliner Ingenieurs, den er buchstäblich »abgestochen« habe, instrumentalisiert. Er habe sein gesamtes Verbrechen gefilmt, um sich nachträglich beim Ansehen der Videokassetten sexuell zu befriedigen und sich bei seiner Arbeit als »Menschenschlächter« bewundern zu können. Die Wünsche des Opfers – sich entmannen und töten zu lassen – seien nicht das Hauptmotiv des Angeklagten gewesen. Im Gegenteil, Meiwes habe sich seiner bedient, um sein Fleisch zu bekommen. Und Brandes habe die »irrationale« Entscheidung zu sterben nur getroffen, weil er unter einer schweren Persönlichkeitsstörung gelitten habe.

Der Verteidiger Harald Ermel macht dagegen geltend, das Opfer habe sein Einverständnis gegeben, getötet und gegessen zu werden. Daher müsse sein Mandant wegen »Tötung auf Verlangen« verurteilt werden, eine Art illegaler Euthanasie, die mit höchstens fünf Jahren Gefängnis bestraft wird. Meiwes habe gewusst, dass er es mit jemandem zu tun gehabt habe, der sterben wollte; er habe daher ein Anrecht auf eine »angemessene Strafe«; er sei kein gewalttätiger Mensch; er sei »besessen von Menschenfleisch« gewesen.

Das Urteil wird für den 30. Januar erwartet.

Die Meinung von Fachleuten

Während der Prozessmonate veröffentlicht die deutsche Presse zahlreiche Kommentare von Fachleuten über den Fall des Kannibalen von Rotenburg, der alle wirklich überrascht hat. Manche, wie der Psychologe Dr. Konrad Sprai, sprechen von einer extremen Form von Sadismus. Es handele sich um eine sehr seltene Perversion, in der sich Sexualtrieb und Kannibalismus mischen. Im Allgemeinen seien die Kannibalen gut in die Gesellschaft integriert; sie verhielten sich äußerst diskret und führten ein ganz normales Leben. In Wirklichkeit hätten sie zwei Gesichter und würden zwei Arten von Reaktionen auslösen: Sie würden zugleich schockieren und faszinieren.

Dem Psychologen, Psychoanalytiker und Rechtsprofessor Lorenz Böllinger zufolge habe man es mit schweren Störungen zu tun, die ihre Wurzeln in der frühen Kindheit hätten; die kannibalistische Tat helfe, eine psychotische Angst zu überwinden und sich zu stabilisieren, daher eine extrem erhöhte Wiederholungsgefahr.

Professor Andreas Marneros, Direktor der Klinik für Psychiatrie und Psychotherapie an der Universität Halle-Wittenberg, spricht von »erschreckenden Gedanken«, die »schon mit zehn oder elf Jahren in den Köpfen von manchen späteren Kannibalen toben«. Er habe vier Kannibalen untersucht; bei allen hätten die Phantasien schon sehr früh angefangen. Ihre Persönlichkeit sei enorm unterschiedlich, eine schwere Persönlichkeitsstörung, die auf Konflikten mit der eigenen Identität beruhe, liege jedoch bei fast allen vor. Marneros zufolge sei das Rückfallrisiko sehr hoch. Der Kannibale verstoße gegen die Regeln der Gesellschaft, weil er der Meinung sei, dass sie für ihn nicht gelten. Er habe ein unterentwickeltes Selbstwertgefühl, was er damit kompensiere, dass er das Fleisch seines Opfers esse, wodurch er die Eigenschaften der Getöteten, wie Tapferkeit und Kraft, in sich aufnehme. Dabei könne es zu einer Sexualisierung dieses allgemeinen Kannibalismus, wie er von den Naturvölkern bekannt sei, kommen, die man als krankhafte Fortsetzung dieser archaischen Überzeugung ansehen könne.

Was das Rückfallrisiko betrifft, so behauptet Jaques Buval, Autor zahlreicher Bücher über die großen Kriminalfälle und Prozessbeobachter, er könne mit Gewissheit sagen, dass Meiwes nicht imstande sei aufzuhören. »Sie können es nie. Es steckt tief in ihnen drin, wie die Pädophilie.«

Rudolf Egg, Psychologe und Leiter der Kriminologischen Zentralstelle in Wiesbaden, betont die Einzigartigkeit des Falles, die darauf beruhe, dass jemand eingewilligt habe, das Opfer zu sein; er kenne keinen anderen Fall, wo Täter und Opfer sich auf diese Weise kennengelernt hätten. Aber kann man in so einem Fall überhaupt von Opfer sprechen? Ja, meint Dr. Egg: »Man muss trotzdem von einem Opfer sprechen, weil man ja zunächst einmal davon ausgeht, dass jeder Mensch sein eigenes

Leben als höchstes Gut ansieht. Wenn ein Mensch wünscht, getötet zu werden, dürfte das ein Ausdruck von Krankheit, von Störung sein. Deshalb ist er auch ein Opfer. Und natürlich ist es auch strafbar. Man darf einen Menschen auch dann nicht töten, wenn er einwilligt oder es gar verlangt.« Was das Verhalten von Meiwes betrifft, so fügt Egg hinzu, der Kannibalismus habe immer schon existiert, das Internet verstärke dieses Phänomen jedoch. Das Internet sei ein ideales Forum, um Gleichgesinnte zu treffen und sich gegenseitig in kannibalistischen Phantasien zu bestärken. »In den Internet-Foren spielen möglicherweise 80 Prozent nur mit der Faszination des Abartigen – aber 5 oder 10 Prozent wären vielleicht bereit, noch einen Schritt weiter zu gehen.« Und wenn sich dann ein Opfer anbiete, reiche das häufig als Auslöser.

Ein anderer Experte, Professor Arthur Kreuzer, Direktor des Instituts für Kriminologie in der Justus-Liebig-Universität Gießen, erklärt, es handele sich um einen wirklich komplizierten Fall, wo sich zwei Personen mit sehr ähnlichen perversen Phantasien träfen. »Der eine sagt: Ich will dich töten und essen, der andere: Ich will getötet und gegessen werden.« Professor Kreuzer ist der Meinung, Meiwes müsse für Jahre eingesperrt werden; er stelle eine große Gefahr für andere dar, weil er seine sadistischen Vorstellungen nicht in Schach halten könne. Er müsse sie ständig triebhaft ausleben. Es handele sich hier zwar nicht um den schlimmsten Fall von vorsätzlichem Mord, aber man dürfe darin auch keine Tötung auf Verlangen sehen, wie der Verteidiger es wolle; Meiwes habe nicht aus altruistischen, sondern aus egoistischen Gründen gehandelt.

Das Urteil

Freitag, der 30. Januar: Wie von Anfang an vorgesehen, verkündet das Landgericht Kassel heute das Urteil. Jetzt geht alles ganz schnell; das mit größter Spannung erwartete Urteil fällt um 9 Uhr 58. Ein überraschtes Raunen geht durch den Saal. Der Kannibale von Rotenburg wird wegen Totschlags zu einer Freiheitsstrafe von acht Jahren und sechs Monaten verurteilt. Der Vorsitzende Richter Volker Mütze schließt Tötung auf Verlangen oder Mord in seiner eineinhalbstündigen Begründung aus. Eigentlich sei ein Maßregelvollzug – im Sinne einer freiheitsentziehenden Unterbringung in einer psychiatrischen Einrichtung oder Erziehungsanstalt zur Besserung und Sicherung psychisch kranker Straftäter – für Meiwes richtig, doch dieser komme nicht in Frage, weil die Voraussetzungen fehlten. Meiwes und sein Opfer seien zwar abartig veranlagt, aber voll einsichts- und steuerungsfähig gewesen. »Wir haben mit dem Verfahren die Tür geöffnet in eine Welt, die man geneigt ist, gleich wieder zuzumachen«, sagt er.

Mütze spricht von einem komplexen Fall. Das Gericht bewege sich im Grenzbereich des Strafrechts. Es fehle ihm an Erfahrungswerten. Das Verhalten von Täter und Opfer sei irrational. Es handele sich nicht um »reine Tötung«, sondern um Kannibalismus, also um ein in unserer Gesellschaft geächtetes Verhalten. Meiwes habe einen Menschen getötet, »ohne Mörder zu sein«. Daher habe er sich des Totschlags schuldig gemacht. Eine straflose Beihilfe zum Suizid liege nicht vor. Es bestehe kein Zweifel, dass Meiwes gewusst habe, dass Brandes noch lebte, als er zustach. Er habe zwar eine Person getötet, die mit dem Leben abgeschlossen habe, die alleinige »Tatherrschaft« habe aber bei Meiwes gelegen. Daher komme Tötung auf Verlangen als Tatbestand nicht in Betracht, denn sie setze das ausdrückliche Tatverlangen von Brandes voraus. Dieser habe sich Meiwes lediglich zur Verfügung gestellt; sein Ziel sei es gewesen, den »Kick« der Penisamputation zu erfahren. Meiwes habe sich nicht in Brandes hineinversetzt, für ihn sei nur das Einverständnis des Opfers für seine Tat erforderlich gewesen.

Auch der Tatbestand des Mordes sei nicht erfüllt. Mordlust sei nicht festzustellen. Ebenso wenig könne man von Mord zur Befriedigung des Geschlechtstriebs sprechen. Meiwes' Ziel sei ausschließlich das Schlachten, Töten und Zerlegen von Brandes gewesen. Um dies zu erreichen, sei die Tötung nur ein »notwendiges Übel« gewesen. Um von Mord zur Befriedigung des Geschlechtstriebs auszugehen, sei entscheidend, dass der Tötungsakt von sexuellen Motiven geleitet sei. Es stehe aber nicht ausreichend fest, dass Meiwes die Tötung begangen habe, um einen Film zur sexuellen Befriedigung zu drehen.

Auch die Störung der Totenruhe in Form des beschimpfenden Unfugs als Grund der Tötung, auf welche der Staatsanwalt plädiert hatte, schließt das Gericht aus, denn nach einem Urteil des Bundesgerichtshofs muss ein Täter sich des beschimpfenden Charakters seiner Handlung bewusst sein. Ein »Verächtlichmachen« des Opfers sei nicht festzustellen. Sowohl das Abtrennen des Penis als auch die Schlachtung von Brandes seien verabredet gewesen. Die Motive und Hintergründe des jeweils anderen hätten beide nicht interessiert. Es handele sich um die Tat zweier psychisch kranker Menschen.

Der Angeklagte sei voll schuldfähig. Seine schwere seelische Abartigkeit sei erwiesen, aber seine Einsichts- und Steuerungsfähigkeit seien nicht eingeschränkt. Daher bleibe nur die Verurteilung wegen Totschlags mit einem Strafrahmen von fünf bis fünfzehn Jahren in einem »sicher nicht minder schweren Fall«.

Dem Angeklagten sei aber zugute zu halten, dass er sich gestellt habe, dass er Beweismittel, insbesondere den Videofilm der Tat, beschafft habe und dass er zudem mit dem Einverständnis des Opfers gehandelt habe. Die zur Verfügung stehenden Mittel des Strafrechts könnten daher »nicht im oberen Bereich liegen«, was das Strafmaß von acht Jahren und sechs Monaten erklärt – ein salomonisches Urteil, wenn man so will, das durchaus für Unmut sorgt.

Armin Meiwes nimmt das Urteil ohne erkennbare Regung auf. Dann aber erklären er und sein Anwalt, sie seien zufrieden mit dem Urteil, das den Kannibalen von einer furchtbaren Anklage freispricht. Er ist nicht des vorsätzlichen Mordes schuldig und gilt daher nicht als Mörder. Wenn er wegen guter Führung vorzeitig entlassen wird – und sein Anwalt behauptet, Meiwes sei ein Mustergefangener –, wird er bereits Mitte 2008 wieder in Freiheit sein. Diese Möglichkeit löst einen Proteststurm im Land aus; die Bevölkerung reagiert empört, und auch eine Reihe von Politikern verlangt eine härtere Strafe für Meiwes; darüber hinaus verlangen sie, dass er erst nach einer vollständigen Therapie wieder auf freien Fuß gesetzt werden dürfe.

Die Journalistin eines großen deutschen Wochenmagazins, die als Gerichtsreporterin große Erfahrung hat, ist der Überzeugung, die Richter hätten den Kannibalen nur deswegen ins Gefängnis und nicht in eine psychiatrische Einrichtung geschickt, weil die Psychiater keinen Patienten wollten, der nicht therapierbar sei; Meiwes habe seine Phantasien in frühester Kindheit entwickelt und es sei unwahrscheinlich, dass er sich jetzt noch ändern könne. Daher stellt sie ganz offen die Frage, die die Richter und Psychologen sich wohl gestellt haben: Warum soll man sich um Meiwes kümmern und ihm eine Therapie anbieten, warum soll man einen Platz blockieren, den man jemandem geben könnte, der reelle Heilungschancen hat?

Staatsanwalt Marcus Köhler, der eine lebenslange Freiheitsstrafe wegen Mordes beantragt hatte, kündigt am 2. Februar 2004 an, er werde beim Bundesgerichtshof in Karlsruhe Revision gegen das aus seiner Sicht zu milde Urteil einlegen. Auch aus Sicht des Bremer Rechtsprofessors und Psychoanalytikers Lorenz Böllinger hätte Meiwes wegen Mordes verurteilt werden müssen. Das Urteil werde in der Revision keinen Bestand haben: »Ich prognostiziere, dass der Bundesgerichtshof sagen wird: So geht es nicht.« Darüber hinaus meint Böllinger, das Gericht hätte Meiwes verminderte Schuldfähigkeit zubilligen müssen, wodurch man ihn in einer psychiatrischen Einrichtung unterbringen könnte. Sitze er dagegen seine Strafe im Gefängnis ab, bestehe eine beträchtliche Wiederholungsgefahr, wenn er wieder rauskomme. Böllinger fügt hinzu, das Gericht hätte zwei »Mordmerkmale« bejahen müssen: Tötung zur Befriedigung des Geschlechtstriebs und aus niedrigen Beweggründen. Denn eine solche Tat verstoße gegen die elementarsten ethischen Normen. Unsere Gesellschaft könne nicht akzeptieren, dass jemand umgebracht wird, um aufgegessen zu werden. Das Vorliegen eines Mordmerkmals ist die Voraussetzung dafür, dass eine vorsätzliche Tötung als Mord bestraft werden kann, der lebenslange Haft nach sich zieht.

Dieser Prozess hat, auch wenn er möglicherweise noch nicht beendet ist – das Ergebnis des Revisionsantrags ist zu dem Zeitpunkt, da wir diese Zeilen schreiben, noch nicht bekannt –, deutsche Rechtsgeschichte geschrieben. Er bietet einmal mehr Anlass, sich Gedanken über die perversen Auswirkungen der Fortschritte der modernen Kommunikation und über die verschlungenen und manchmal unergründlichen Wege der menschlichen Seele zu machen.

Übrigens, hat der Kannibale nicht einmal gesagt: »Ich hätte mein Geheimnis gern mit ins Grab genommen«?

Nachtrag des Übersetzers

Am 22. April 2005 hebt der Bundesgerichtshof in Karlsruhe unter Leitung der Vorsitzenden Richterin Ruth Rissing-van Saan das Urteil des Landgerichts Kassel auf, weil die Kasseler Richter nicht genügend geprüft hätten, ob die Tötung nicht doch den Tatbestand des Mordes zur Befriedigung des Geschlechtstriebs und zur Ermöglichung einer weiteren Straftat, nämlich der Störung der Totenruhe (in der Variante des »beschimpfenden Umgangs mit einer Leiche«), erfülle; er folgt damit der Revision der Staatsanwaltschaft und verweist den Fall zur neuen Verhandlung und Entscheidung an das Landgericht Frankfurt am Main.

Gegen dieses Revisionurteil des Bundesgerichtshofs, insbesondere gegen die Verneinung einer Tötung auf Verlangen, legt Armin Meiwes Verfassungsbeschwerde ein, die von der 3. Kammer des Zweiten Senats des Bundesverfassungsgerichts mit Beschluss vom 8. September 2005 nicht zur Entscheidung angenommen wird.

Der zweite Prozess gegen Armin Meiwes beginnt neun Monate nach der Aufhebung des ersten Urteils am Donnerstag, dem 12. Januar 2006, vor der 21. Schwurgerichtskammer des Landgerichts Frankfurt unter dem Vorsitz des Richters Klaus Drescher. Die Wertungen des Bundesgerichtshofs seien für das Frankfurter Gericht keineswegs bindend, erklärt Meiwes' Anwalt Joachim Bremer. Das Schwurgericht müsse wieder bei Null beginnen. In 18 Prozesstagen wird das gesamte Verfahren noch einmal neu aufgerollt. Die Zeugen und Gutachter werden erneut gehört. Am 9. Mai 2006 verurteilt das Landgericht Frankfurt Armin Meiwes wegen Mordes zu lebenslanger Haft. Die Frankfurter Richter sehen es als erwiesen an, dass Armin Meiwes sein Opfer Bernd-Jürgen Brandes zwar mit dessen Einverständnis, aber nicht im strafrechtlichen Sinne auf dessen Verlangen entmannt, getötet, geschlachtet und von dessen Fleisch gegessen hat. Das Gericht wertet die Tat als Tötung zur Befriedigung des Geschlechtstriebs und zur Ermöglichung einer anderen Straftat, der Störung der Totenruhe, und damit als Mord. Kannibalismus sei zwar kein Straftatbestand, entgegen der Ansicht des Angeklagten sei er jedoch strafbar im Sinne einer Störung der Totenruhe, weil das Schlachten das Pietätgefühl der Allgemeinheit verletze, denn durch das Essen werde der Mensch einem Nutztier gleichgestellt.

Damit muss Meiwes für mindestens 15 Jahre ins Gefängnis. Zwar bedeutet auch ein »Lebenslang wegen Mordes« die Chance auf Bewährung, der Vorsitzende Richter Drescher macht jedoch deutlich, dass eine solche Möglichkeit von der Prognose abhänge, die dann über die weitere Lebensführung des Inhaftierten zu stellen sei. Die Anordnung einer Sicherheitsverwahrung sei nach der derzeitigen Gesetzeslage nicht möglich, da er, den Sachverständigen zufolge, zwar psychisch krank, für seine Tat aber dennoch voll verantwortlich sei. Drescher deutet an, dass eine psychiatrische Behandlung für Meiwes zwar das Beste sei, das setze aber voraus, ihn im Zustand der Schuldunfähigkeit einweisen zu können. »Das Strafrecht kann eben nicht alles regeln«, merkt der Vorsitzende Richter an.

Das Gericht weist auch den Antrag der Staatsanwaltschaft ab, die besondere Schwere der Schuld, nicht zuletzt auch wegen der Wiederholungsgefahr, festzustellen. Dies hätte zur Folge gehabt, dass eine Aussetzung der Strafe zur Bewährung nicht nach 15 Jahren hätte geprüft werden können. Die Bereitschaft des masochistisch veranlagten Opfers, sich auf das Geschehen einzulassen, sei bei der Einordnung der Tat zu berücksichtigen. Im Vergleich zu Verbrechen an Menschen, die gegen ihren Willen getötet würden, oder gemessen an den Verbrechen von Massenmördern sei es daher nicht gerechtfertigt, die Tat auf sittlich tiefster Stufe einzuordnen.

Gegen dieses zweite Urteil legt Armin Meiwes erneut Revision ein, die vom Bundesgerichtshof mit Beschluss vom 7. Februar 2007 als unbegründet verworfen wird. Damit bestätigt er das Urteil des Landgerichts Frankfurt.

Meiwes' erneute Verfassungsbeschwerde gegen die beiden Urteile der Landgerichte und beide Revisionsentscheidungen des Bundesgerichtshofs wird von der 2. Kammer des Zweiten Senats des Bundesverfassungsgerichts mit Beschluss vom 7. Oktober 2008 nicht zur Entscheidung angenommen.

Epilog

Im Unmärchenland der Brüder Grimm

In dem großen trostlosen Garten, der das Herrenhaus von Herrn Meiwes umgibt, dem Garten, in dem er seiner alten Mutter Kaffee servierte, haben die Brennesseln schließlich die Alleen überwuchert. Sie wachsen sogar in den Wracks der Oldtimer, die seit Ewigkeiten und noch für einige Zeit dort neben der verrosteten lila Schaukel stehen, auf der kein Kind mehr schaukeln möchte.

Der Menschenfresser von Montana

Stéphane Bourgoin

Kapitel 1

6. Februar 1996, Great Falls, Montana

Es ist eiskalt an diesem Morgen des 6. Februar 1996, einem Dienstag, in Great Falls, einer ruhigen Stadt mit 60 000 Einwohnern im Bundesstaat Montana. Um 6 Uhr 30 steht der zehnjährige Zachary Ramsay auf, um zu frühstücken und sich anschließend auf den Weg in die Schule zu machen.

Zwischen 7 Uhr und 7 Uhr 15 erkennt Michael John McIntire Nathaniel Bar-Jonah, einen ziemlich korpulenten vierzigjährigen Mann, in der Nähe der Wohnung der Ramsays in einer kleinen Straße hinter der Nummer 420 Fifth Avenue North. Er erinnert sich, dass er sich gefragt habe, was dieser wohl so früh an einem so einsamen Ort zu suchen habe.

Um 7 Uhr 34 verlässt der Junge die Wohnung seiner Mutter 414 Forth Street North. Eine Nachbarin, Margareta Richardson, sieht ihn den Bürgersteig entlanggehen.

Im selben Augenblick sehen drei Personen der Familie Henry, Marvin, Melissa und Helen, wie er die Kreuzung Fifth Street North und Fifth Alley North überquert.

Ein anderes Mitglied der Familie Henry, Carol, ist beunruhigt, als sie bemerkt, dass ein weißer Wagen Zachary beinahe überfährt, als er über die Kreuzung geht.

Es ist ungefähr 7 Uhr 45, als Patrick Hill sieht, dass Zachary die Abkürzung durch die Sixth Street North nimmt. Eine männliche Gestalt folgt dem Jungen in ein paar Metern Abstand. Das Kind scheint zu weinen, und der Erwachsene wirkt nervös.

In der Whittier Elementary School warten ein paar Klassenkameraden vergeblich auf Zachary. Die Glocke läutet um 8 Uhr 15 zum Beginn des Unterrichts.

Zachary Ramsay fehlt beim Appell. Es ist 10 Uhr, als der Direktor seine Mutter Rachel Howard anruft. Sie verlässt die Wohnung, um den Weg abzugehen, den ihr Sohn jeden Tag zurücklegt.

Um 11 Uhr 20 meldet sie der Polizei das Verschwinden ihres Sohns.

Sie wird ihn nie wiedersehen.

Kapitel 2

»Es ist, als wäre er vom Erdboden verschwunden«

Zachary Ramsay, dieser schwarz gelockte Junge mit braunen Augen, gehört nicht zu denen, die den Unterricht schwänzen und von zu Hause weglaufen, erklärt die Mutter. Im Monat zuvor sei er einmal nicht rechtzeitig nach Hause gekommen, doch eine Stunde später habe er angerufen, um Bescheid zu sagen, dass er in Howard's Pizza sei.

Mit einem Fremden, der ihn anspricht, würde er wohl reden, doch er würde niemals zu einem Unbekannten in den Wagen steigen. Er könne sich nicht lange verstecken, weil er sich im Dunkeln fürchte. Er schlafe immer mit brennender Nachttischlampe.

Nachdem die Ermittler sich ein Bild von Zacharys Persönlichkeit gemacht haben, nehmen sie sein Verschwinden sofort ernst. Die Ufer des Missouri, der Great Falls in zwei Hälften teilt, werden abgesucht, und auch der verschneite Gibson Park wird durchkämmt.

Die Polizisten, die die Nachbarn befragen, bitten sie, in ihren Wohnwagen, ihren alten Kühlschränken sowie in Werkzeugschuppen, in denen ein Kind sich verstecken könnte, nachzusehen. Spürhunde schnüffeln an einer Zahnbürste von Zachary, bevor sie die Lower North Side und die Flussufer absuchen. Es ist Winter, aber es müssen alle Spuren überprüft werden. In den folgenden Tagen druckt die *Advanced Litho* kostenlos Hunderte von Plakaten mit einem Foto von Zachary und einer Beschreibung der Kleidung, die er am Morgen seines Verschwindens getragen hat: Eine blaue Denimjacke mit grünen Ärmeln, ein blaues Fußballpolohemd, auf dessen Rücken sein Nachname in goldenen Buchstaben gedruckt ist, sowie eine Jeans und schwarze Sneakers.

Eine Weile behält die Polizei auch die Mutter Rachel Howard im Auge, da sie einen großen Teppich aus der Wohnung geschafft hat, »drei Tage vor Zacharys Verschwinden«, wie sie erklärt. Doch der Verdacht löst sich in Luft auf, als der Teppich ein paar Häuserblocks von der Wohnung entfernt gefunden wird. Der Vater, Franz Ramsay, ist Sergeant in der US Air Force, im Stützpunkt in Colorado Springs, Colorado.

Die Familie und die engen Freunde halten Kerzenwachen ab mit der fünfjährigen Simone und dem zweijährigen Isaac, Zacharys Geschwistern. Gebetsbäume werden gepflanzt, um die wohlbehaltene Rückkehr des verschwundenen Jungen zu erflehen.

Eine lokale Hellseherin, Vera Gunderson, behauptet, Zachary sei unter einem Haus zu Tode gekommen, das kürzlich in der

Nachbarschaft versetzt worden sei, doch die Polizei weigert sich aus Mangel an Beweisen zu suchen und zu graben.

Seine Klassenkameraden beschreiben ihn als einen schüchternen, aber immer freundlichen und heiteren Jungen, der sich für die Wissenschaften interessiert und gern zeichnet und malt. Die Eltern sind in großer Sorge, und die Polizei von Great Falls geht ihre Akten durch auf der Suche nach anderen Fällen von Kindern, die verschwunden sind. 1980 verschwand der fünfjährige Stephen Hardrun, der allerdings ein paar Tage später ertrunken in einem Gartenswimmingpool aufgefunden wurde. Im August 1988 war die neunjährige Dolana Clark in der Nähe ihrer Wohnung mit dem Fahrrad unterwegs, bevor man sie, zwei Jahre später, in den Little Belt Mountains südöstlich von Great Falls auffand.

Die Lokalzeitung *The Great Falls Tribune* berichtet täglich über den Fall. In einem der Artikel bringt Detective Bill Bellusci die allgemeine Meinung auf den Punkt, indem er erklärt: »Es ist, als wäre er vom Erdboden verschwunden.«

Kapitel 3

1965: Ein frühreifer Kinderschänder

Als David Paul Brown am 15. Februar 1957 in einer Arbeiterstadt in Massachusetts geboren wird, sind sein Bruder und seine Schwester neun bzw. acht Jahre älter als er und interessieren sich überhaupt nicht für ihn. Die Familie Brown muss ständig ums Überleben kämpfen. Er ist ein einsames Kind, das kaum Freunde hat. Er wird angestarrt wie ein Tier im Zoo, nicht zuletzt auch deswegen, weil er zwei verschiedenfarbige Augen hat, das eine braun, das andere blau. Als pummeliger Junge ist ihm die Sportbegeisterung seiner Klassenkameraden fremd, zumal er sich bei einem Schlittenunfall das rechte Bein verletzt hat, wovon eine lebenslange Behinderung zurückbleibt.

Zeugen von damals behaupten, seine Mutter Tyra Brown habe David sehr beschützt und ihn vor der strengen Disziplin des Vaters bewahrt. Sie ist eine Stütze für David, der nie etwas machen will, das ihr Schande macht. Zugleich ist ihre Beziehung ambivalent, eine Mischung aus Hass und Liebe auf beiden Seiten. Zwanzig Jahre später erzählt Davids Freundin Sherri Deitrich: »Ihm ist nie bewusst gewesen, was seine Mutter alles für ihn getan hat. Er hat immer das Gefühl gehabt, seine Eltern hätten ihn nie unterstützt, wegen all der Dinge, die ihm in der Kindheit passiert sind.«

Sein Vater, Phil Brown, Mechaniker und Veteran des Zweiten Weltkriegs, geht wegen Herzproblemen mit neunundvierzig in den Ruhestand. Die folgenden sieben Jahre ist er fast ganz ans Haus gefesselt, bevor er 1974 stirbt.

Im Jahr darauf wird David zum ersten Mal verhaftet.

Als Erwachsener erzählt Brown einem Psychiater, er sei sieben gewesen, als ein Hexenbrett – ein Brett, das bei spiritistischen Sitzungen benutzt wird – ihm befohlen habe, zu einem Nachbarn zu gehen und seine Tochter zu erwürgen. Er habe dem Befehl gehorcht und das Mädchen gewürgt, bis die Mutter des Opfers ihn überrascht habe.

Als Brown neun ist, scheint es seiner Familie finanziell besser zu gehen, so dass sie in ein größeres Haus in Bonnette Acres umzieht. Später erinnert er sich in einem Brief an dieses neue Viertel: »Es war eine rassistische Gegend. Die Schwarzen blieben nie sehr lange, und wir waren bedroht worden, weil wir einen Schwarzen bei uns wohnen hatten, der die Bibel studierte.« Als er in Elaine Street aufwächst, einem ruhigen

Viertel von Webster, einem Städtchen, das die Grenzen der Stadt Thompson im Nachbarbundesstaat Connecticut berührt, ist sein bester Freund James McDonald. Die beiden Jungen spielen mit kleinen Matchbox-Wagen, die sie über den Picknicktisch im Garten der Browns rollen lassen. »Er war ein schüchterner Junge«, erinnert McDonald sich. »Als David älter wurde, wurde er immer eigenartiger. Eines Tages hat er ohne jeden Grund versucht, mich mit einem Rasenmäher zu überfahren. Um mich zu verteidigen, versetzte ich ihm Faustschläge, und er versuchte mich am Hals zu packen, aber ich wehrte mich. Irgendetwas muss mit ihm passiert sein, weil er sich von einem Tag auf den anderen verändert hat.«

Ein paar Jahre später vertraut Brown einem Psychiater in Massachusetts an, die Ursache für sein gewalttätiges Verhalten und seine sexuellen Folterphantasien sei eine Massenvergewaltigung durch Jungs aus seinem Viertel, als er zehn gewesen sei. Seinen damaligen Freunden erzählt er jedoch nie davon, ebenso wenig wie seiner Familie, und es gibt auch keine Hinweise auf einen Krankenhausaufenthalt.

Wir schreiben das Jahr 1973. David guckt sich zwei Brüder aus, Alan und Kevin DuPont, neun und zehn, die in Webster wohnen. Mehrere Tage lang schreibt er vor ihrem Haus mit Kreide Botschaften auf den Gehsteig. Und eines Tages legt er zwei Umschläge mit ihren Namen auf die Fußmatte des Hauses. Die Mutter Dolly DuPont öffnet die Umschläge und findet eine merkwürdige Botschaft, gebildet aus Wörtern, die aus einer Zeitschrift ausgeschnitten wurden: »Trefft mich auf dem Friedhof von Bakersgrove um 18 Uhr, und ihr erlebt eine Überraschung: Ich werde jedem von euch 20 $ geben, aber sagt nichts eurer Mutter und eurem Vater.«

Dolly DuPont verständigt die Polizei, die David Brown wartend auf dem Friedhof in Massachusetts findet, kann sich aber nicht entschließen, Anzeige zu erstatten.

Mary Patrone, Bewährungshelferin in Connecticut, ist verblüfft, als sie 2000 in einer Tageszeitung das Foto ihres einstigen unbekannten Angreifers entdeckt. »Das war ein Trauma. Ich reagierte körperlich, als ich sein Foto sah, ein Schock, wie ich ihn noch nie erlebt hatte. Er ist es. Ich sehe immer noch sein Gesicht, während er in diesem kleinen Wagen sitzt. Er hat etwas an sich, das ich nie vergessen werde«, erklärt sie dem *Hartford Courant*. Sechsundzwanzig Jahre zuvor, am 8. Mai 1974, ist Mary Patrone neun, als sie nach einem Besuch bei ihrer Freundin auf der Route 171 in Woodstock entführt wird. Der Mann stellt sich als Freund ihres Vaters vor und bietet ihr an, sie nach Hause zu fahren. »Ich zögerte einen Augenblick, aber dann sagte ich mir, wenn meine Mutter ihn geschickt hat, dann ist wohl alles okay, und bin eingestiegen.«

Der Wagen fährt los, und der Unbekannte verschließt die Tür auf der Beifahrerseite. Dann schlägt er sie mit einem stumpfen Gegenstand auf den Kopf. Patrone glaubt, ihr Angreifer müsse Angst bekommen haben, als sie angefangen habe zu schreien. Er stößt sie aus dem Wagen und braust mit quietschenden Reifen davon. »Ich glaube, ich habe Glück gehabt, dass ich noch am Leben bin«, erzählt Mary Patrone.

Im Dezember 1974 ist David Brown siebzehn, als er sich als Polizist verkleidet und den achtjährigen Richard O'Connor unter dem Vorwand, mit ihm zum Polizeirevier zu fahren, zwingt, in seinen Wagen zu steigen. Er fährt am Polizeirevier vorbei weiter zum Lake Webster, wo er ihn zwingt, sich auszuziehen, bevor er mehrmals versucht, ihn mit dem Sicherheitsgurt zu erdrosseln. Richard O'Connor fleht ihn an, ihn am Leben zu lassen, und schließlich gibt David Brown seiner

Bitte nach. Der Junge ist am Hals verletzt, die Blutgefäße sind geplatzt, so dass er vier Tage im Krankenhaus verbringen muss. Als er das Krankhaus verlässt, muss er noch zwei Wochen zu Hause bleiben, um sich vollständig zu erholen. Ein paar Monate später erkennt Richard O'Connor seinen Angreifer in einem McDonald's wieder, wo er arbeitet. Er wird verhaftet, und nach Verhandlungen mit dem Richter wird er zu einem Jahr Gefängnis auf Bewährung und mit psychologischer Betreuung verurteilt.

Ein oder zwei Jahre nach der Tat schreibt er Richards Mutter Therese M. O'Connor, um ihr sein Bedauern auszudrücken und ihr zu erklären, dass die Religion ihn gerettet habe: »Er war in einer Art christlicher Schule in Scranton in Pennsylvania und hat mir geschrieben, um sich für seine Tat zu entschuldigen und für die Sorgen, die er mir gemacht habe. Seinem Brief zufolge sei er ein anderer Mensch geworden, und er hat mir religiöse Pamphlete geschickt«, erklärt sie der Zeitung *Telegram & Gazette* im Januar 2001. Doch der Brief beruhigt die Mutter nicht, sie ist der Meinung, Brown stelle noch immer eine Gefahr dar.

1977 fühlt Mrs O'Connor sich erleichtert, als David Brown erneut verhaftet wird, diesmal, weil er zwei Jugendliche in Shrewsbury entführt hat. »Man hat mir gesagt, er bekäme lebenslänglich, und ich habe mich sofort besser gefühlt.«

Leider irrt sie sich.

Kapitel 4

Verdächtige Fälle verschwundener Kinder

David Brown hat eine einsame Kindheit, die geprägt ist von der erstickenden Liebe seiner Mutter und der strengen Disziplin seines Vaters. Nach dessen Tod 1974 kann er tun, was er will, doch seine Jugend ändert nichts an seinem introvertierten Wesen. Einer seiner wenigen damaligen Freunde, Gene Stark, erklärt: »Er unterschied sich von allen anderen. Mit den Jahren wurde er immer eigenartiger und verschlossener.« Seine einzigen Freunde sind ebenso in sich gekehrt wie er, obwohl er sich Jahre später dagegen wehrt. »Ich bin nicht der Einzelgänger, als den man mich immer hinstellt«, schreibt er 2001. »Im College hatte ich viele Freunde. Kathy, Joey, Steve, Kenny, George, Bruce, Jay und Jaime, um nur einige zu nennen.«

Er arbeitet in der nahegelegenen McDonald's-Filiale und später in der Cafeteria seiner Schule, der Bartlett High School, sowie in einem Fotolabor. Die Fotografie ist eine seiner Leidenschaften. Er ist Mitglied im Fotoklub von Webster, und mehrere seiner Porträts werden im Jahrbuch der Schule veröffentlicht.

1975 erlangt er ein Berufsdiplom und setzt sein Studium in Pennsylvania und South Carolina fort, wo er mehrere Monate Journalismus und Theologie studiert, bevor er zu seiner Mutter zurückkehrt. Wie bereits erwähnt, behauptet er schriftlich, die Religion habe ihn geändert, doch sein weiterer Weg wird nach wie vor von Entführungen und sexuellen Übergriffen geprägt. Manche von ihnen werden genau untersucht, weil er verhaftet wird, doch durch sein ganzes Leben ziehen sich beunruhigende Dunkelzonen.

Seit 2001 wird er verdächtigt, knapp ein Jahr vor seinem

ersten zugegebenen Überfall Janice K. Pockett, ein siebenjähriges blondes und blauäugiges Mädchen entführt zu haben, das seine Wohnung in Tolland, Connecticut, verließ, um Fahrrad zu fahren, und nie mehr zurückkehrte. Ihr Fahrrad wurde noch am selben Tag auf der Rhoades Road unweit eines Waldes gefunden, der zwanzig Kilometer vom Haus der Browns in Webster entfernt ist.

Charles Pierce, ein Pädophiler, der für das Verschwinden mehrerer Kinder zwischen 1950 und 1970 in New England verantwortlich ist, hatte die Ermordung von Janice Pockett zugegeben. Er behauptete, er habe sie in Lawrence, Massachusetts, begraben, neben der Leiche eines nicht identifizierten Jungen. Die Behörden glaubten, es handele sich um Angelo Puglisi, der 1976, drei Jahre nach Janice Pockett, entführt wurde. Doch als die Ermittler sich in Begleitung von Pierce dorthin begaben, fanden sie trotz gründlicher Grabungen keine Spur von den beiden Kindern. In der Folge gestand Pierce weitere Verbrechen, die ihm jedoch trotz unterschriebener Geständnisse offiziell nie nachgewiesen werden konnten. Charles Pierce starb 1999 im Gefängnis und nahm sein Geheimnis mit ins Grab.

Für Detective Richard Blake, der 1974 im Fall Mary Patrone ermittelte, die zehn Monate nach Janice Pockett entführt wurde, weisen die beiden Fälle erstaunliche Ähnlichkeiten auf: »Von Anfang an hatten wir eine Verbindung zwischen den beiden Entführungen hergestellt, die zu dieser Zeit ungewöhnlich selten sind. Da ist die Nähe der Orte, die weniger als 30 Kilometer auseinanderliegen, und da ist die große Ähnlichkeit der beiden Opfer. Sie haben die gleiche Figur, schlank, blaue Augen, blondes Haar.«

Einen Monat, bevor Mary Patrone den Weg ihres Angreifers kreuzt, verschwindet Leigh Frances Savoire. Geboren am

5. Oktober 1963, hellbraunes Haar und braune Augen, ist er zehn, als er sich zum Rennplatz von Suffolk Downs in Revere in Suffolk County begibt, wo er gewöhnlich Schuhe putzt, um sich etwas Taschengeld zu verdienen. Zeugen erkennen ihn an seinem T-Shirt mit dem Aufdruck *Try it, you'll like it.* Am 15. April 2001 behauptet Albert Paskell, der Lebensgefährte der Mutter des verschwundenen Jungen, in einem Interview mit einem Reporter des *Boston Globe*, er sei sicher, dass Brown für die Entführung des Kindes verantwortlich sei.

Zur Tatzeit wird David Brown weder der Entführung von Janice Pockett und Leigh Savoire noch der versuchten Entführung von Mary Patrone verdächtigt. Er verlässt Massachusetts zum Studieren und kehrt erst nach zwei Jahren 1977 in den Schoß der Familie zurück. Schon bald spitzt die Situation sich zu.

Eines Abends im September 1977 verkleidet David Brown sich als Straßenpolizist. Am Steuer eines Fahrzeugs spricht er vor dem Kino in Shrewsbury, Massachusetts, zwei Jugendliche an, Billy Benoit, dreizehn, und Alan Enrikatis, vierzehn. Er zeigt ihnen eine Polizeimarke, und fordert sie auf einzusteigen, um sie zum Polizeirevier zu bringen. Er bedroht sie mit einem Messer, legt ihnen Handschellen an und fährt mit ihnen in den Wald von Charlton, wo er zuvor ein Lager mit einem Zelt errichtet hat.

In seinem Geständnis schreibt Brown: »Ich nahm den Kräftigeren der beiden Jungen mit in den Wald. Ich fing an, ihn zu erwürgen, hauptsächlich, weil er mich identifizieren konnte und weil ich ihn töten wollte.«

Enrikatis stellt sich tot. Als David Brown aufsteht, um seinen Freund zu holen, rennt dieser weg.

Als die Polizei eintrifft, findet sie Brown in Gesellschaft von Benoit vor, der im Kofferraum des Wagens liegt. Seine Nase ist blutverschmiert und sein ganzes Gesicht verschwollen, weil Brown versucht hat, ihn zu erwürgen. Knapp zwei Monate, nachdem er sein Geständnis unterschrieben hat, bekennt Brown sich schuldig in den beiden Anklagepunkten der Entführung und des versuchten Mordes. Er wird zu einer Haftstrafe von 18 bis 20 Jahren im Walton State Prison verurteilt. 22 Monate sitzt er im Gefängnis ab und fast 11 Jahre hinter den Gittern einer psychiatrischen Einrichtung, dem Massachusetts Treatment Center in Bridgewater, bevor er am 28. Juni 1991 auf freien Fuß gesetzt wird.

Jahre später gerät eines der beiden Opfer von Brown, Alan Enrikatis, im Alter von vierzig Jahren am 7. Januar 2003 erneut in die Schlagzeilen. Vom Opfer ist er zum Peiniger geworden, als gegen ihn ermittelt wird, weil er seine Freundin in Shrewsbury, der Stadt, in der er von David Brown entführt wurde, vergewaltigt, geschlagen und verletzt haben soll.

Kapitel 5

Bridgewater: Die Geschichte eines Verrückten

Als er aus dem Gefängnis nach Bridgewater verlegt wird, wird David Brown regelmäßig von den Psychiatern der Einrichtung untersucht. Das Ergebnis ist fast immer das Gleiche: Er wird als »erhebliche Gefahr für die Gesellschaft« eingestuft. Als Browns Anwalt 1978 den Verantwortlichen des Programms für Sexualstraftäter des Bundesstaats Connecticut kontaktiert, behauptet Dr. A. Nicholas Groth, er stelle eine so große Gefahr für Kinder dar, dass »selbst zwanzig Jahre Gefängnis nicht reichen würden, um die Gefahr wesentlich zu verringern«. Er empfiehlt eine lebenslange Inhaftierung des Angreifers.

Während er in Bridgewater ist, erhält David Zugang zu einem Computer, den er dazu benutzt, eine Chronik zu schreiben, in der er angibt, wie die verschwundenen Kinder zu finden sind. Wegen der zahlreichen Fälle verschwundener Kinder in Connecticut und Massachusetts, die mit David Brown in Verbindung gebracht werden könnten, versuchen die Ermittler, diese Texte wiederzufinden, doch sie sind von der Festplatte des Computers gelöscht worden.

Jedes Jahr werden alle Insassen von Bridgewater von einer Kommission von Psychiatern, dem Restrective Integration Review Board, beurteilt, und bei seinem letzten Erscheinen vor dieser Kommission – dem elften – wird David Brown wie folgt eingeschätzt: »Er benötigt eine Fortsetzung der Behandlung, damit das Rückfallrisiko verringert werden kann. Die Kommission ist der Meinung, dass die psychologischen Probleme, die zu der Realisierung seiner Taten beigetragen haben, noch immer vorhanden sind, verbunden mit einer Verschmelzung von Sex und Aggressivität. Trotz seiner äußerst gering ausgeprägten Kontaktfähigkeit neigt er zu unkontrollierten Wutausbrüchen.« Diese Beurteilung wird zwei Wochen vor seiner Entlassung in seine Akte aufgenommen. Man erfährt darin auch, dass er nur sehr selten an den Gruppentherapien teilnimmt und sich, wenn er doch einmal anwesend ist, praktisch nie beteiligt.

Ein Psychiater weist darauf hin, er habe ihm von »Phantasien, die mit Zerstückelung und Kannibalismus zu tun haben«, berichtet und »Neugierde bezüglich des Geschmacks von Menschenfleisch« bekundet. Ein anderer Psychiater, Dr. Robert Levy, schreibt 1983, er interessiere sich für Folterinstrumente und spreche unaufhörlich von Mord und sexuellen Gewaltphantasien. »Seine Gewaltphantasien sind anscheinend

147

die Hauptquelle seiner sexuellen Erregung. Er ist sich seiner inneren Wut und seiner Phantasien vollkommen bewusst.«

Dr. Malcolm Sills pflichtet seinen beiden Kollegen bei. Als er David Brown fragt, warum er die beiden Jugendlichen aus Shrewsbury überfallen habe, antwortet dieser, das sei in einem der zahlreichen schwarzen Löcher passiert, die er von Zeit zu Zeit habe. »Abschließend würde ich sagen«, erklärt Dr. Sills, »dass er als gefährlich angesehen werden muss und dass er immer noch für derartige Episoden anfällig ist, die sich in Morden konkretisieren könnten.«

Im Abschlussbericht vom Juni 1991 ist David Paul Brown Nathaniel Benjamin Levy Bar-Jonah geworden, da er 1990 beschlossen hat, seine Identität legal zu ändern. Freunden sagt er, er habe einen jüdisch klingenden Namen gewählt, weil er das Gefühl der Diskriminierung verfolgter Personen empfinden möchte. In Wirklichkeit bleibt er aber zutiefst katholisch, und seine Religion ist ein Schlüsselelement für die unverständliche Entscheidung, ihm die Türen von Bridgewater zu öffnen.

Bridgewater entlässt gefährliche Kriminelle

Ende der achtziger bis Anfang der neunziger Jahre wurden zahlreiche äußerst gefährliche Sexualverbrecher trotz negativer Beurteilungen durch zahlreiche Psychiater des Massachusetts Treatment Center von Bridgewater auf freien Fuß gesetzt, während dieses von Reverend Donald Turlick, einem Priester aus Cape Cod, geleitet wird, der in einen Mordfall in Falmouth verstrickt gewesen war.

Nach ihrer Freilassung begingen laut einer Untersuchung des *Boston Herald* aus dem Jahr 2003, der Zugang zu vertraulichen Dokumenten gehabt hat, zehn dieser Sexualverbrecher zwischen 1989 und 1992 Vergewaltigungen und Morde. In dieser Einrichtung verbrachte Albert DeSalvo, der Würger von Boston, einige Zeit, bevor er in eine Strafvollzugsanstalt überstellt wurde.

Fünf Therapeuten (Liza Brooks, Daniel Kriegman, Cornelius Kiley, Leonard Bard, Don Greif) und Donald Turlick erlaubten 1995 die Entlassung von Paul Nolin, einem vielfach verurteilten Pädophilen. In der Folge ermordete der neununddreißigjährige Nolin den zwanzigjährigen Jonathan Wessner.

Turlick, achtundsechzig, kommt 1989 als Therapeut nach Bridgewater. Als Gutachter kümmert er sich um Paul Nolin und Michael Kelley, zweimal verurteilt wegen Vergewaltigung, bevor er nach seiner Entlassung 1992 zwei Frauen in Plymouth tötet. Auf persönliche Empfehlung von Turlick kommt 1995 ein Richter zu dem Urteil, Nolin sei sexuell nicht mehr gefährlich, und erlaubt ihm, ins Gefängnis zurückzukehren, um dort den Rest seiner Strafe wegen Vergewaltigung, begangen 1982 an einem zehnjährigen Jungen in Lowell, Massachusetts, abzusitzen. 2000 wird Nolin entlassen und zieht nach Mashpee zu Turlick. Polizeiquellen zufolge haben die beiden Männer eine sexuelle Beziehung, was von Turlicks Anwältin Kathleen English, die auch die Ehefrau von Paul Nolin ist, bestritten wird!

Turlick und sein Team von Psychologen in Bridgewater erlauben auch die Entlassung einer erstaunlichen Anzahl von künftigen Mördern, neben Nolin unter anderen Locke, Kelley, Ronald Leftwich, und mehreren Serienvergewaltigern wie Thomas Tripp oder David Lord.

Michael Kelley ist ein verurteilter Serienvergewaltiger, als Bridgewater ihn 1991 entlässt, weil ein Psychiater behauptet, er brauche keine Behandlung mehr, obwohl er ein paar Wochen vor dieser Beurteilung im Besitz eines 30 cm langen Messers und eines Seils angetroffen wurde. Nach seiner Entlassung ermordet Kelley zwei Frauen und begräbt eines seiner Opfer im Garten eines Hauses, das er sich gekauft hatte, als er noch in Bridgewater war.

Dr. Liza Brooks, eine Psychologin in Cambridge, kommt zu dem Urteil, dass Locke und Leftwich sexuell gesehen keine Gefahr mehr darstellen würden. Locke wird 1990 entlassen und vergewaltigt 1996 brutal eine Frau in Fall River. Leftwich, der aus Cape Cod stammt, ist ein Vergewaltiger, der dreizehn Jahre in Bridgewater verbringt, bevor er 1991 in ein Gefängnis verlegt wird. Dort sitzt er bis 1995 den Rest seiner Strafe ab. Im Jahr darauf prügelt er den Pfarrer Martin Henri von der Pfarrgemeinde Brimfield zu Tode.

Die Therapeutin Paula Erickson vertritt in den letzten Jahren ihrer Tätigkeit in dem Zentrum die Meinung, dass 26 gefährliche Sexualstraftäter niemals hätten entlassen werden dürfen. »Ich habe versucht, die Behörden zu warnen, doch niemand wollte auf mich hören. Ich habe nie jemanden gefunden, der eine Untersuchung einleiten wollte.« Ergebnis: Sie wird entlassen. Mittlerweile hat Paula Erickson eine Abfindung und Entschädigung bekommen.

Zu den Sexualstraftätern, die zwischen 1990 und 1992 in Bridgewater entlassen wurden, gehören auch James Bradley, Vernon Shippee und Ralph Houghton, die alle erneut verurteilt wurden. Von den 35 Sexualstraftätern, die 1991 in Bridgewater registriert waren, sind derzeit 15 in Freiheit, und keiner von ihnen taucht in der aktuellen Datei der Sexualverbrecher des Bundesstaats Massachusetts auf. Denn die Behörden dieses Bundesstaats haben die Spur von einem Drittel dieser als gefährlich eingestuften Sexualstraftäter verloren. Mehr als 8000 von ihnen sind nicht einmal vom Sex Offender Registry Board erfasst worden.

Über mehrere Jahre hinweg können zahlreiche Insassen von Bridgewater nach dem »authorized absence program« ein Übergangshaus, das auf dem Campus der Einrichtung liegt, verlassen, ohne tagsüber überwacht zu werden. Zu den Glücklichen gehören Serienvergewaltiger wie Richard Therrien, Michael Kelley, Ralph Geary und William Locke. Dieser nutzt die Gelegenheit, um sich mit Prostituierten zu treffen oder sexuelle Beziehungen mit anderen Insassen von Bridgewater zu haben. Die Gutachter und Psychologen betrachten das als einen »Fortschritt« für Locke, weil er einvernehmlichen Sex habe. Seine »Fortschritte« sind dermaßen erstaunlich, dass er auf Empfehlung von Stephen Robitaille und Lisa Casani entlassen wird. Zwei Jahre später ermordet Locke, inzwischen fünfzig, seine achtzehnjährige Lebensgefährtin in Brockton mit einem Messer. Makabres Detail: Er näht die Wunde, nachdem er sie erstochen hat.

»Diejenigen, die in diesem Übergangshaus lebten, kamen und gingen ganz nach Belieben und machten, was sie wollten«, erzählt die Therapeutin Paula Erickson. »Es gab keine Kontrolle mehr.«

Richard Therrien wird erlaubt, dort einzuziehen, obwohl er zwei Jahre zuvor eine vierundzwanzigjährige Frau vergewaltigt hatte und zu 16 Jahren Haft verurteilt worden war. 1991 zusammen mit Nathaniel Bar-Jonah entlassen, fährt er mit dem Auto herum und begeht eine ganze Reihe kleiner Diebstähle. Viermal wird er auch wegen Alkohol am Steuer verhaftet; einmal hatte er mehrere minderjährige Jugendliche im Wagen.

Um aus Bridgewater entlassen zu werden, kann ein Häftling einmal im Jahr einen Antrag vor einem Richter stellen. Um eine Entlassung zu verhindern, hat der betroffene Bundesstaat die Aufgabe, zweifelsfrei zu beweisen, dass der Häftling noch immer in sexueller Hinsicht gefährlich ist.

In Bridgewater ist es ein offenes Geheimnis, dass man nur einen mitfühlenden Psychologen zu finden braucht. Nathaniel Bar-Jonah alias David Paul Brown, der einer christlichen Gruppe innerhalb der Einrichtung angehört, freundet sich mit zwei Therapeuten an, die sich als christliche Psychologen betrachten, Richard Ober und Eric Sweitzer.

Für Paula Erickson zieht diese interne Gruppe praktizierender Christen »vor allem Pädophile« an. Für sie sei sie ein Ersatz für die Therapie.

Sweitzer und Ober übermitteln dem Richter Beurteilungen, die zu dem Schluss kommen, dass von Bar-Jonah »keine sexuelle Gefahr mehr ausgeht«. Bei einer Vernehmung erklärt Dr. Eric Sweitzer ein paar Jahre später: »Viele von uns sind von Nathaniel Bar-Jonah getäuscht worden. Von seinen Gewaltphantasien hatte ich keine Ahnung. Wäre das der Fall gewesen, hätte ich seine Entlassung vermutlich nicht empfohlen. Aber ich habe ein ruhiges Gewissen vor Gott.«

Für Bar-Jonah erlaubt Gott seine Entlassung, wie er 2001 in einem Brief an die *Great Falls Tribune* erklärt: »Ich habe erlebt, dass Gott sich um eine ausweglose Situation gekümmert hat, in der alle Türen nach draußen verschlossen waren und ich nie gedacht hätte, eines Tages freizukommen. Und doch hat Gott mir gesagt, ich würde freikommen, und ich habe ihm geglaubt, auch wenn es unmöglich schien. Und dann habe ich plötzlich zwei – ja, zwei – christliche Psychiater bekommen, die mich verstanden haben. Es war bereits ein Wunder, zwei Christen in diesem Beruf in Massachusetts zu finden. Der Bundesstaat hatte zahlreiche Beweise gegen mich, und doch hat der Richter sich auf meine Seite gestellt.«

Als der Richter Walter Steele den Bericht der beiden Psychiater Richard Ober und Eric Sweitzer liest, entscheidet er, dass der Bundesstaat Massachusetts keinen eindeutigen Beweis dafür habe, dass Nathaniel Bar-Jonah eine erhebliche Gefahr für die Gesellschaft darstelle. Am 28. Juni 1991, sieben Jahre vor Ablauf seiner Höchststrafe, wird er aus Bridgewater entlassen.

Kapitel 6

1991, Great Falls: Rückkehr zu Mama

Dreiundvierzig Tage nach seiner Entlassung aus Bridgewater wird Bar-Jonah erneut verhaftet, diesmal, weil er versucht hat, den siebenjährigen Michael Surprise vor dem Postamt von Oxford, Massachusetts, zu belästigen. Seine Mutter hat ihn barfüßig bei laufendem Motor im Wagen gelassen, um im Postamt einen Brief frankieren zu lassen. Als sie zurückkommt, findet sie Bar-Jonah im Wagen auf ihrem Sohn sitzend vor.

Die psychiatrische Abteilung des Bundesstaats wendet sich an den Untersuchungsrichter John Conte, um ihn zu bitten, sie dabei zu unterstützen, Richter Steele zur Rücknahme seiner Entscheidung zu bewegen, Bar-Jonah zu entlassen.

Conte sucht stattdessen einen anderen Richter mit einem Angebot der Verteidigung auf, das von Bar-Jonahs Mutter kommt und vorsieht, dass dieser als Gegenleistung für ein Schuldbekenntnis unter die Vormundschaft seiner Mutter in Great Falls gestellt wird, um nicht ins Gefängnis zu müssen. Für John Towns, den Anwalt des Nebenklägers, der Michael Surprise vertritt, sieht es so aus, als seien Polizei und Staatsanwalt mehr daran interessiert, den Fall rasch abzuschließen, als dafür zu sorgen, dass Bar-Jonah ins Gefängnis zurückkehrt: »Es reicht ihnen, ihn vor Richter Steele zu bringen, ihm die Verhaftungsakte zu zeigen und zu verlangen, dass er erneut inhaftiert wird, und die Sache ist erledigt. Aber das ist nicht geschehen.« Nathaniel Bar-Jonah erhält die Erlaubnis, zu seiner Mutter und seinem Bruder in Great Falls, Montana, zu ziehen, wo er für zwei Jahre unter Bewährung steht.

Im Januar 2001 verteidigt John Conte sich auf einer Pressekonferenz gegen die Vorwürfe der Presse. Er ist der Meinung, dass die Anklage gegen Bar-Jonah auf sehr schwachen Füßen gestanden und er große Mühe gehabt habe, ihn wegen versuchter Entführung von Michael Surprise verurteilen zu lassen. Er behauptet, nicht ohne Grund, dass sein Büro Bar-Jonah 1977 hinter Gitter gebracht habe und dass er für seine Entlassung aus Bridgewater absolut nicht verantwortlich sei.

Nachträglich lassen die Behörden von Montana ihrer Wut darüber freien Lauf, dass Massachusetts es nie für angebracht gehalten habe, sie davon in Kenntnis zu setzen, dass ein gefährlicher Sexualstraftäter in ihren Staat geschickt worden sei. Sie werden ihn erst acht Jahre später, im Dezember 1999, entdecken, als Bar-Jonah in der Nähe einer Grundschule in Great Falls vorläufig festgenommen wird.

Als er nach Montana umzieht, zieht er zunächst zu seinem Bruder und seiner Schwägerin Bob und Jill, bevor er 1994 zu seiner Mutter zieht. Im Oktober 1991 nimmt er Kontakt zu seinem lokalen Bewährungshelfer auf. Bis Dezember 1999 zieht Bar-Jonah viermal um.

Sein Traum, ein Lebensmittelgeschäft zu eröffnen, zerschlägt sich schon bald, und er beginnt wieder in Fast-Food-Restaurants zu arbeiten, wie er es bereits vor seiner Verhaftung 1977 getan hatte. Er bleibt nirgends lange, denn es fällt ihm schwer, mit den anderen Angestellten auszukommen. Nach mehreren McDonald's-Filialen findet er einen Job im Fischrestaurant *Skipper's* in der 10th Avenue South. Vom 18. September bis zum 3. Dezember 1999 wird er von der Fast-Food-Kette *Fuddruckers* engagiert, um Kindern Cookies zu verkaufen, bevor er kündigt, weil man ihm die Arbeitszeit gekürzt hat. Der Filialleiter Dan Binstock erklärt, Bar-Jonah arbeite schlecht und sei bei den übrigen Mitarbeitern nicht sehr beliebt: »Er war eigenartig. Er war ein Einzelgänger, der wenig sprach. Er machte alle nervös, weil er manchmal einfach nur dasaß und sie stumm beobachtete.«

Vor seiner Verhaftung übernimmt Bar-Jonah eine kurze Vertretung im *Club Malmstrom* auf dem Luftwaffenstützpunkt der US Air Force. In den acht Jahren in Great Falls sammelt er Berufe, wechselt vom Straßenkehren zum Rasenmähen oder zum Verkauf von Spielzeug in seiner Garage.

Um seine Liebe zum Spielzeug zu konkretisieren, mietet er zwischen August 1997 und Ende 1998 ein Ladenlokal in der *American Antique Mall* in der 10th Avenue South, wo er unter anderem elektrische Eisenbahnen und Comics verkauft. Fast vier Jahre arbeitet er bei *Hardes* in der 10th Avenue South und lernt dort seine Verlobte kennen. Auf der Suche nach einem geregelten Leben macht Bar-Jonah Pamela Clark den Hof und verlobt sich mit ihr.

»Er muss vierzig gewesen sein und war noch nie verheiratet gewesen«, erklärt seine Freundin Sherri Deitrich. »Er war verzweifelt auf der Suche nach einem geregelten Leben. Er wollte heiraten und Kinder haben.« Mit vierzig sammelt Bar-Jonah Spielzeug – Puppen, Comic Books, Modelleisenbahnen und Plüschtiere –, doch ganz besonders liebt er alles, was mit *Star Wars* zu tun hat. Der erste *Star-Wars*-Film kam in dem Jahr in die Kinos, in dem er wegen Entführung und versuchten Erwürgens von Jugendlichen in Massachusetts inhaftiert wurde.

Seinen Freunden zufolge sind die *Teddy Bears*, die alten Teddybären, seine Lieblingssammlung, vielleicht, weil seine Mutter ihn Teddy nennt. Im Laufe der Jahre verliert Bar-Jonah viele Stücke seiner Sammlung, manche werden gestohlen, andere verkauft, um Schulden zu bezahlen. Seine Verlobte beschreibt Bar-Jonahs Garage als Paradies für Kinder voller Spielzeug für die Wochenend-Flohmärkte. Dank dieser Verkäufe und seiner aktiven Beteiligung am kirchlichen Leben hat er Kontakt zu vielen Kindern.

»Die Kinder liebten ihn, und er liebte sie, vor allem die Jüngsten«, behauptet Sherri Deitrich. »Er sagte mir oft, wenn er verheiratet sei und Kinder habe, würde er sie bis zur Jugend großziehen und ihnen dann die gesetztliche Volljährigkeit schon vorzeitig gewähren, weil sie nach einer Weile lästig werden.«

Julie Watkins, deren Sohn etwas später einer der Ankläger von Bar-Jonah sein wird, besucht dieselbe Kirche wie er. Durch gemeinsame Freunde macht sie seine Bekanntschaft. Anfangs fällt es ihr schwer, ein gewisses Unbehagen zu überwinden. »Er wirkt etwas eigenartig. Er ist außerhalb der Norm. Er ist nicht sehr emotional. Er wird nicht wütend, und er lächelt nicht, er ist genau dazwischen. Dadurch wirkte er etwas eigenartig.« In der Folge essen Julie Watkins und ihr Sohn gemeinsam Cookies, und Bar-Jonah bringt ihn zum Religionsunterricht; manchmal spielt er den Babysitter.

Seine ehemalige Nachbarin Sharon Freeman, die mit Bar-Jonah einen Hinterhof der Nummer 1216–1218 1st Avenue South teilt, lässt ihren zehnjährigen Sohn mit diesem Erwachsenen, dem sie bei verschiedenen Aktivitäten der Kirche begegnet ist, Fußball und Schach spielen. Sie gehen zusammen zur Bibelstunde, in Konzerte der Pfarrgemeinde oder in die Mitternachtsmesse. Mehrmals kaufen Sharon und ihr Sohn bei den in Bar-Jonahs Garage organisierten Verkäufen Karten mit dem Porträt von Baseballspielern.

Seine Familie glaubt, er habe sich in den elf Jahren, die er in Bridgewater verbracht hat, geändert. Er scheint sein gewalttätiges Verhalten abgelegt zu haben. Ein anderer Mensch scheint mit seinen Angehörigen an den Treffen der *Central Assembly of God Church* von Great Falls teilzunehmen. Pastor Alan Warneke erklärt, dass Bar-Jonah drei Wochen hintereinander am Gottesdienst teilnehme, bevor er dann einen Monat lang überhaupt nicht komme. In den fünf, sechs Jahren, in denen er die Kirche besucht, ist er sehr unbeständig.

Er bewirbt sich darum, die Jugendgruppe der Pfarrgemeinde zu leiten, doch ein Polizeibeamter entdeckt seine kriminelle Vergangenheit und informiert diskret die geistliche Obrigkeit. Laut Pastor Warneke wird Bar-Jonah trotzdem die Teilnahme an den Aktivitäten der *Royal Rangers* erlaubt, doch leiten wird er sie nicht, ebenso wenig wie er mit ihnen allein gelassen wird: »Wir wussten Bescheid über seine kriminelle Vergangenheit, aber wir haben bei ihm nie etwas bemerkt, was darauf hingedeutet hätte, dass er sein früheres Verhalten fortsetzte.«

In Begleitung seiner Verlobten Pamela Clark besucht Bar-Jonah auch regelmäßig die Gemeinde der *Mount Olive Christian Fellowship Church*. Obwohl er fast immer Geldprobleme hat, so dass seine Bank zahlreiche Schecks nicht einlöst, macht Bar-Jonah dank der Spielzeugverkäufe an den Wochenenden der Kirche viele Spenden für seine Missionare.

Sherri Deitrich vertraut er häufig an, er mache sich Sorgen wegen der ewigen Verdammnis. Sie ist für ihn eine privilegierte Gesprächspartnerin, denn Deitrichs Mutter ist eine sehr bekannte Persönlichkeit in der religiösen Gemeinde von Great Falls. Er fragt sie, ob Gott alle Sünden vergebe, auch Mord: »Er war voller Schuldgefühle. Er fragte mich, ob Gott den Sündern manchmal eine zweite Chance gebe, ganz gleich, was für Taten sie begangen hätten.«

Im August 1997 zieht Deitrich zu Bar-Jonah, den sie gerade kennengelernt hat. Am Steuer eines Lkws aus Colorado kommend, geht ihr in Great Falls das Benzin aus, und sie hat kein Geld zum Tanken. Auf einem Flohmarkt, wo sie ein paar ihrer Sachen verkaufen will, begegnet sie Bar-Jonah. Seine Mutter ist gerade aus der Maisonettewohnung in Nummer 1216 1st Avenue South ausgezogen, und er bietet ihr an, dort einzuziehen.

Anfangs ist Bar-Jonah ein musterhafter Gastgeber, er macht das Abendessen, leiht ihr seinen Wagen und spielt den perfekten Gentleman. Doch im folgenden Herbst kommt Nathaniels Mutter aus Massachusetts zurück, und sein Verhalten ändert sich. »Schon in der ersten Woche sah ich, wie er sich verdüsterte. Er wurde grundlos wütend. Er hatte keinen Schutzmechanismus mehr, der ihm erlaubte, nicht die Selbstbeherrschung zu verlieren. Innerhalb weniger Tage hat sich seine Persönlichkeit vollkommen verändert.« Bar-Jonah warnt Deitrich sogar, dass er gewalttätig werden könne. »Er hatte große Angst, gezwungen zu sein, brutal zu werden.«

Nathaniel Bar-Jonah wird sogar so wütend, dass er ihr Gegenstände an den Kopf wirft. Sie hat solche Angst, dass sie zur Polizei geht und dort eine wirre Geschichte erzählt, in der ihr Gastgeber, ein Umzugswagen und die Entführung eines Kindes vorkommen. Unnötig zu sagen, dass ihre konfusen Faseleien die Polizisten nicht überzeugen und diese nichts unternehmen. Bar-Jonah setzt Deitrich vor die Tür und erklärt ihr, zwei Kameras hätten sie gefilmt, wie sie sein Schlafzimmer durchwühlt hätte; sie verlässt sofort die Stadt.

»Die Wut begann in ihm zu kochen. Zwei Wochen lang habe ich seine verheerenden Auswirkungen am eigenen Leib zu spüren bekommen. Ich habe es vorgezogen zu gehen, um mich zu schützen.«

Kapitel 7

1999: Ein Pädophiler wird verhaftet

Im Dezember 1999 wird Nathaniel Bar-Jonah häufig vor einer Schule, der Lincoln Elementary School in Great Falls, gesehen und erregt damit die Aufmerksamkeit eines Lehrers, der die Polizei verständigt. Ein Streifenwagen wird zur Schule geschickt, und Bar-Jonah wird verhaftet, weil er ein Stoppschild überfahren und sich als Polizist ausgegeben hat.

Bar-Jonah trägt eine blaue Nylonjacke und hat alles dabei, was er für die Rolle braucht, die er spielen will: einen Plastikrevolver, Polizeimarken, eine Sprühdose zur Selbstverteidigung und die entsprechenden Epauletten. Als er auf die Polizeiwache gebracht wird, kommt die kriminelle Vergangenheit von Bar-Jonah ans Tageslicht; für die lokale Polizei ist er ein unbeschriebenes Blatt, weil der Bundesstaat Massachusetts es nicht für nötig gehalten hat, die Informationen an die Behörden von Montana weiterzugeben. Und der Bewährungshelfer in Great Falls, der Bar-Jonah regelmäßig sieht, begnügt sich damit, seine täglichen Aktivitäten zu überwachen.

Die Ermittler finden auch heraus, dass gegen Bar-Jonah noch eine weitere Anzeige aus dem Jahr 1997 anhängig ist, nachdem eine Einwohnerin von Great Falls ihn beschuldigt hatte, in Polizeiuniform zu ihr gekommen zu sein, um sie um die Erlaubnis zu bitten, ihren Sohn auf die Polizeiwache mitzunehmen.

Angesichts seiner Vergangenheit wird eine Durchsuchung seiner Wohnung Nummer 2527 11th Avenue South angeordnet. Durch die Ergebnisse dieser Hausdurchsuchung wird Bar-Jonah endgültig zu einem Fall.

In einem gewaltigen Durcheinander werden Jahrbücher verschiedener Schulen in Great Falls gefunden, aus denen Bar-Jonah etwa 14 000 Fotos von Kindern ausgeschnitten und in Hefte und Tagebücher geklebt hat, außerdem die gesamte Ausrüstung eines perfekten Polizisten – Schlagstöcke, Polizeimarken, Schirmmützen, Handschellen usw. Ein Führerschein datiert vom Valentinstag 1996 zeigt Bar-Jonah mit rasiertem Schädel und sorgfältig geschnittenem Schnurrbart, vermutlich wollte er damit so genau wie möglich dem Bild des Musterpolizisten entsprechen. Auf diese Weise war er bereits bei den Entführungen in Massachusetts vorgegangen. Noch beunruhigender sind die Hunderte Fotos von nackten Jungen, die sorgfältig in zwei Ordnern abgeheftet sind, wie beispielsweise ein Sammler von Panini-Karten es tun würde. Manche Fotos zeigen Großaufnahmen der Genitalien von Bar-Jonah.

Zwei Einwegfotoapparate werden beschlagnahmt und die Bilder entwickelt. Man sieht auf ihnen Bar-Jonah in seiner Wohnung in Gesellschaft von drei Jungen sowie Porträts ebendieser Kinder. Eine Befragung der Nachbarn führt auf die Spur dieser drei Jungen, zwei Brüder und ein Cousin, die mit ihrer indianischen Mutter in der Wohnung genau über Bar-Jonah wohnen. Die Verhaftung ihres Nachbarn überrascht sie sehr, wie sie bei der Befragung erklärt, er habe sich oft um ihre drei Jungen gekümmert. Als sie sie nach ihrem Verhältnis zu

Bar-Jonah befragt, behaupten sie, es sei nichts Unnormales geschehen.

Ein paar Monate später, nachdem die Polizisten von Great Falls und die FBI-Agenten die bei Bar-Jonah beschlagnahmten großen Kartons mit Papieren gründlich ausgewertet haben, führen neue Entdeckungen sie am 17. Dezember noch einmal zu dieser Mutter. Diesmal beschließen die Ermittler, die drei Jungen direkt zu befragen, und diese geben zu, von Nathaniel Bar-Jonah missbraucht worden zu sein.

Als Bar-Jonah die Bekanntschaft der fünf, acht und dreizehn Jahre alten Jungen macht, lädt er sie ins Restaurant und ins Kino ein. In seiner Wohnung führt er ihnen Filme vor und füttert sie mit Chips und Hotdogs; aber er ignoriert vollkommen ihre jungen Schwestern, die nie eingeladen werden. Manchmal empfängt Bar-Jonah sie nur mit einem Slip bekleidet. Nach einiger Zeit erlaubt ihre Mutter, dass sie auch bei ihm schlafen dürfen.

An einem dieser Abende schließt Bar-Jonah sich mit dem Dreizehnjährigen in seinem Schlafzimmer ein. Er befiehlt ihm, die Unterhose herunterzulassen, und der Junge gehorcht aus Angst. Er berührt seinen Penis und beginnt ihn zu streicheln, bevor er seinen Slip auszieht und den Jugendlichen bittet, ihn zu berühren. Bar-Jonah reibt auch seine Pobacken. »Er hat meinen Po und meinen Penis berührt«, erzählt der Junge den Ermittlern.

Ein anderes Mal sitzt der achtjährige Cousin auf dem Sofa von Bar-Jonah, während dieser ihn sexuell missbraucht. Ein paar Wochen später sagt Bar-Jonah dem Kind, sie würden mit dem Strick spielen. Er geht mit ihm in die Küche und schlingt ihm einen laufenden Knoten um den Hals. Er befestigt den Strick an einem Haken an der Decke, und »er hat angefangen, mich zu erdrosseln, indem er mich hochzog«, erklärt das Opfer.

Die Erklärungen der Kinder werden von den Ermittlern ernst genommen; sie finden einen Haken an der Küchendecke und den Strick, den Bar-Jonah benutzt hat. Im Übrigen besitzt Bar-Jonah zahlreiche Artikel über Autoerotik und die Bedeutung des Erstickens für das Erreichen eines intensiveren Orgasmus. Und er besitzt mehrere Zeichnungen, auf denen gezeigt wird, wie man komplizierte Bondage-Knoten knüpft. Es werden auch Fotos gefunden, auf denen die Jungen mit nacktem Oberkörper auf dem Sofa schlafen oder auf dem Bett im Schlafzimmer spielen.

Im Laufe der Befragungen der Nachbarn und Bekannten von Nathaniel Bar-Jonah wird seine verbrecherische Persönlichkeit immer deutlicher. »Sollte er jemals aus dem Gefängnis herauskommen, gebe ich keinen Pfifferling für sein Leben«, erklärt Dave Comer, ein Zahnarzt, dessen Praxisfenster auf die Garage des Pädophilen gehen. »Ich werde ihn eigenhändig umbringen. Drei Tage in der Woche verkaufte er Puppen, Stofftiere und einen Haufen anderes Spielzeug an Kinder, die sich zu Dutzenden in seiner Garage drängten. Er hatte so viele Kunden, dass ich Bar-Jonah bitten musste, seinen Kunden zu sagen, nicht vor meiner Praxis zu parken, weil sie damit meine Patienten behinderten. Aber er hat sich geweigert, und alles ist schlimmer geworden. Er wiegt mehr als 120 Kilo, und das hat er genutzt, um mich heftig anzurempeln. Danach hatte ich immer einen irischen Knüppel dabei, für alle Fälle. Ich hatte mir geschworen, ihm das Schlüsselbein zu brechen, sollte er wieder anfangen.«

Schließlich zieht Bar-Jonah aus dem Haus aus, das seinem Bruder gehört, und zieht in eine andere Wohnung. Doch bevor

er auszieht, lässt er noch alle Rohre auswechseln, »weil sie
ständig verstopften«, erklärt Bob Brown, Bar-Jonahs Bruder.
Das ist nicht die einzige Erinnerung, die er an seine Zeit dort
hinterlässt; im Sommer darauf werden die Polizisten eine ma-
kabre Entdeckung machen.

Kapitel 8

2000: Die Beweise häufen sich

Nachdem Bar-Jonah ein paar Monate, bevor er verhaftet wird,
weil er sich als Polizist ausgegeben hat, in seine neue Wohnung
gezogen ist, fällt es ihm auch weiterhin schwer, unter seinen
neuen Nachbarn Freunde zu finden. Als Kerri Winn im selben
Haus eine Wohnung für 300 $ im Monat mietet, wirft Bar-Jo-
nah in der Eingangshalle ihrem achtjährigen Sohn einen Ball
zu. Anstatt ihn zu fangen, läuft der Junge zu seiner Mutter
und fragt sie: »Mama, ein komischer Typ hat mir einen Ball
zugeworfen, was soll ich tun?« Sein Vater rät ihm, »den Ball
zurückzuwerfen und nach Hause zu gehen.« Winn fügt hinzu,
er habe »etwas Merkwürdiges an sich gehabt, dabei war er
freundlich, höflich, aber ich wollte nicht, dass er – mein Sohn –
allein mit ihm blieb.«

Als Bar-Jonah hinter Schloss und Riegel ist, wird seine Wohnung, die von den Polizisten leer geräumt worden war, neu
vermietet. Als der neue Mieter einzieht, weiß er nichts über
den Vormieter. Er liest seine Geschichte in der Zeitung und
geht in die Küche, wo er an der Decke den Haken bemerkt,
an dem das junge Opfer gehangen hat. Er legt die Zeitung weg
und übergibt sich, so groß ist der Schock. Sein unmittelbarer

Nachbar, Doug McGiboney, bestätigt, was alle Einwohner von Great Falls empfinden: »Mark ist mit einem Kätzchen eingezogen, das sich immer geweigert hat, die Wohnung zu betreten. Das Tier hat gespürt, dass der Ort verflucht ist.« Um gegen diese bedrückende Atmosphäre etwas zu tun, wendet Mark sich an einen Pastor und bittet ihn, die Wohnung zu reinigen. Doch die Katze will noch immer nicht über die Schwelle und lebt jetzt bei McGiboney.

Die Ermittler beginnen Bar-Jonah zu verdächtigen, den kleinen Zachary Ramsay am 6. Februar 1996 entführt zu haben. Als sie die Umgebung des Pädophilen befragen, häufen sich die indirekten Beweise. In der Woche vor der Entführung telefoniert er mit seiner Brieffreundin Teresa Sizemore-Bourisaw, die sich genau erinnert, dass er ihr von seiner freundschaftlichen Beziehung zu dem »kleinen Zach« erzählt habe und dass er ihn nach Billings mitnehmen wolle. Er erzählt seiner Ex-Verlobten, Zach sei zerstückelt und seine Überreste seien in einem Wald verstreut worden. Bar-Jonah kennt auch Ereignisse aus Zachs Leben, die nie öffentlich gemacht worden sind, insbesondere, dass die Mutter des Jungen, Rachel Howard, sich mit ihrem Lebensgefährten gestritten hat, der die Wohnung einen Tag vor der Entführung verlässt.

Anfang Februar 1996 arbeitet Bar-Jonah für den Geschäftsführer von *Bitterroot Apartments*, mäht Rasen und räumt Schnee auf den Gehsteigen. Dieser Häuserblock liegt auf dem täglichen Schulweg des Jungen. Einer seiner Nachbarn, Michael John McIntire, erklärt der Polizei, er habe Bar-Jonah ein paar Tage vor seinem Verschwinden im Viertel gesehen und habe ihn an dem verhängnisvollen Tag gegrüßt.

Monatelang ermittelt die Polizei äußerst gründlich und sammelt indirekte Beweise für die Verstrickung von Bar-Jonah in das Verschwinden von Zachary Ramsay. Unter Leitung von Detective Tim Theisen und FBI-Agent James Wilson wird dem Staatsanwalt von Cascade County, Brant Light, ein drei-undachtzigseitiger Bericht vorgelegt, und dieser beschließt, Anklage gegen Bar-Jonah wegen Entführung und Mordes zu erheben. Diese Anklage wird durch folgende Punkte gestützt:

Bar-Jonah kennt Zachary

Sie sind in derselben religiösen Gruppe in der Kirche der *Mount Olive Christian Fellowship*, und Bar-Jonah kümmert sich um die Jugendgruppe der *Royal Rangers* der *Central Assembly of God*, der Zachary in Fairfield angehört.

Seine ehemalige Mitbewohnerin Sherri Deitrich erinnert sich, dass Bar-Jonah sehr oft von dem Verschwinden des Jungen aus Great Falls gesprochen habe und dass dieser nur zu einem Polizisten ein solches Zutrauen habe fassen können, dass er ihm freiwillig folgte. Er habe ihr irgendwann erzählt, dass er bei einem seiner Garagenverkäufe mit dem »kleinen Zach« gesprochen habe.

Bar-Jonah ist von kleinen Jungen besessen

Ob unter seiner alten Identität als David Paul Brown oder unter seinem neuen Namen, der Angeklagte ist der Polizei seit 1975 bekannt, als er versucht hat, einen achtjährigen Jungen zu erwürgen, den er in Massachusetts entführt hat. Zwei Jahre später bringt eine zweifache Entführung ihm 14 Jahre hinter Gittern ein. Kaum entlassen, wird Bar-Jonah 1991 rückfällig bei dem siebenjährigen Jungen, der im Wagen auf seine Mutter wartet.

Nachdem er nach Great Falls gezogen ist, kommt er durch seine wöchentlichen Flohmärkte, auf denen er Spielzeug, Puppen, Stofftiere und *Star-Wars*-Fanartikel verkauft, mit jungen Kindern in Kontakt. Doch seine Ex-Verlobte Pamela Clark erzählt, dass Bar-Jonah unter seinem Verkaufstisch Fotos und Spiele verberge, die mit Mord und Folter in allen erdenklichen Formen zu tun hätten.

In seiner Wohnung werden Tausende Fotos von mehr oder weniger nackten Kindern entdeckt. Durch zwei Verfahren in Great Falls, weil er sich als Polizist ausgegeben hat, 1997 (Besuch bei einer Mutter) und 1999 (er treibt sich vor einer Grundschule herum), ist erwiesen, dass Bar-Jonah diese Vorgehensweise bevorzugt, denn schon 1974, als er siebzehn war, präsentierte er eine Polizeimarke, um eines seiner Opfer zu entführen. 1977 benutzte er die gleiche Methode zwei weiteren Jungen gegenüber.

Ein paar Tage nach Zacharys Verschwinden lässt Bar-Jonah sich fotografieren, und die Aufnahmen zeigen ihn mit kurzen Haaren, ohne Bart und mit rasiertem Schnurrbart, um wie ein Polizist auszusehen. Die Durchsuchung seiner Wohnung fördert Rechnungen und Bestellscheine für Handschellen, einen Elektroschocker, verschiedene Polizeimarken und Lähmungsbomben zutage, die er einige Wochen vor dem verhängnisvollen Tag gekauft hatte, an dem Zachary von der Bildfläche verschwand.

Bar-Jonah hat eine ausgeprägte Vorliebe für Kinder mit dunkler Haut, wie die meisten der Aufnahmen zeigen, die bei ihm gefunden werden. Seine drei Opfer, die über ihm wohnen, haben aufgrund ihrer indianischen Herkunft eine dunkle Haut. 1996 freundet Bar-Jonah sich mit dem Sohn seines Nachbarn an, der eine dunkle Haut und das gleiche Alter wie Zachary hat. Zufall oder Grund zur Sorge? Zachary Ramsay ist ebenfalls dunkelhäutig.

In seiner Wohnung finden die Polizisten zahlreiche Zeitungsausschnitte über das Verschwinden des Jungen aus *The Great Falls Tribune* und *The Billings Gazette*.

Die Entführungsmethode

Auf der Grundlage mehrerer Indizien entwerfen die Ermittler ein Szenario für die Entführung des Jungen. Da Zachary immer den gleichen Weg durch die 5th Alley North nimmt, gehen die Polizisten davon aus, dass Bar-Jonah an jenem Morgen auf ihn wartet. Sherri Deitrich erzählt, Bar-Jonah habe zugegeben, Zachary am Ende der Allee gesehen und ihm zugewinkt zu haben.

Er könnte den Wagen seiner Mutter benutzt haben, wie er es in Massachusetts getan hat, mit dem er Zachary gegen 7 Uhr 45 beinahe überfahren hätte – wie Carol Henry aussagt, die angibt, einen weißen Wagen gesehen zu haben –, als der Junge um den Häuserblock geht. Mit seiner falschen Polizeimarke bringt er Zachary dazu, in den weißen Toyota Corolla zu steigen, um ihn zu sich zu bringen, in seine Garage, und dort, geschützt vor unliebsamen Blicken, zu töten. Doch die Dinge laufen nicht so, wie gehofft, denn Zachary wehrt sich, und in dem anschließenden Kampf zerreißt er den Reißverschluss von Bar-Jonahs Jacke. Dieser versucht ihm Handschellen anzulegen, aber er renkt sich einen Finger aus und blutet möglicherweise auf seine Jacke. Bar-Jonahs Ex-Verlobte Pamela Clark erzählt den Polizisten, Deitrich habe ihr gesagt, er rühme sich damit, den Jungen entführt und auf eine Sperrholzplatte gefesselt zu haben, um ihn vor seiner Ermordung und Zerstückelung noch eine Weile am Leben zu halten und zu vergewaltigen. Bei der Hausdurchsuchung im Dezember 1999 wird eine solche Platte hinter Bar-Jonahs Bett gefunden. In ihrer Mitte befindet sich ein dunkler Fleck, der immer noch zu sehen ist, obwohl die Platte viele Male mit Chlorbleiche gewaschen worden ist. Laboranalysen erbringen keinen eindeutigen Hinweis auf Blut, doch auf die Sperrholzplatte ist immer wieder mit einem sehr spitzen Instrument wie der Spitze eines Messers eingestochen worden. Der Angeklagte behauptet zu seiner Verteidigung, er habe sich einen Spaß machen wollen, um seine Gesprächspartner zu erschrecken.

Am Nachmittag von Zacharys Verschwinden, am 6. Januar 1996 um 14 Uhr 20, sucht Bar-Jonah einen Arzt des Doctors Convenience Center in der Nummer 1216 1st Avenue auf, weil er Schmerzen in einem Finger und in seinem Bein hat, das er sich bei einem Schlittenunfall in seiner Kindheit verletzt hatte. 1995 vermerkt einer seiner Gutachter in einem Bericht, »wenn Bar-Jonah Schmerzen in seinem Bein hat, verliert er die Selbstbeherrschung und wird gewalttätig«. Während der Tage, die auf den 6. Februar folgen, geht Bar-Jonah seinen Bekannten aus dem Weg, und seiner Verlobten Pamela Clark fällt sein eigenartiges Verhalten auf; er erklärt ihr, er wolle allein sein. Die Daten mehrerer Schecks, mit denen er Taxifahrten bezahlt, werden verändert; der 7. Februar wird durchgestrichen und durch den 6. ersetzt, als wollte er jeden Hinweis auf den Wagen seiner Mutter auslöschen. An den folgenden Tagen fährt er weiterhin mit dem Taxi, vielleicht, weil er Zachary in dem Toyota Corolla versteckt oder weil er nicht am Steuer des Wagens gesehen werden will. Abgesehen von seinen Tagebüchern oder den Ordnern mit den Jungenfotos bewahrt Bar-Jonah keine Papiere seines Alltagslebens auf; und dennoch hebt er sorgfältig vier Jahre lang die gefälschten Schecks auf, als habe er sich ein Alibi konstruieren wollen.

Die blaue Jacke, die er am 6. Februar trägt, wird gereinigt

und der Reißverschluss repariert. Beunruhigend ist auch, dass Bar-Jonah am 4., 5. und 6. Februar nicht arbeitet, wie sein Arbeitgeber *Hardees* in 10th Avenue South bestätigt. Am Tag vor der Entführung zahlt Bar-Jonah 82 $ in einer Filiale der Norwest Bank, drei Häuserblocks von Zacharys Wohnung entfernt, ein. Die Polizei glaubt, er sei für das Schneeräumen auf den Gehsteigen vor den *Bitterroot Apartments* bezahlt worden, die auf dem Schulweg des Jungen liegen. Laut Wetterbericht hat es vom 2. bis 4. Februar geschneit.

Drei Mitglieder der Familie Henry bemerken einen Mann, der Zachary am Morgen der Entführung folgt. Carol Henry gibt an, sie habe gesehen, dass ein weißer Wagen den Jungen beim Überqueren der Straße beinahe überfahren hätte. Die Mutter des Angeklagten besitzt einen weißen Toyota Corolla, den sie ihrem Sohn überlässt, während sie nicht in Great Falls ist.

Bar-Jonahs Verhalten

Als Zachary verschwindet, ist der Angeklagte aufgrund mehrerer Ereignisse einem beträchtlichen Stress ausgesetzt. Ein Mitglied seiner Familie, das er sehr liebt, ist gerade gestorben. Pamela Clark, seine Verlobte, verlässt ihn, und ihr früherer Lebensgefährte zieht wieder bei ihr ein, ohne dass Bar-Jonah informiert wird. Damit zerschlagen sich seine Träume von einem »geregelten« Familienleben mit Kindern endgültig, auch wenn nicht von der Hand zu weisen ist, dass er sich selbst etwas vormachte. Die Polizei von Great Falls hat seinen Wagen beschlagnahmt, weil er gegen mehrere Verkehrsregeln verstoßen hat. Außerdem wartet er auf einen Prozess wegen sexueller Übergriffe, die auf das Jahr 1994 zurückgehen. Und seine Mutter Tyra Brown, die er hasst und zugleich liebt, ist seit drei Wochen auf Reisen, wodurch ihm ein stabilisierendes Element in seinem Leben fehlt.

Obgleich er den Corolla seiner Mutter uneingeschränkt benutzen kann, mietet Bar-Jonah einen Wagen, obwohl er nach wie vor in finanziellen Schwierigkeiten ist. Er ist verschuldet und gibt trotzdem 175 $ für die Miete aus. Innerhalb weniger Tage legt er 800 km zurück. Am 5. Februar gibt er den Wagen um 15 Uhr 30 zurück, unmittelbar nach Schulschluss. Die Ermittler glauben, dass er Zachary oder andere Kinder der Whittier Elementary School von dem gemieteten Wagen aus beobachtet habe, bevor er den Toyota für die Entführung benutzte. Anschließend benutzt er Taxis, um die Aufmerksamkeit nicht auf den Wagen seiner Mutter zu lenken.

Als Zachary verschwindet, lebt Bar-Jonah allein in seiner Wohnung und lehnt alle Einladungen seiner Freundin oder seiner Ex-Verlobten ab. Deitrich erzählt er, ein Polizist, ein Freund seines Freundes Keith Bauman, verbringe immer mehr Zeit mit Zachary und habe das Kind vermutlich entführt. Doch Bauman behauptet, er sei nie mit einem Polizisten befreundet gewesen. Als er Deitrich von Zachary erzählt, spricht Bar-Jonah immer in der Vergangenheit und benutzt Ausdrücke und Wendungen, die darauf hindeuten, dass der Junge bereits tot und nicht nur verschwunden ist.

Es könnte zu einem Kampf zwischen dem Jungen und seinem Entführer gekommen sein, denn am Tag nach seinem Verschwinden bringt Bar-Jonah seine Jacke zum Reparieren und Reinigen. Der Reißverschluss wird ausgetauscht, auf dem Ärmel finden die Ermittler jedoch einen Blutfleck. Nach einer DNA-Analyse steht fest, das es sich weder um Zacharys noch um Bar-Jonahs Blut handelt. Der ausgerenkte Zeigefinger der rechten Hand, wegen dem Bar-Jonah am 6. Februar um 14

Uhr 20 zum Arzt geht, ist für die Polizisten eine Verletzung, die häufig auftritt, wenn ein Polizeibeamter versucht, einem Verdächtigen, der sich wehrt, Handschellen anzulegen.

Als die Mitbewohnerin Sherri Deitrich, die am 6. Februar noch nicht in Great Falls lebt, Bar-Jonahs Wohnung putzt, findet sie zusammengerollte schmutzige Kleidungsstücke in einer Plastiktüte in einem Wandschrank: eine blaue Jacke mit grünen Ärmeln, eine Jeans, eine Unterhose, Socken und ein Paar schwarze Sneakers. Sie haben Kindergröße, können also nicht Bar-Jonah gehören, der 120 Kilo wiegt. Die Kleidungsstücke entsprechen denen, die Zachary am 6. Februar 1996 trug, als er auf dem Weg in die Schule war.

Deitrich fügt hinzu, dass Bar-Jonah ein Paar sehr dicke Gummihandschuhe besitzt, die er in demselben Wandschrank aufbewahrt. Sie bezeichnet sie als »Schlachterhandschuhe«. Einmal habe sie Pamela Clark ein Paar blutverschmierte Handschuhe und einen Strick gezeigt. Bei einer Durchsuchung des Corolla werden unter dem Reserverad Gummihandschuhe gefunden, aber sie sind nicht blutverschmiert. Man findet auch eine Reihe professioneller Messer, darunter mehrere Schlachtermesser zum Entbeinen mit gebogener Klinge.

Was die Freunde und die Mitbewohner, die in Bar-Jonahs Wohnung ein und aus gehen, jedoch am meisten verblüfft, ist der schreckliche Geruch. Sie können sie noch so gründlich putzen, wie Sherri Deitrich, doch dieser widerliche Geruch bleibt allgegenwärtig. Als sei etwas verfault oder verwest?

Oder jemand …?

Kapitel 9

Ein krankhafter Appetit

Während Nathaniel Bar-Jonah auf seinen Prozess wegen sexueller Übergriffen auf die drei Kinder seiner Nachbarin wartet, verbringt er nach eigener Aussage lange einsame Stunden
in seiner Zelle im Gefängnis von Cascade County mit dem
Kompilieren von »9454 unwichtigen Fragen über Fernsehwer-
bung, Bonbons, Folklore und Naturgesetze«.

Die Polizisten bleiben nicht untätig und werten sorgfältig
Tausende von Seiten, Zeitungsausschnitte und Collagen, Tagebücher und unterschiedlichste Texte des Pädophilen aus. Dieser Papierwust füllte in der Hauptsache die 28 großen Kartons,
die bei der Durchsuchung seiner Wohnung mitgenommen
wurden. Darunter befindet sich vor allem eine Liste von 27 Namen unter der Überschrift »Webster Lake« (sein Wohnort in
Massachusetts). Die Namen sind chronologisch geordnet, von
1963 bis 1977, und unter ihnen finden sich die Namen der drei
bekannten Opfer von David Brown alias Bar-Jonah. Die Kinder,
die auf der Liste stehen, sind zwischen fünf und siebzehn.
Neben den 27 Namen der »Webster-Lake«-Liste stehen das
Symbol = und 27 zusätzliche Namen mit zahlreichen Recht-
schreibfehlern. »Diese Liste hat etwas zu bedeuten«, erklärt
Sergeant John Cameron von der Polizei von Great Falls. »Wir
versuchen die Namen auf der Liste zu identifizieren. Vielleicht
handelt es sich um weitere Opfer?« Das FBI ist über diese Liste
informiert worden, ebenso wie andere Polizeikräfte. Abgesehen
von den Namen, die sie enthält, gibt die Liste auch durch die
Schrift Aufschluss über Bar-Jonahs Persönlichkeit, denn es gibt
keine Zwischenräume zwischen den Wörtern; seiner Verlobten
Pamela Clark zufolge schreibt er so, wenn er wütend ist.

John Bolduc von der Polizei in Masschusetts teilt den Ermittlern in Great Falls mit, nach seinen Recherchen seien 13 von den 27 Personen auf der Liste noch am Leben. Da sie damals minderjährig gewesen seien, seien die Akten derzeit noch unter Verschluss, so dass man nicht wisse, ob sie von »David Brown« sexuell belästigt worden seien. Für Sergeant Norman Brodeur von der Polizei von Southbridge, Massachusetts, könnte er mehrere Jungen in ihrer Stadt belästigt haben und für den nicht aufgeklärten Mord an einem Jungen 1968 verantwortlich sein, obwohl er damals erst elf war. Durch einen merkwürdigen Zufall haben Brodeur und Bar-Jonah beide die Bay Path Regional Vocational High School besucht.

»Mitte der neunziger Jahre fährt er mehrmals über die kanadische Grenze«, erklärt Sergeant John Cameron. »Wir wissen, das er in Saskatchewan und in Alberta war, und wir arbeiten mit unseren Kollegen der berittenen Polizei zusammen.« Den Ermittlern gelingt es zu beweisen, dass der Angeklagte nach Arkansas, nach Colorado, nach Florida, nach Michigan und in den Bundesstat Washington gefahren ist.

In mehreren Berichten, die Psychiater während seines Aufenthalts in Bridgewater geschrieben haben, wird »seine Neugierde hinsichtlich des Geschmacks von Menschenfleisch« erwähnt. Unter den Texten, die im Dezember 1999 in seiner Wohnung 2527 11th Avenue South beschlagnahmt werden, befinden sich zahllose Hinweise auf Kannibalismus. Bar-Jonah behauptet, Homosexuelle seien seine Lieblingsspeise und er liebe es, einen »bee sum young guy« zu grillen. Verschlüsselte Texte äußern sich noch weitaus deutlicher darüber, wie man die verschiedenen Teile eines menschlichen Körpers zubereitet. Da finden sich aufschlussreiche Menüs und Rezepte:

»Jungenbarbecue.«
»Sex à la carte.«
»Mein Jungen-Dessert.«

»Jungen-Ragout«, »Jungen-Pastete« und »Weihnachtsdinner für zwei« beziehen sich auf Mahlzeiten, die Bar-Jonah für Debby Cotes zubereitet, eine Frau, die er 1996 kennenlernt, nachdem sie ihr Haus durch einen Brand verloren hat. Sie erinnert sich, dass er ihr am Weihnachtsabend für ihren Sohn und sie ein Menü bestehend aus Spaghetti mit Fleischragout, Chili und einer Pastete gebracht habe, alles zubereitet mit »einem merkwürdig schmeckenden Fleisch«. Trotz des sehr ausgeprägten Geruchs isst Debby die Speisen, um ihrem Gast eine Freude zu machen. Bar-Jonah erklärt, dass er das Fleisch selbst getötet, zerlegt und gewürzt habe.

Allerdings besitzt Bar-Jonah keine Feuerwaffe und kein Gewehr, die funktionieren, diejenigen, die er hat, sind unecht, und er hat auch keinen Jagdschein. Sein Bruder bestätigt, dass er ihn niemals habe jagen sehen und dass er seine Jagdfreunde auch nie begleitet habe.

»Das Mittagessen mit gebratenem Jungen ist im Patio serviert«; es handelt sich um eine Mahlzeit, die Bar-Jonah für seine Mutter Tyra Brown und seinen Freund Keith Doc Bauman gekocht hat. Letzterer lernt Bar-Jonah im August 1993 im Gefängnis von Cascade County kennen, nachdem er wegen sexuellen Übergriffen auf Minderjährige verhaftet worden ist. Bar-Jonah wartet auf seine Freilassung gegen Kaution; er wird beschuldigt, 1993 einen achtjährigen Jungen sexuell berührt zu haben. Bei der Wohnungsdurchsuchung entdeckt die Polizei einen Brief von Bauman, der seinem Gastgeber für den »Rehhamburger« dankt, der eine seiner Spezialitäten zu sein scheint.

Vor Zacharys Entführung im Februar 1996 kauft Bar-Jonah sehr häufig Essen, wie die Bankauszüge und die Kontrollabschnitte der Schecks bezeugen. Doch in dem Monat nach dem Verschwinden des Jungen ist sein einziger Kauf der eines Sandwiches.

All diese Entdeckungen zwingen die Ermittler dazu, noch gründlicher vorzugehen. Phosphor wird auf die Wände der Wohnung aufgetragen, und diese Methode bringt eine merkwürdige Aufschrift zutage, den Vornamen »Tina«, in dunkelgrüner Schrift. Bis heute ist diese »Tina« ein ungelöstes Rätsel, ebenso wie die erdrückende Mehrheit der 10 000 Namen und Vornamen, die in Bar-Jonahs Papieren gefunden werden.

Die Garage seiner vorhergehenden Wohnung 1216 1st Avenue South, in der er seine Wochenendverkäufe veranstaltete, wird zweimal von einem Spezialteam auseinandergenommen. Als die Arbeiter den Boden aufgraben, finden sie 21 menschliche Knochensplitter, die dort vergraben sind. Sie scheinen abgetrennt oder abgebrochen zu sein. Der größte dieser Knochensplitter ist ungefähr 4 cm lang. Eine DNA-Analyse ergibt, dass es sich nicht um Zacharys Knochen handelt, sondern um die eines unbekannten Jungen zwischen 8 und 13 Jahren. Es gibt keine logische Erklärung dafür, dass sie an diesem Ort begraben wurden, zumal sie unter 15 cm frisch umgegrabener Erde unter Bar-Jonahs Spielzeugtisch vergraben wurden. Zwischen diesen Splittern wird auch ein Stück Papier mit dem persönlichen Briefkopf des Pädophilen gefunden.

In der Küche des Angeklagten wird ein Fleischwolf sorgfältig auseinandergenommen, und die Polizisten entdecken ein Haar, das einer unbekannten schwarzen Person gehört. Die DNA des Bluts auf Bar-Jonahs Jacke, des Haars aus dem Fleischwolf und der Knochensplitter stammt jeweils von verschiedenen

Personen, die bis heute nicht identifiziert werden konnten. Im März 2001 wird die DNA von Katherine, der Mutter von Janice Pockett, die 1976 verschwunden ist, mit derjenigen der Knochenreste verglichen; wieder ist das Ergebnis negativ.

Die Vernehmungen von Bar-Jonah bringen kein konkretes Element, da er mit aller Entschiedenheit alle Beschuldigungen gegen ihn zurückweist. Die Untersuchung von Zacharys Entführung kommt monatelang nicht voran, denn die Polizisten verfügen nur über indirekte Beweise. In der Hoffnung auf neue Elemente beschließen sie, ihre Bemühungen auf die sexuellen Übergriffe zu konzentrieren, die Bar-Jonah begangen hat, seit er in Great Falls wohnt. Doch auch in diesem Fall wird Bar-Jonah schon bald Pluspunkte sammeln.

Kapitel 10

Geschichten von Kannibalen

Obwohl der Kannibalismus in der amerikanischen Verbrechensgeschichte ein seltenes Phänomen ist, gibt es eine Reihe von Fällen, die uns Aufschluss über die Psyche dieses Typs von der Norm abweichender Mörder geben können.

Der vierundsechzigjährige Albert Fish gilt als ruhiger Vater von sechs Kindern, als die Polizei ihn 1934 verhaftet. Als Serienmörder und Kannibale hat er sein Leben der Perversion gewidmet, wobei er so weit geht, sich Segelnadeln in den Körper zu stecken. 27 dieser Nadeln, die in seinem Unterleib stecken, lösen bei seiner Hinrichtung auf dem elektrischen Stuhl einen Kurzschluss aus. Man verdächtigt Albert Fish, über einen Zeitraum von mehreren Jahrzehnten über hundert Kinder getötet zu haben. Bisweilen treibt er seine Teufelei so weit, den Eltern seiner Opfer Briefe zu schreiben, um ihnen die Verstümmelungen zu beschreiben und seine »kannibalistischen« Rezepte mitzuteilen. Am 11. November 1934 schickt Fish den folgenden Brief an die Mutter eines seiner Opfer, Grace Budd, die er sechs Jahre zuvor getötet hatte:

»Meine liebe Mrs. Budd,

1894 diente ein Freund von mir, der Kapitän John David, als Matrose an Deck der ›Tacoma‹. Sie legten in San Francisco ab mit dem Ziel Hongkong. Dort angekommen, gingen er und zwei Kameraden an Land, um sich zu betrinken. Als sie zurückkamen, war das Schiff bereits ohne sie ausgelaufen. Zu jener Zeit herrschte in China Hungersnot. Für ein bis drei Dollar wurde jegliche Sorte Fleisch verkauft. Die Allerärmsten litten so sehr, dass sie ihre Kinder unter zwölf Jahren an Metzger verkauften, damit sie zerlegt und weiterverkauft wurden. In jedem Laden konnte man Steaks, Koteletts oder Fleischragout erhalten. Von dem nackten Körper eines Mädchens oder eines Jungen bekam man das Stück seiner Wahl heruntergeschnitten. Der Hintern, der am zartesten ist und als Kalbslende verkauft wurde, war am teuersten. John blieb so lange in Hongkong, dass er enormen Gefallen an Menschenfleisch fand. Als er wieder in New York war, entführte er zwei Jungen zwischen sieben und elf und brachte sie zu sich nach Hause. Er zog sie aus und steckte sie gefesselt in einen Wandschrank; dann verbrannte er ihre Kleidung. Tag und Nacht versohlte er ihnen immer wieder den Hintern und folterte sie, um ihr Fleisch weich zu klopfen. Er tötete zuerst den Älteren, denn sein Arsch war rundlicher. Er kochte und verspeiste jeden Körperteil, bis auf den Kopf, die Knochen und die Eingeweide. Das Kind wurde im Backofen gebraten (sein ganzer Arsch), gekocht, gesotten, frittiert und als Ragout verarbeitet. Mit dem Jüngeren wurde auf die gleiche Art verfahren. Damals wohnte ich in der 100. Straße Ost, Nummer 409, auf der rechten Seite. John erzählte mir so oft, wie köstlich Menschenfleisch sei, dass ich beschloss, es ebenfalls zu probieren. Am 3. Juni 1928, einem Sonntag, besuchte ich Sie in der 15. Straße West, Nummer 406. Ich hatte Käse und Erdbeeren mitgebracht. Wir haben zusammen zu Mittag gegessen. Grace hatte sich auf meinen Schoß gesetzt, um mich zu umarmen. Ich hatte mich entschlossen, sie zu essen. Ich erfand einen Geburtstag, und Sie erlaubten ihr, mit mir zu kommen. Ich brachte sie in ein verlassenes Haus in Westchester, das ich entdeckt hatte. Als wir ankamen, sagte ich ihr, sie solle draußen bleiben. Sie pflückte wilde Blumen. In einem Zimmer im ersten Stock zog ich mich vollständig aus, um Blutflecke auf der Kleidung zu vermeiden. Als alles vorbereitet war, ging ich zum Fenster, um Grace zu bitten, nach oben zu kommen. Ich versteckte mich in einem Wandschrank. Als sie mich nackt sah, begann sie zu weinen und wollte weglaufen. Ich fing sie wieder ein, und sie drohte, alles ihrer Mutter zu sagen. Sie wehrte sich heftig, biss und kratzte mich. Ich erwürgte sie, bevor ich sie in kleine Stücke zerlegte, um das Fleisch mit nach Hause zu nehmen, zu kochen und zu essen. Ich kann Ihnen gar nicht sagen, wie zart und köstlich ihr kleiner im Ofen gebratener Arsch war. Ich habe neun Tage gebraucht, um sie aufzuessen. Ich habe sie nicht gefickt, obwohl ich die Gelegenheit gehabt hätte, wenn ich es gewollt hätte. Sie ist jungfräulich gestorben.«

Ed Gein, der nicht nur Kannibale, sondern auch nekrophil war und mindestens vier Frauen getötet hat, ist besessen von der Erinnerung an seine extrem besitzergreifende Mutter, deren

Zimmer er nach ihrem Tod versiegelt. Er träumt davon, eine Frau zu sein, und versucht vergeblich, sich operieren zu lassen, um das Geschlecht zu wechseln. Zwischen 1954 und 1957 exhumiert er zahlreiche Frauenleichen in der Gegend von Plainfield, Wisconsin. Auf seiner Farm stellt er Jacken und Masken aus Menschenhaut her. Wenn er einkaufen fährt, trägt er als Slip die Scham seiner Opfer. 1984 stirbt er in einer Irrenanstalt. Sein Fall inspirierte die Figur von Buffalo Bill in dem Film *Das Schweigen der Lämmer* und zwei weitere berühmte Filme: *Psycho* und *Das Kettensägenmassaker* sowie zahlreiche billige Fernsehserien.

Die Grube, in der Buffalo Bill seine weiblichen Opfer in dem Film *Das Schweigen der Lämmer* gefangen hält, stammt dagegen aus dem Fall von Gary Heidnik. Seit seiner Jugend wegen psychischer Störungen interniert, bringt Heidnik es auf nicht weniger als 22 Aufenthalte in psychiatrischen Kliniken. Im Laufe der Jahre wird er von fast 150 Psychiatern untersucht und versucht dreizehnmal, sich umzubringen; unter anderem fährt er mit dem Motorrad gegen einen Lkw, versucht sich zu erhängen, schluckt mehrmals Medikamente und zerstößt eine Glühbirne und schluckt das zerkleinerte Glas. 1968 ist er fünfundzwanzig, als er versucht, seinen Bruder Terry mit einem Brett zu erschlagen. Als er ihn schließlich im Krankenhaus besucht, wo seine Verletzungen behandelt werden, erklärt Gary Terry, dass er großes Glück gehabt habe.

»Warum?«, fragt Terry. »Und wenn du mich getötet hättest?«

Gary Heidnik schweigt einen Augenblick, bevor er antwortet: »Ich hätte deinen Körper in eine Wanne mit Salzsäure gelegt, um die Knochen aufzulösen. Ich hätte bei der Mischung sehr aufpassen müssen, um die Rohre nicht zu beschädigen. Ich hätte dich zwei, drei Tage darin liegen lassen, und wenn noch

179

größere Knochen übriggeblieben wären, hätte ich sie zersägt, um sie auf verschiedene Mülltonnen in der Nachbarschaft zu verteilen.«

Heidnik schreibt sich an einer Militärakademie ein, wo er sich von allem fasziniert zeigt, was die Geschäfte und die Finanzwelt betrifft. 1962 geht er zur Armee, wo man ihn aufgrund verschiedener Probleme jedoch nicht behält. Bei einer Untersuchung fragt ein Militärarzt ihn, warum er ein Band um den großen Zeh trage. »Ich möchte Wundbrand bekommen. Ich hoffe, dass er sich im ganzen Körper ausbreitet, damit ich sterbe.«

Trotz allem schlüpft er durch das Netz und gründet 1971 seine eigene Kirche, die *United Church of the Ministers of God*, die ihm so viel einbringt, dass er sich Rolls, Cadillacs oder Lincoln Continentals leisten kann. 1978 wird er wegen Entführung eines geistig zurückgebliebenen Farbigen verhaftet und verbringt vier Jahre in einer psychiatrischen Einrichtung. 1986 kauft er ein Haus in Philadelphia, dessen Keller er in einen Harem für seine Sexsklavinnen verwandelt.

Innerhalb weniger Monate, zwischen dem 26. November 1986 und dem 25. März 1987, entführt Heidnik vier junge schwarze Frauen, die er nackt und halb verhungert ankettet, um sie täglich zu vergewaltigen; wenn sie sich wehren, foltert er sie mit Elektroschocks oder steckt ihnen einen Schraubenzieher ins Ohr. Wenn sie sich widersetzen, schlägt Heidnik sie mit einem Schaufelgriff. Zwei von ihnen sterben und werden zerstückelt. Er begeht Akte von Kannibalismus an ihnen, denn in einem Topf in seiner Küche werden menschliche Reste entdeckt. Wie im Fall von Jeffrey Dahmers, dem berühmten »Kannibalen von Milwaukee«, wird Heidnik von seinen Nachbarn angezeigt, die sich über den Verwesungsgeruch beschweren, der aus seinem Haus in Philadelphia dringt. Am 3. Juli 1988 wird er zum Tode verurteilt und am 6. Juli 1999 hingerichtet.

Ein extrem geschickter Manipulator, versucht Arthur Shawcross, Mörder von Prostituierten in Rochester im Bundesstaat New York, allen weiszumachen, er sei von seinen Erfahrungen in Vietnam traumatisiert (während er in Wirklichkeit Lagerverwalter in einem Lager für Einzelteile für die amerikanische Armee Tausende Kilometer von der Front entfernt war). Der folgende Bericht über die Verstümmelungen und Akte von Kannibalismus stammt aus den sogenannten Erinnerungen, die Shawcross den Psychiatern übergeben hat, die ihn vor seinem Prozess untersuchten:

»Damals war ich wie in einem Nebel. In einem Tal unweit von Kontum bemerke ich diese Frau und erschieße sie. Sie war noch nicht tot, und ich fessle sie an einen Baum. Ich mache ein Lagerfeuer. Und da bemerke ich diesen riesigen hohlen Baum; als ich sie überraschte, war sie dabei, ein Ak-47-Sturmgewehr darin zu verstecken. Ein kleiner Pfad führt durch den Wald zu ein paar Pfahlhütten. Dort finde ich zahlreiche Waffen, Munition und Lebensmittel. In einer der Hütten höre ich Geräusche. Ich klettere die kleine Leiter hinauf. Ein Mädchen kommt heraus. Ich nehme sie mit, um sie neben der anderen festzubinden. Sie sind der Feind. Ich schneide ihr die Kehle durch. Ich köpfe sie. Die Vietnamesen sind abergläubisch. Ich stecke ihren Kopf auf einen Pflock, den ich in der Nähe des Waffenlagers in den Boden ramme. Ich erkannte mich nicht wieder. So etwas hatte ich noch nie gemacht. Dann schneide ich aus dem Bein der Frau ein Stück Fleisch heraus, von der Hüfte bis zum Knie. Ich brate es über dem Lagerfeuer. Es roch nicht sehr gut, aber als es durchgebraten war, begann ich davon zu essen. Es schmecke wie Schwein oder Affe. Den Rest des Körpers legte ich auf einen Ameisenhaufen. Während ich mein Essen zubereite, wurde das andere Mädchen ohnmächtig und pisste sich an. Ich vergewaltigte sie, zwang sie vorher aber, meinen Schwanz zu lutschen. Sie begriff nicht, was ich da machte, aber ihr Körper verstand. Ich machte sie los und band sie an zwei kleinere Bäume. Anschließend aß ich wieder etwas und schärfte mein Messer, wobei ich sie betrachtete. Sie wurde mehrmals ohnmächtig. Ich schnitt leicht in ihr Fleisch, vom Hals bis zur Scham. Sie schrie und schiss vor Angst. Ich nahm meine M-16, schob einen Sauger als Schalldämpfer über den Lauf, und drückte den Abzug. Schließlich trennte ich ihr den Kopf ab und steckte ihn wie den anderen auf einen Pflock. Ihre Leiche hing ich an den Füßen auf. Dann verstümmelte ich sie, wie man es mit einer Kuh macht. Warum? Ein paar Tage später befahl ich einigen unserer Männer, die Waffen und die Munition zu holen. Sie haben alles verbrannt, mit Ausnahme der Köpfe. Die Vietnamesen sind nie wieder zurückgekommen. Aberglaube. Die Vietnamesen folterten uns, warum sollten wir es nicht umgekehrt ebenso machen?«

Der »Kannibale von Milwaukee«, verhaftet am 22. Juli 1991, ist vermutlich derjenige Serienkiller in der amerikanischen Verbrechensgeschichte, um den es den größten Medienrummel gab. Dahmer gesteht die Morde von siebzehn Jugendlichen, die er hauptsächlich in Homosexuellenbars anmachte, bevor er sie mit nach Hause nahm. Nachdem sie eingeschlafen sind, tötet er sie, verstümmelt sie und macht zahlreiche Fotos; anschließend vergewaltigt Dahmer die Leichen und verspeist Teile davon. Als makabrer Sammler bewahrt er in seinem Kühlschrank und seinen Wandschränken die Köpfe, Genitalien oder andere Teile seiner Opfer auf. Er vereinigt die meisten der unvorstellbarsten sexuellen Deviationen in sich. Während seiner Mittagspause in der Arbeit hatte er die Gewohnheit, beim Essen den in Silber gemalten Schädel eines seiner Opfer zu betrachten, und er trug Epauletten aus Menschenfleisch. Er ist fasziniert von »Dark Vador«, der Verkörperung der »Dunklen Macht«, in *Star Wars* und von *Der Exorzist 3*, der Geschichte eines Serienmörders.

Beim Prozess von Jeffrey Dahmer gibt eine interessante Aussage eines der Sachverständigen der Verteidigung, Dr. Judith Becker, Professorin für Psychologie und Psychiatrie an der Universität von Arizona, Aufschluss über die Persönlichkeit des »Kannibalen von Milwaukee«. Dr. Becker enthüllt eine Reihe von bis dahin unbekannten Details, wie Dahmers Wunsch, einen »Tempel« aus den Überresten seiner Opfer zu errichten, um »Spezialkräfte« zu erlangen. Der Serienmörder erzählt ihr auch neue Geschichten aus seiner Kindheit: »Mit vier wurde Jeffrey wegen eines doppelten Leistenbruchs operiert, und er erinnert sich, dass er solche Schmerzen gehabt habe, dass er seine Mutter gebeten habe, man solle ihm die Genitalien abschneiden. Ungefähr zur selben Zeit geht Jeffrey mit seinem Vater angeln am Weiher ihres Hauses in Bath in Ohio. Sein Vater zeigt ihm, wie man den Fisch säubert, indem man ihm den Bauch aufschneidet. Das fasziniert ihn. Und vor allem fasziniert ihn die Membran, die die Eier enthält und die tieforange ist. Diese Faszination für die kräftigen Farben der Eingeweide der Fische hat vielleicht damit zu tun, dass er später den Unterleib all seiner Opfer aufschneidet. Er erklärt mir, er liebe ihre Farbe, die Wärme, die aus den menschlichen Eingeweiden aufsteige, und es bereite ihm sexuelle Lust, wenn er in den Därmen seiner Opfer komme. Als er mir diese Geschichte über seinen Vater erzählt, ist der Ton seiner Stimme eher monoton. Doch als er vom Aufschlitzen des Fisches und den Eingeweiden erzählt, wird er irgendwie viel lebhafter, viel lebendiger.

Mit fünf überredet Jeffrey einen Klassenkameraden, seine Hand in ein Wespennest zu stecken, indem er behauptet, es handele sich um Libellen. Der Junge wird schlimm gestochen und brüllt vor Schmerz, ein Vorfall, den Dahmer geplant hat und dessen Ergebnis er schon vorher kannte. Er erzählte mir von seinem Wunsch, das Fleisch und das Herz seiner Opfer zu probieren. Er hat sich einen Fleischklopfer gekauft, um ihn für ein menschliches Herz zu benutzen, bevor er es aß; das Gleiche hat er auch mit anderen Stücken gemacht. Das verschaffte ihm eine enorme sexuelle Lust. Der Mann ist jetzt ein Teil von ihm. Während er sein Fleisch aß, hatte er eine Dauererektion. Jeffrey streichelt sehr gern die Schädel seiner Opfer. Das verschafft ihm ebenfalls eine große sexuelle Befriedigung. Ihm zufolge repräsentiert der Schädel das Wesentliche einer Person. Ich habe ihn gefragt, ob er mit den Köpfen spreche, und er antwortete mir, dass er es vermutlich getan habe.

Was seine Faszination für die Körperteile betrifft, die er aufbewahrt, hat er mir gesagt, er sei vielleicht zu spät geboren worden. Vielleicht bin ich die Reinkarnation eines Azteken?, meinte er.«

Die Phantasien der Kannibalenmörder nehmen die unterschiedlichsten Formen an, wie wir gesehen haben, doch was treibt einen Menschen zu solchen Taten? Dr. Clancy McKenzie, Professor für Psychologie an der Universität von Capitel, Washington, hat Gary Heidnik ausführlich befragt. Für ihn liegt die Antwort in der frühen Kindheit. In der zweiten Hälfte des ersten Lebensjahres eines Babys, wenn die Kinder abgestillt werden, phantasieren sie davon, ihre Mutter vollständig zu verschlingen. Die Regression in diese Phase der Entwicklung kann von einem späteren traumatisierenden Erlebnis ausgelöst werden, vor allem, wenn das Baby in dieser kritischen Phase ein Trauma erlebt hat. Für das Baby – oder den regredierenden Erwachsenen – löst die Trennung von der Mutter ein Gefühl absoluter Machtlosigkeit und Panik aus.

Für McKenzie hat Bar-Jonah möglicherweise ein solches Erlebnis zwischen 12 und 27 Monaten gehabt: »Die Tatsache, dass er nach seiner Entlassung 1991 in den Schoß der Familie zurückkehrte, hat bei dem Angeklagten zu einer schweren Verhaltensstörung geführt.«

Dr. Park Dietz, der im Prozess von Jeffrey Dahmer ausgesagt hat, ist der Meinung, dass man sich nicht allzu lange mit der Kindheit dieser Kriminellen aufhalten dürfe. Millionen von Menschen würden in frühester Kindheit traumatische Episoden erleben und würden darum noch lange nicht zu Serienmördern.

Ebenso würden auch nicht alle Pädophilen ihre Phantasien in kriminellen Taten konkretisieren. Für Dr. Dietz ist das auslösende Element häufig unerwarteter und sehr großer Stress. Jeffrey Dahmer habe sein erstes Opfer ermordet, nachdem seine Mutter und sein Bruder die Familie verlassen hätten und die neue Lebensgefährtin des Vaters zu ihnen gezogen sei. Und Bar-Jonahs Mutter sei unmittelbar vor der Entführung von Zachary Ramsay für einige Wochen verreist.

Ein Akt von Kannibalismus könne auch ganz praktische Gründe haben, weil man den Körper loswerden müsse, während die Tatsache, dass man anderen Menschenfleisch serviert, bedeute, dass man das Opfer noch mehr demütigen und zugleich die Überlebenden quälen wolle. »Sie rächen sich an den anderen und genießen zugleich die Tatsache, dass sie sie reingelegt haben«, erklärt Dr. Dietz. »Das ist ein sehr extremer Scherz.«

Dr. Ashok Bedi, Leiter der psychiatrischen Abteilung des Krankenhauses von Milwaukee, sieht Bar-Jonah als Gefangenen in der Festung seiner Mutter, aus der er zu fliehen versucht. Indem er einen zehnjährigen Jungen tötet, offenbart der Kinderschänder seinen Wunsch, das Kind in sich zu töten, um ein Mann zu werden: »Es handelt sich weniger um Sexualität als um eine pathologische Anhänglichkeit den Eltern gegenüber.«

Ein weiteres Motiv für Kannibalismus könne der Wunsch sein, das schlimmste Verbrechen zu begehen, das letzte gesellschaftliche Tabu zu brechen, »das Unvorstellbare – die letzte Grenze des bösen Jungen«, schließt Dr. Park Dietz.

Makabres Detail: Ein Artikel des Journalisten Kim Skornogoski in der *Great Falls Tribune* endet mit dem folgenden Aufruf: »Die Personen, die glauben, sie hätten verdächtiges, von Bar-Jonah zubereitetes Essen gegessen, sollen sich bei Detective John Cameron unter der Nummer 771–1180 melden.«

Kapitel 11

2002: Der Prozess

Während Bar-Jonah in Erwartung seines Prozesses in der Zelle schmort, nimmt er Kontakt auf mit dem Ältesten seiner drei Opfer, der jetzt ein Jugendlicher ist. Dieser besucht Bar-Jonah im Gefängnis von Cascade County und schreibt ihm – auf Bitten des Angeklagten – sogar einen Brief, den der Anwalt, Gregory Jackson, sofort der Akte hinzufügt. Hier die bedeutsamste Passage: »Nathan, du hast mich immer gut behandelt.

Du hast mir nie wehgetan. Du fehlst mir wirklich, mein Macker. Du warst für mich wie der Vater, den ich nie gehabt habe.«

Auf diesem Brief baut die Verteidigung ihre Strategie auf. Für Rechtsanwalt Jackson haben die Polizisten und das FBI die drei Kinder dazu getrieben, Aussagen zu machen, die seinen Mandanten belasten. Denn als sie im Rahmen einer Nachbarschaftsbefragung zum ersten Mal mit der Mutter und den Jungen sprechen, ist von Misshandlungen nicht die Rede.

Ende September 2000 fördert eine Routineuntersuchung seiner Zelle mehrere Selbstmordbriefe, ein Testament und einen zusammengestoppelten Strick zutage. Die Sachen werden beschlagnahmt, und Bar-Jonah wird rund um die Uhr überwacht (*Suicide Watch*), um zu verhindern, dass vor dem Prozess, der Anfang 2002 beginnen soll, noch etwas passiert. Es ist eine Kaution in Höhe von 1,25 Millionen Dollar festgesetzt worden, und wegen Mangels an konkreten Beweisen ist gegen Bar-Jonah noch immer kein Verfahren wegen Entführung und Ermordung des kleinen Zachary Ramsay eröffnet worden.

Auf Antrag der Verteidigung wird der Prozess wegen sexueller Übergriffe auf die drei Minderjährigen, dessen Beginn ursprünglich auf den 10. September 2000 festgesetzt war, ein erstes Mal verschoben. Die Anwälte sind der Meinung, dass die Verhandlung im Justizpalast von Great Falls nicht mit der gebotenen Ruhe stattfinden kann. Ein Sachverständiger, Dr. Alan J. Cohen, soll die Sache prüfen. Denn in der Tat haben sich seit der Verhaftung des Pädophilen alle Medien auf die sensationellsten Aspekte des Falls gestürzt: die Entführung eines Kindes, ein mehrfach rückfälliger Pädophiler, die Polemik des Bundesstaats Montana, der Massachusetts vorwirft, man habe sich eines gefährlichen Kriminellen entledigt, ohne die Behörden in Kenntnis zu setzen, und natürlich die

Anklage wegen Kannibalismus. Mehrere Reportagen werden vor dem Prozess gesendet: »Unsolved Mysteries«, »American Most Wanted«, »Prime Time« auf ABC, »Dateline« auf NBC, um nur die wichtigsten zu nennen. Bar-Jonah wird als der Pädophile, der des Mordes und des Kannibalismus schuldig ist, präsentiert, und diese Situation ist keine gute Voraussetzung für ein vorurteilsfreies Urteil. Klugerweise beschließen die Behörden, den Prozess zu verschieben und an ein anderes Gericht in Montana, in Butte, zu verlegen. Der Prozessbeginn wird auf den 12. Februar 2002 festgesetzt.

Staatsanwalt Brant Light teilt mit, er hoffe, unmittelbar im Anschluss einen weiteren Prozess wegen Entführung, Mord und Kannibalismus im Mai 2002 in Missoula, der Hauptstadt des Bundesstaates Montana, führen zu können. Das Butte-Silver Bow County Courthouse breitet sich auf den Ansturm der Medien vor und trifft Vorkehrungen, um die Gefahr eines Angriffs auf den Angeklagten so gering wie möglich zu halten. Mehrere vorübergehende Schleusen mit Metalldetektoren werden vor den Türen des Gerichtssaals errichtet, um die Sicherheit zu erhöhen. Der Ort, an dem Bar-Jonah während der Verhandlung untergebracht wird, ist ein gutgehütetes Geheimnis. Die Gerichtsbehörde glaubt, dass der Prozess zwei bis drei Wochen dauern werde.

Die Geschworenen werden aus einer Gruppe von 200 Personen ausgewählt; für den Zeitraum des Auswahlverfahrens erhalten die potentiellen Kandidaten einen Unkostenbeitrag von täglich 25 $. Dieses Auswahlverfahren zieht sich, wie bei amerikanischen Prozessen üblich, extrem in die Länge. Am Ende des fünften Tages kommt es zur ersten überraschenden Wende, als die beiden Anwälte Bar-Jonahs, Greg Jackson und Don Verney, die Vertagung des Prozesses verlangen, um ihn erst nach demjenigen stattfinden zu lassen, der für Mai wegen Entführung und Ermordung von Zachary Ramsay in Missoula angesetzt ist. Darüber hinaus verlangen sie erneut eine Verlegung des Prozesses an einen anderen Ort, weil sie der Meinung sind, im Bundesstaat Montana sei ein ruhiger Prozessverlauf nicht möglich. Doch Richter Kenneth Neill, der über das Vorgehen der Anwälte sichtlich verärgert ist, lehnt dies kategorisch ab: »Ihr Antrag auf Verlegung ist unrealistisch, denn ich wüsste nicht, wo ein solcher Prozess stattfinden könnte. Man müsste in einer Höhle leben, um nichts von diesem Fall gehört zu haben.«

Der entscheidende Augenblick des Prozesses sind sowohl für die Anklage als auch für die Verteidigung die Aussagen der drei Kinder und der bestellten Sachverständigen, weil sie Aufschluss darüber geben, ob die Opfer während der Vernehmungen von der Polizei von Great Falls beeinflusst worden sein könnten. Am sechsten Verhandlungstag sprechen die drei Jungen vor Gericht. Als Nathaniel Bar-Jonah dem damals achtjährigen Jungen in der Küche einen Strick um den Hals legt, glaubt dieser zuerst, es handele sich um ein Spiel, doch sehr schnell merkt er, dass dem Erwachsenen nicht nach Scherzen zumute ist. »Er hat ihn mir um den Hals gelegt. Der Strick ist über eine Rolle gelegt. Und er hat angefangen zu ziehen. Ich bekam keine Luft mehr, und meine Füße berührten den Boden nicht mehr. Ich hatte Angst zu sterben.«

Der Älteste des Trios, siebzehn zur Zeit des Prozesses und geistig leicht zurückgeblieben, hat große Schwierigkeiten, sich auszudrücken. Der Richter versucht ihm zu helfen, indem er ihm Fragen stellt, doch die Antworten kommen mühsam und beschränken sich in der Regel auf ein Wort. Sein Cousin und er hätten die Nacht bei dem Angeklagten verbracht, als Bar-Jonah ihn in sein Schlafzimmer mitgenommen, die Tür abschlossen und von ihm verlangt habe, seine Hose herunterzulassen.

An diesem Punkt seiner Aussage verstummt er und bricht in Tränen aus, bevor er fortfährt. Bar-Jonah habe seinen Hintern und seinen Penis berührt und von ihm das Gleiche verlangt. Doch sein Cousin, der gegen die Tür geschlagen habe, habe den Übergriff unterbrochen und Bar-Jonah habe ihm erlaubt, das Zimmer zu verlassen.

Der Jüngste, sieben, behauptet, Bar-Jonah habe seinen Hintern gestreichelt. Seine Aussage löst eine durchaus willkommene Heiterkeit im Publikum aus, das angesichts der Schalkhaftigkeit des Jungen mehrmals in Gelächter ausbricht; denn dieser ist verblüfft über den Klang seiner Stimme im Mikrophon und begreift den Unterschied zwischen Wahrheit und Lüge nicht, als der Richter ihm eine diesbezügliche Frage stellt. Selbst Bar-Jonah lacht laut, als der Junge erklärt, es sei »die Wahrheit, wenn ein Polizist sagt, er hat rosa Haar«. Abgesehen von diesem erfrischenden Intermezzo kann der Junge dem Gericht keine Aufschlüsse geben wie die beiden anderen Jungen. Nach ein paar Minuten erhält er die Erlaubnis, den Zeugenstand zu verlassen.

Als der erste Polizist seine Aussage beginnt, verspürt Bar-Jonah Schmerzen in der Brust, und der Richter unterbricht die Verhandlung. Die Mittagspause dehnt sich auf zwei Stunden aus, ohne dass die Geschworenen, die in einem Raum im ersten Stock warten, informiert werden. Bar Jonah wird vorsichtshalber ins Krankenhaus gebracht, wo ihm Blut abgenommen wird; die Untersuchungen ergeben, dass er keinen Herzanfall hatte. Etwas zerzaust und mit gerötetem Gesicht kehrt er in den Gerichtssaal zurück. »Es geht mir gut«, flüstert er einem seiner Anwälte zu.

»Er hat Herzprobleme«, erklärt Don Vernay. »Er nimmt Tabletten. Soweit ich sehen kann, scheint es ihm gut zu gehen. Er ist da. Und er ist nicht tot.«

In den zwei Jahren, die er im Gefängnis von Cascade County verbracht hat, habe Bar-Jonah, dessen Vater noch jung an einem Herzinfarkt gestorben sei, ständig über Schmerzen in der Brust geklagt, nachdem Sicherheitsbeamte ihn im Zuge der Prozessvorbereitungen eine kugelsichere Weste hätten tragen lassen.

Als Detective Tim Theisen von der Polizei von Great Falls seine Aussage beginnt, lässt Bar-Jonah die Verhandlung erneut unterbrechen und verlangt etwas zu essen. Als die Verhandlung fortgesetzt wird, erklärt Theisen, dass alle in der Wohnung des Angeklagten gefundenen Beweise die Aussagen der Kinder bestätigen würden. Er zeigt den Geschworenen vier Fotos der Küchendecke mit einem zugegipsten Loch, wo die Rolle befestigt gewesen sein muss. Theisen gibt ihnen mehrere Dokumente und Zeitschriften zur Ansicht, die Bar-Jonah gehören, darunter ein Artikel mit dem Titel »Die richtigen Stricke, die besten Knoten« und ein Pamphlet über die sexuellen Vorteile des Erdrosselns mit dem Titel »Das autoerotische Ersticken«.

Anschließend tritt Adam Kingsland, ein Freund von Bar-Jonahs Mitbewohnerin zum Zeitpunkt der Übergriffe, in den Zeugenstand und bringt seine Verwunderung über die Kleidung des Angeklagten zum Ausdruck, der lediglich mit einem Slip bekleidet die Wohnungstür geöffnet habe: »Ich habe es immer seltsam gefunden, dass er die Kinder in diesem Aufzug hereingelassen hat.«

Von der Verteidigung befragt, muss Kingsland zugeben, dass die Kinder Bar-Jonah gemocht haben müssen und niemals den Eindruck erweckt hätten, Angst vor ihm zu haben.

Zwei von der Anklage bestellte Sachverständige aus Colorado und Wyoming äußern sich zur Rechtsgültigkeit der Vernehmungen der drei Jungen. Kimberly Poyer, eine Psychologin, die für das FBI arbeitet und den Polizeibeamten beibringt, wie man Kinder vernimmt, scheint zunächst die These der Verteidigung zu bestätigen, die Opfer seien von den Ermittlern von Great Falls beeinflusst worden. Poyer erklärt, die Polizisten hätten Fehler gemacht, indem sie sich auf die Stufe der Kinder gestellt und Werturteile über Bar-Jonah abgegeben hätten. Tatsächlich hatten sie ihn als »unheimlich« und »böse« bezeichnet und die Opfer belogen, indem sie versprachen, ihre Aussage werde ein Geheimnis bleiben. Poyer räumt ein, die Anwälte hätten recht, wenn sie behaupten, Kinder, vor allem Kinder unter sechs, könnten Geschichten erfinden und von der Polizei, den Eltern oder einer Person, die eine gewisse Autorität verkörpert, dahingehend beeinflusst werden, dass sie ihnen erzählen, was sie hören wollen.

Zu diesem Zeitpunkt des Prozesses sieht es ganz so aus, als sei die Verteidigung im Vorteil, und sie versucht diesen Vorteil noch auszubauen. Anwalt Greg Jackson fragt die Zeugin, ob die Tatsache, dass der Älteste der drei geistig leicht zurückgeblieben sei, ihn möglicherweise anfälliger für eine Beeinflussung gemacht habe. Kimberley Poyers Antwort ist kategorisch. Auch wenn die Polizei nicht genügend offene Fragen gestellt habe, seien diese doch direkt und vor allem vollkommen frei von Beeinflussung gewesen. Das Gespräch mit dem Ältesten der drei Opfer beweise, dass »die Fehler der Polizisten sehr gering sind und dass die Rechtsgültigkeit der Aussagen nicht angezweifelt werden kann«.

Der zweite Junge, der zum Zeitpunkt des Prozesses elf ist, ist zweimal vernommen worden, weil es bei der ersten Befragung Probleme mit dem Aufnahmegerät gegeben hatte. Bei dem zweiten Gespräch ist die Mutter anwesend gewesen, was in den Augen der Sachverständigen des FBI ein Fehler war. Für Poyer steht zweifelsfrei fest, dass das Kind die Wahrheit sagt, denn seine Aussage zeichne sich durch großen Detailreichtum aus; so beschreibe er beispielsweise, wie seine Finger versuchen, unter den Strick zu gleiten, um das Erdrosseln zu vermeiden.

Der Jüngste der drei beschränkt sich darauf, fast alle Fragen, die ihm gestellt werden, zu bejahen und während seiner Aussage vor Gericht mit dem Mikrophon zu spielen. Poyer erklärt, als er das erste Mal von den Ermittlern befragt worden sei, habe er nicht wirklich begriffen, um was es geht, und hätte besser vorbereitet werden müssen.

Der zweite Sachverständige, Philip Rector, ist klinischer Psychologe und arbeitet im Indianerreservat Wyoming Wind River. Seiner Meinung nach müsse man das Gespräch mit dem Jüngsten außer Acht lassen, da es schwer zu beurteilen sei, ob er von Bar-Jonah wirklich belästigt worden sei. In einem Punkt ist Rector dagegen kategorisch: Die Kinder hätten sich von der Polizei nicht beeinflussen lassen. Sie seien imstande, mehrere Fragen negativ zu beantworten, und die Details, die sie erzählen, würden ihren Bericht glaubhaft und »emotional aufrichtig« machen.

Der Älteste habe das »Bedürfnis gehabt zu sprechen«, behauptet Rector. »Er war nicht gezwungen, es zu tun. Seit einem Jahr hatte er diese Information für sich behalten, und er hatte das Bedürfnis, jemandem davon zu erzählen.« Mit dem Täter in Kontakt zu bleiben, sei für die Opfer etwas Normales, vor allem wenn es sich um einen Freund handele, den die Eltern schätzen, wie es bei Bar-Jonah der Fall gewesen sei, erklärt Rector. Die Tatsache, dass sie dem Volk der Indianer angehören, verstärke dieses Phänomen für den Psychologen des Reservats noch, denn die Kinder machten sich Gedanken darüber, was die Eltern einer Person gegenüber empfinden, vor allem im Fall von sexuellem Missbrauch.

»Für (indianische) Kinder ist es normal, Mitgliedern, selbst entfernten, der Familie anvertraut zu werden, manchmal über einen längeren Zeitraum. Und es ist für diese Kinder auch normal, viel Zeit mit Erwachsenen zu verbringen. Die indianische Kultur macht keinen Unterschied zwischen der Welt der Erwachsenen und der Welt der Kinder«, fügt der Sachverständige hinzu. »Unsere Kultur misst dem Begriff der Gruppe im Verhältnis zum Individuum größere Bedeutung bei. Alles, was einem Mitglied der Familie oder des Stammes passiert – einschließlich sexuellen Missbrauchs –, wird kollektiv empfunden. Die Furcht, die ganze Familie und den Stamm mit Schande zu bedecken, ist ein sehr wichtiger Faktor, der erklären kann, warum die Kinder fast ein Jahr lang geschwiegen haben.«

Bar-Jonahs Anwalt versucht, Philip Rector zu verunsichern, indem er ihn beschuldigt, einem Verein anzugehören, der sich für missbrauchte Kinder einsetzt, und behauptet, dass drei weiße Polizisten die Jungen zwangsläufig eingeschüchtert hätten. Doch der Psychologe lässt sich nicht beirren: »Man muss sich die grundsätzliche Frage stellen: Welches Interesse hätten die Jungen zu lügen? Warum sollten sie eine solche Lüge erfinden? Ich habe nichts dergleichen bei ihnen festgestellt.«

Eine Psychologin des Eastern Montana Mental Health Center in Plentywood, Anita Plann, die sich um den Ältesten der Jungen gekümmert hat, erklärt, sie habe eindeutig Zeichen von Depression und einer posttraumatischen Belastungsstörung festgestellt, die auf den sexuellen Missbrauch durch Bar-Jonah zurückzuführen seien. Das Opfer habe Flashback-Episoden und häufig wiederkehrende Albträume, die sich auf das Ereignis bezögen. Don Vernay versucht Planns Behauptung zu widerlegen, indem er einen Schulpädagogen zitiert, der den Jungen Eignungstests unterzogen habe, ohne irgendein Symptom festgestellt zu haben. Anita Plann erwidert, der Schulpädagoge habe keine Ahnung von den Übergriffen gehabt und habe daher keine diesbezüglichen Fragen stellen können, außerdem habe der Jugendliche diese Erinnerung tief in seinem Innern begraben, bevor er sie durch die Gespräche mit den Polizisten noch einmal durchlebt habe.

Nach der Auswahl der Geschworenen, die fünf Tage in Anspruch genommen hat, und nach vier weiteren Tagen, an denen die Zeugen gehört wurden, präsentiert jetzt die Verteidigung am Montagmorgen ihren einzigen Zeugen, Dr. Phillip Esplin, einen Psychologen aus Phoenix. Seiner Ansicht nach hätten die drei Polizisten durch den Ton ihrer Stimme und ihre Fragen die drei Jungen in dem Glauben bestärkt, sie seien von Bar-Jonah missbraucht worden. Dr. Esplin meint, für Kinder im Alter von dreizehn und acht sei es eher ungewöhnlich, einem solchen Einfluss ausgesetzt zu werden, doch er erklärt es durch die Tatsache, dass die beiden Jungen geistig leicht zurückgeblieben seien. »Sie sind nicht reif genug, um einem solchen Druck durch die Polizei standzuhalten. Ich denke, die Fehler, die gemacht worden sind, haben den Wert der gesammelten Informationen ernsthaft beeinträchtigt.«

Doch der Staatsanwalt Brant Light lässt sich von Phillip Esplins Aussage nicht aus der Fassung bringen. Er stellt ihm eine Frage zu einem renommierten Autor auf dem Gebiet der Suggestibilität, auf den Esplin sich in zahlreichen Artikeln bezieht, die in psychologischen Fachzeitschriften erschienen sind.

Esplin stützt sich auf einen 31 Seiten langen Artikel dieses Wissenschaftlers über die Aussagen von Kindern, um seine Aussagen zu untermauern, bevor Light ihn mit der Bemerkung unterbricht, dieser Artikel sei im Dezember 1999 in Bar-Jonahs Wohnung gefunden worden.

»Was bedeutet das, meine Damen und Herren?«, ruft der Staatsanwalt. »Dass die ganze Verteidigung des Angeklagten wie ein Kartenhaus in sich zusammenfällt! Er hat ihnen einge-bleut, ja nicht zu reden, aber falls sie schließlich doch aussagen würden, war er vorbereitet!«

Brant Light beginnt sein Plädoyer mit Zitaten der Jungen: »Er hat meinen Hintern und meinen Penis berührt«; »Ich bekam keine Luft, und meine Füße berührten den Boden nicht mehr«; »Er sagte mir, ich solle meine Hose herunter-lassen«. »Die Verteidigung will uns weismachen, er sei ein guter Samariter. Aber haben Sie schon mal einen guten Samariter gesehen, der im Slip vor Kindern herumläuft? Er hat ihnen eine Lektion erteilt, aber nicht in Mathematik oder im Lesen. Er hat ihnen eine Lektion in Missbrauch erteilt, den sie für den Rest ihres Lebens nicht mehr vergessen werden.« Um der These der Verteidigung zu glauben, müssten die Geschwore-nen zu der Überzeugung gelangen, alle Zeugen hätten gelogen und die Verzweiflung und die Tränen eines siebzehnjährigen Jugendlichen seien das Werk der Polizei, erklärt Light.

Als Don Vernay das Wort ergreift, erklärt er, die Verteidigung mache weder den Jungen noch der Polizei Vorwürfe, doch sie sei besorgt über die Atmosphäre und die Art, in der die Befragungen durchgeführt worden seien. Die Kinder hätten keinerlei Anzeichen einer Depression oder eines Traumas er-kennen lassen, bis zu dem Augenblick, da sie mit den Ermitt-lern gesprochen hätten.

»Diese Kinder sind keine Lügner. Sie sind verängstigt und verwirrt, weil die einzige Person, die ihnen Zuneigung entgegengebracht und sich um sie gekümmert habe, verhaftet und wegen eines furchtbaren Verbrechens vor Gericht gestellt worden sei.«

Dann macht Vernay eine Pause und ballt die Fäuste, bevor er die Geschworenen bittet, Bar-Jonah aufgrund der Beweise – oder besser des Mangels an Beweisen – zu beurteilen und sich nicht von einer vorgeblichen Schuld an der Entführung eines zehnjährigen Jungen am 6. Februar 1996 beeinflussen zu lassen. Er fügt hinzu, die Fotos würden eine gegenseitige Zuneigung zwischen den Kindern und Bar-Jonah erkennen lassen, und die Tatsache, dass man in einer unordentlichen Wohnung einen Strick gefunden habe, sei kein hinreichendes Indiz, um ihn zu lebenslanger Haft zu verurteilen.

Wenn Bar-Jonah wirklich der schreckliche Kinderschänder sei, als den die Anklage ihn beschreibt, gibt Vernay zu bedenken, dann müsse man sich fragen, warum er sie nur ein einziges Mal missbraucht habe: »Sie werden sich zur Beratung zurückziehen und sich sagen, vielleicht hat er es getan, vielleicht aber auch nicht. Sollte das aber der Fall sein, dann können Sie ihn nur für unschuldig erklären.« Nach sechs Stunden kehren die Geschworenen von Butte gegen 21 Uhr 45 in den Gerichtssaal zurück. Während dieser langen Stunden geht Staatsanwalt Brant Light mit großen Schritten im Gerichtssaal auf und ab, die Hände hinter dem Rücken, während Detective Tim Theisen zusammengesunken auf einer Bank sitzt, das Gesicht zwischen den Händen, als sei er ins Gebet vertieft.

Nathaniel Bar-Jonah wird schuldig gesprochen des sexuellen Missbrauchs der 17 und 11 Jahre alten Jungen, aus Mangel an Beweisen aber für unschuldig erklärt, was den siebenjährigen Jungen betrifft. Als sie das Urteil hören, umarmen sich die zwölf Polizisten, ihre Freunde und die Angehörigen der Opfer und schütteln sich die Hand, manche haben sogar Tränen in den Augen. »Ich hatte vollkommenes Vertrauen in diese drei Jungen«, erklärt Staatsanwalt Brant Light. »Ich war sicher, dass die Geschworenen ihnen glauben würden. Wir hatten gehofft, dass er in allen Anklagepunkten schuldig gesprochen würde, doch seine Schuld wurde in den Punkten festgestellt, in denen wir die stärksten Beweise hatten.«

Ohne Freunde und Angehörige, die ihm eine Stütze sein könnten, sitzt Bar-Jonah während der Verlesung des Urteils passiv da, die Hände flach auf den Schenkeln. Erst als die zehn Männer und zwei Frauen den Saal verlassen, beugt er sich vor, um mit seinen Anwälten zu reden. Diese versprechen, beim Montana Supreme Court Berufung gegen das Urteil einzulegen, mit der Begründung, das Gespenst von Zachary Ramsay, den Bar-Jonah getötet, zerstückelt und Freunden und Nachbarn serviert haben soll, habe den Prozess gegen ihren Mandanten negativ beeinflusst.

»Es ist menschlich unmöglich, von der Anklage des Kindsmords und des Kannibalismus einfach so abzusehen«, räumt Greg Jackson ein. »Natürlich sind wir enttäuscht. Wir sind sicher, hätte es diese ganze Hetzkampagne nicht gegeben, hätten wir einen ordnungsgemäßen Freispruch erreicht.«

»Ich glaube, er ist in diesem Augenblick zusammengebrochen«, erklärt Don Vernay. Nachdem seine Schuld festgestellt ist, soll das Urteil in einer weiteren Sitzung am 9. April verkündet werden. Wäre Bar-Jonah in allen fünf Anklagepunkten für schuldig erklärt worden, würden ihm 330 Jahre Gefängnis drohen; die Schuld in den drei Anklagepunkten der Freiheitsberaubung und der sexuellen Übergriffe können ihm zwischen 2 und 130 Jahren Gefängnis einbringen.

Während des Prozesses war es für Staatsanwalt Brant Light

ausgeschlossen, auf Bar-Jonahs frühere Verurteilungen und die Ermittlungen hinsichtlich des Verschwindens von Zachary Ramsay Bezug zu nehmen. In der Phase der Urteilsverkündung am 9. April steht es ihm dagegen frei, dies zu tun. Opfer aus der Zeit, in der der Angeklagte noch David Paul Brown hieß, werden vorgeladen werden, um über die Misshandlungen auszusagen, die an ihnen begangen wurden. »Wir werden die kriminelle Karriere des Angeklagten aufrollen, damit dieser Typ bis zum Ende seiner Tage eingesperrt bleibt«, sagt Brant Light mit Nachdruck.

Nachdem Bar-Jonah verurteilt worden ist, möchte der Staatsanwalt sich dem Fall Zachary Ramsay widmen, der ab dem 13. Mai in Missoula verhandelt werden soll. Doch der Termin ist vermutlich zu früh angesetzt für einen Fall von solcher Tragweite.

Kapitel 12

Die überraschende Wende

In den Wochen, die dem Schuldspruch Ende Februar 2002 folgen, kristallisiert sich immer stärker heraus, dass der für den 13. Mai 2002 in Missoula angesetzte Prozess nicht zum ursprünglich vorgesehenen Termin wird stattfinden können. Nachdem die Verurteilung wegen des sexuellen Missbrauchs der drei Minderjährigen, zunächst für den 9. April angekündigt, auf den 23. Mai verschoben worden ist, kann der Staatsanwalt diese benutzen, um mit den Anwälten der Verteidigung einen Deal auszuhandeln, ein im amerikanischen Recht übliches Vorgehen.

Jede Seite hat Trümpfe im Ärmel. Brant Light kann die beiden Verfahren ins Feld führen, die gegen Bar-Jonah eröffnet wurden, weil er sich als Polizist ausgegeben hat, und in denen noch kein Urteil gesprochen wurde. Außerdem braucht er Zeit, damit die Ermittler die 21 Knochensplitter, die in der Garage des Pädophilen gefunden wurden, eindeutig zuordnen können.

In einem Brief an Sergeant John Cameron von der Polizei in Great Falls erklärt Nathaniel Bar-Jonah, der nach wie vor auf seiner Unschuld in allen gegen ihn formulierten Anklagepunkten beharrt, seine Bereitschaft, sich in die psychiatrische Einrichtung des Bundesstaates Montana in Warm Springs einweisen zu lassen, um das Gefängnis zu vermeiden. Seine Anwälte behaupten, die Geschworenen seien von dem ganzen Medienrummel, der den Fall begleitet habe, beeinflusst worden, und bereiten sich darauf vor, Berufung gegen das Urteil einzulegen.

Brant Light entgegnet, die Berufung beunruhige ihn nicht, er mache sich jedoch Sorgen wegen des Zeitaufwands und der enormen Kosten für die Steuerzahler, die durch diese verschiedenen Gerichtsverfahren verursacht würden.

Am 23. Mai 2002 verurteilt Richter Kenneth Neill Nathaniel Bar-Jonah zur gesetzlich möglichen Höchststrafe von 130 Jahren Gefängnis. Der Prozess wegen des Verschwindens von Zachary Ramsay wird auf den 8. Okober 2002 verschoben.

In der Zwischenzeit bekommt Bar-Jonah unerwartet Unterstützung durch Rachel Howard, die Mutter von Zachary Ramsay!

1997 erhält Sergeant John Cameron, einer der Hauptermittler, Informationen über einen Jungen, der in Italien lebt und dem verschwundenen Jungen zum Verwechseln ähnlich sieht. Die Familie des Jungen arbeitet für die Armee, und die Polizei von Great Falls bittet das Militär, den Jugendlichen zu filmen.

Als die Ermittler das Video des Jungen, der beim Unterricht gefilmt wurde, erhalten, sind sie verblüfft. »Wir dachten, wir hätten Zachary gefunden«, erklärt Cameron. »Wir waren sogar überzeugt davon. Alle glaubten, es handele sich um Zachary und wir würden ihn nach Hause holen können. Sie verlangten einen Vergleich der Gebisse von Zachary und dem Jungen in Italien. Sie waren nicht identisch.«

Die Behörden informieren Rachel Howard, dass es sich nicht um ihren Sohn handelt. Doch dann taucht eine zweite Kassette desselben Jungen auf. Zacharys Mutter bekommt eine Kopie, und sie ist überzeugt, dass es ihr Sohn ist, den man auf den Bildern sieht. Die Polizei weiß nicht, dass sie diese VHS besitzt, und niemand informiert Cameron, dass dieser Junge und der auf der vorherigen Kassette ein und derselbe sind.

Der Jugendliche lebt jetzt in Kalifornien, und die Behörden von Great Falls haben mehrmals Kontakt zu ihm und seiner Familie aufgenommen. Seine Fingerabdrücke werden genommen, und es erweist sich, dass sie nicht identisch sind mit denen von Zachary. Doch Rachel Howard ist nicht überzeugt. Ihr Anwalt Sunday Rossberg erklärt: »Meine Mandantin glaubt der Polizei nicht. Sie hat keinerlei Vertrauen zu ihr, zumal sie ihr ein Treffen mit dem Jungen verweigert.« Für John Cameron ist »die Ähnlichkeit unglaublich, es ist ein sehr merkwürdiger Zufall. Aber wir versuchen diesen Jungen und seine Familie zu schützen. Wir wollen sie nicht verunsichern.« Doch nicht nur aufgrund dieser Ähnlichkeit ist Rachel Howard überzeugt, dass es sich um ihren Sohn handelt, hinzu kommt, dass der Vorname des Jungen Zack lautet und dass er am selben Tag wie ihr Sohn geboren wurde, am 18. Dezember 1985 in Butte, der Stadt in Montana, in der der Prozess gegen Bar-Jonah stattgefunden hat.

Am 1. Oktober 2002, eine Woche vor dem geplanten Beginn des Prozesses gegen Bar-Jonah, teilt Staatsanwalt Brant Light mit, er lasse die Anklage wegen Mordes und Entführung fallen. Er hat keine andere Wahl, denn Rachel Howard ist gewillt auszusagen, ihr Sohn Zachary sei noch am Leben und Bar-Jonah in allen Anklagepunkten unschuldig. Eine Verurteilung des Angeklagten zu erreichen wird für den Staatsanwalt unter diesen Umständen praktisch unmöglich. »Ich will nicht, dass Bar-Jonah für ein Verbrechen verurteilt wird, das er meiner Meinung nach nicht begangen hat. Es gibt keinen konkreten Beweis dafür, dass Zachary von Bar-Jonah getötet wurde. Ich habe von Anfang an geglaubt, dass mein Sohn noch lebt. Die Polizisten kannten meine Position von Anfang an«, erklärt Rachel Howard.

Für die Behörden und den Staatsanwalt Brant Light ist das ein herber Schlag, auch wenn Nathaniel Bar-Jonah zu 130 Jahren Gefängnis verurteilt bleibt. Light trifft sich mit Rachel Howard, die ihre Entscheidung, im Falle eines Prozesses aus-zusagen, aufrechterhält. Sie bestätigt ihre Absicht in einem Brief an den Staatsanwalt. »Sie hat uns ins Herz getroffen«, gibt dieser zu. »Es ist klar, dass sie unsere Anklage nicht unter-stützt.« Rachel Howard erklärt, sie werde aussagen, dass die Polizei von Great Falls, die ihre Aussage verhindern will, ihr gedroht habe. Doch Sergeant John Cameron streitet derartige Drohungen von Seiten der Polizei ab.

Auch wenn die Behörden von Montana, was die kannibalis-tischen Aspekte des Falls betrifft, in ihren Erwartungen ent-täuscht werden, erklärt Brant Light: »Die Steuerzahler haben das Recht, wütend zu sein, und mögen sich Fragen stellen, doch sie werden sich darüber freuen können, dass Bar-Jonah den Rest seines Lebens hinter Gittern verbringen wird. Langfristig, denke ich, haben wir das Ziel erreicht, das wir uns gesteckt hatten, als wir dafür sorgten, dass dieser Kinderschänder von der Gesellschaft ferngehalten wird.«

Am 19. Januar 2004 teilen die Anwälte von Bar-Jonah mit, dass sie beim Montana Supreme Court Revision eingelegt hätten, um die Aufhebung der Verurteilung des Angeklagten zu erreichen. Sie erklären, die Ermittler und das Justizsystem hätten eine lange Reihe von Fehlern gemacht, die ihrem Mandanten geschadet hätten. Der Prozess hätte niemals in Butte stattfinden dürfen, nachdem er wegen des enormen Medienrummels, der den Fall begleitet habe, bereits aus Great Falls verlegt worden sei. Denn sowohl Butte als auch Great Falls lägen im Bundesstaat Montana, in dem Nathaniel Bar-Jonah die schlimmsten – mutmaßlichen – Taten begangen habe.

Als eine Polizeipatrouille Bar-Jonah im Dezember 1999 in der Nähe der Grundschule verhaftet habe, habe die Polizei gegen die gesetzlichen Vorschriften verstoßen; so behaupten die Anwälte von Bar-Jonah, Don Vernay und Gregory Jackson, etwa, die in der Wohnung ihres Mandanten beschlagnahmten Gegenstände hätten niemals in der Akte erscheinen dürfen. Die Polizei weist darauf hin, Bar-Jonah sei einer kriminellen Handlung verdächtigt worden, als er vor der Schule verhaftet worden sei, doch die Verteidigung entgegnet, diese Beschuldigung werde durch keinen konkreten Beweis gestützt. Bar-Jonah wird in Gewahrsam genommen und durchsucht, nachdem er zugegeben hat, dass er eine Pistole zur Verteidigung besitze. Dann wird er vernommen und wieder auf freien Fuß gesetzt. Die Leibesvisitation fördert eine Bombe zur Verteidigung, eine Polizeimarke und eine unechte Faustfeuerwaffe zutage. Zwei Tage später beantragt ein Detective der Polizei von Great Falls bei einem Richter einen Durchsuchungsbefehl für Bar-

Jonahs Wohnung, der bewilligt wird. 48 Stunden vergehen, und Staatsanwalt Brant Light beantragt einen zweiten Durchsuchungsbefehl für erneute Nachforschungen in der Wohnung des Angeklagten. Für die Anwälte sind diese Durchsuchungen nur ein Vorwand, um Hinweise bezüglich des Verschwindens von Zachary Ramsay zu finden.

Gegen Bar-Jonah wird auf der Grundlage von Beschlagnahmungen, die, wie sie erklären, nach einem einfachen Verstoß gegen die Straßenverkehrsordnung in der Nähe der Schule in Great Falls in seiner Wohnung vorgenommen wurden, ein Verfahren wegen sexuellen Übergriffs, versuchtem bewaffnetem Überfall und schwerer Entführung eröffnet. Die Beweise sind anfechtbar, denn in den Fotoalben, die Hunderte Fotos von Kindern enthalten, finden sich nur ein oder zwei Aufnahmen mutmaßlicher Opfer. Und auch der Besitz eines Handbuchs über Knoten oder eines Pamphlets über die Selbsterstickung ist noch lange kein Schuldbeweis.

Als am 23. Mai 2002 das Urteil gegen Bar-Jonah verkündet werden soll, legt ein Ermittler aus Montana ein Video vor, auf dem ein früheres Opfer von Bar-Jonah Aussagen zu einem Verbrechen macht, für das der Angeklagte seine Strafe bereits in Massachusetts verbüßt hat. Die Aufnahme wird trotz der Einwände der Verteidigung vorgeführt. Die Anwälte protestieren auch dagegen, dass ein mutmaßliches Opfer von Bar Jonah aus dem Jahr 1977 in den Zeugenstand getreten ist, da wegen dieses Verbrechens niemals Anklage gegen ihren Mandanten erhoben worden sei. Dadurch, dass das Gericht die Aussage dieses Zeugen zugelassen habe, habe es die Rechte der Verteidigung verletzt.

Die Beschwerden, die Don Vernay und Gregory Jackson vorbringen, beziehen sich auch auf die Aussage einer Bewährungshelferin, die vor seiner Verurteilung einen Bericht über Bar-Jonah geschrieben hat. Den Anwälten zufolge müsse ein solcher Bericht objektiv sein, wie es das Gesetz verlange, doch seine Verfasserin habe nie versucht, mit Freunden oder Familienangehörigen von Bar-Jonah zu sprechen. Als die Bewährungshelferin im Prozess aussagt, behauptet sie, ihre Arbeit bestehe auch darin, Anwalt der Opfer zu sein. Die Verteidigung beantragt die Nichtberücksichtigung dieses Berichts, was das Gericht ablehnt.

Alle Einwände, die Bar-Jonahs Anwälte scharfsinnig erhoben haben, werden vom Montana Supreme Court geprüft werden, und es werden ganz sicher viele Monate vergehen, bevor eine Entscheidung gefällt werden wird. Logischerweise müsste diese das vorherige Urteil und die Verurteilung dieses gefährlichen Kinderschänders bestätigen. Man kann davon ausgehen, dass die Anwälte des Angeklagten anschließend bei einem höheren Gerichtshof Berufung einlegen werden, um zu versuchen, eine Aufhebung des Urteils zu erreichen.

Was die Anklage wegen Kannibalismus betrifft und angesichts des hartnäckigen Schweigens von Bar-Jonah kann man nur hoffen, dass es den Ermittlern eines Tages gelingen wird, die Entführung des kleinen Zachary Ramsay aufzuklären, sowie das unaufgeklärte Verschwinden weiterer Kinder in der Umgebung oder Nachbarschaft des Pädophilen. Die Eingabe der Computerdaten in die Datenbanken, in denen die DNA der in den USA verschwundenen Kinder gespeichert ist, wird vielleicht zu einer Antwort auf die Frage führen: Wem gehören die 21 Knochensplitter, die in der Garage von Nathaniel Bar-Jonah gefunden wurden?

Nachtrag des Übersetzers

Im Dezember 2004 bestätigt der Montana Supreme Court das Urteil gegen Nathaniel Bar-Jonah.

Am frühen Morgen des 13. April 2008 wird Bar-Jonah in seiner Zelle im Montana State Prison in Deer Lodge tot aufgefunden. Als Todesursache wird Herzinfarkt angegeben.

Sex, Leichen und kleine Jungen

Stéphane Bourgoin

Kapitel I

Ein Hundeleben

»Ich wurde am 11. November 1966 in Boksburg geboren. Ich bin zweiunddreißig und wohne in der Pienaarstraat 7A in Helenvale, Port Elizabeth. Ich bin Fischer von Beruf. Ich war sehr jung (ungefähr sechs Monate), als ich und meine Schwester von der schwarzen Dienerin eines Mannes, eines gewissen Doep, in einer Telefonzelle gefunden wurden, in der wir ausgesetzt worden waren. Dieser Mann und seine Frau haben uns, meine Schwester und mich, in ihr Haus aufgenommen. Ich bin schrecklich misshandelt worden von diesem Typen. Meine Genitalien wurden mit Zigaretten verbrannt. Dieser Mann hat mir auch mein Essen weggenommen und dem Hund hingeworfen, und ich musste mit dem Hund aus seinem Napf essen. Häufig hat er mich auch auf den Kopf geschlagen. Mehrmals habe ich auch gesehen, wie dieser Mann bestialische Handlungen an seinem Hund beging. Und manchmal zwang er mich auch, ihn zu lecken.

Meine jetzige Adoptivmutter hat diesen Mann und seine Frau beim Sozialamt angezeigt und mich bei ihnen abgeholt. Ich bin dann bei ihr geblieben. Von meiner Mutter habe ich erfahren, dass ich aufgrund meiner Unterernährung ein furchtbar kränkelndes Kind war, als sie mich adoptierten. Meine Mutter ist kurz nach meiner Adoption mit mir zu einem gewissen Doktor Alberts gegangen. Er hat ihr gesagt, dass es keine Hoffnung mehr für mich gibt. Von ihr habe ich erfahren, dass Doktor Alberts sagen wollte, ich würde sterben.

Ich habe meine echten Eltern nicht kennengelernt. Als ich ungefähr drei war, besuchte meine echte Mutter mich bei meiner Adoptivmutter. Ich erinnere mich, dass sie mir eine Packung Bonbons geschenkt hat, die ich ihr aus der Hand gerissen habe, bevor ich weggelaufen bin. Meine echte Mutter soll meiner Adoptivmutter dann gesagt haben, sie sollten mir ihren Familiennamen geben. Ich kann mich nur erinnern, dass meine Mutter in einem schwarzen Wagen gekommen ist. Mir ist nicht bewusst gewesen, das sie meine echte Mutter war, und ich habe sie nie wiedergesehen.

Als ich sechs war, ging ich zur Schule. Ich hatte Schwierigkeiten und wurde nicht in die nächste Klasse versetzt. Nachdem meine Mutter mich aus der Schule geholt und mich geschlagen hatte, gab sie mir mein Weihnachtsgeschenk – einen Lieferwagen voller kleiner Milchflaschen – und nahm es mir dann weg, um es einem anderen Kind zu geben. Das hat mich sehr traurig gemacht. Seit dem Tag habe ich mich nicht mehr für die Schule interessiert.

Meine Mutter hat mich regelmäßig geschlagen. Sie hat sich keine Gedanken darüber gemacht, wie sie mich schlug. In der Regel schlug sie mich mit einem Wasserschlauch oder mit den Absätzen ihrer Schuhe. Gelegentlich bewarf sie mich auch mit Steinen. In der Folge hatte ich Angst vor ihr. Später erzählte sie mir, dass ich ihr in die Brust gebissen habe, als sie mich von Doep weggeholt hat. Es kam vor, dass ich sie um eine Münze bat, um Bonbons zu kaufen. Sie antwortete, ich sollte in meinem Zimmer auf sie warten und sie würde mir eine Münze geben. Ich erinnere mich, dass ich in mein Zimmer gegangen bin, in das sie dann nachkam. Als sie drin war, gab sie mir eine Tracht Prügel und holte ein Notizbuch hervor. Sie sagte, sie würde dort eine Münze hineinschreiben, um meine Krankenhausrechnung bezahlen zu können.

Die folgende Klasse habe ich dreimal wiederholt, und danach kam ich in eine Sonderklasse. Meine Lehrerin hieß Gates. Miss Gates ermunterte die Kinder in meiner Klasse, mich zu quälen, weil ich ein Waisenkind war. Bei dieser Gelegenheit hat meine Mutter mir zum ersten Mal gesagt, dass sie nicht meine echte Mutter ist und dass ich ein Adoptivkind bin.

Am nächsten Morgen ging ich wieder in die Schule. Miss Gates ermunterte die Kinder erneut, mich zu ärgern. Daraufhin schlug ich Miss Gates auf die Nase und den Mund. Sie holte den Direktor, der in die Klasse gestürzt kam und mich überall mit einem Peddigrohr geschlagen hat. Ich lag auf dem Boden und rollte mich zusammen, um den Schlägen zu entgehen, die meinen ganzen Körper trafen. In diesem Augenblick begriff ich, dass ich meine eigene Mutter, mein eigener Vater und meine eigene Schwester und für den Rest meines Lebens hart sein musste.

Als ich ungefähr neun oder zehn war, wurde ich von einem Diakon unserer Kirche, einem Mann, der in meiner Erinnerung Percy hieß, von hinten genommen. Ich konnte es niemandem erzählen. Es ist das erste Mal, dass ich darüber rede. Hätte ich es meiner Mutter gesagt, hätte sie mich geschlagen. Sie hat immer den anderen geglaubt, mir hat sie nie geglaubt, wenn es Probleme gab.

Eines Morgens kamen Leute vom Sozialamt in die Schule und fragten mich, ob ich in eine andere Schule gehen wollte.

Ich antwortete, das würde ich gern, weil ich glaubte, in der anderen Schule würden die Kinder nicht wissen, dass ich eine Waise bin, und ich daher nicht die gleichen Probleme haben würde. Ich wusste nicht, dass sie mich in ein Waisenhaus bringen und von dort in eine Berufsschule schicken würden.

Der zweite ältere Sohn meiner Mutter hat mich oft mit einem Gürtel und mit seinen Fäusten geschlagen. Seit frühester Kindheit bin ich schlafgewandelt und habe im Schlaf geredet. Sie haben mich mit meiner Matratze und meinen Sachen im Flur schlafen lassen und mir die Türen geöffnet, wenn ich schlafwandelte, mich in die Badewanne gelegt, den Wasserhahn aufgedreht und kaltes Wasser über mich laufen lassen, wenn ich redete. Danach habe ich mich wie ein Ding gefühlt, nicht wie ein Mensch.

Die Berufsschule hatte keinen guten Einfluss auf mich. In dieser Schule lernte ich, *dagga* (Marihuana) zu rauchen und verschiedene andere Dinge zu tun, um Freunde haben zu können. Dort wurde ich auch von älteren Jungen benutzt, in dem Sinn, dass sie von hinten in mich eindrangen. Man machte mich für viele Dinge verantwortlich, die in diesem Internat schief gelaufen sind. Ich nahm es immer auf mich, denn wenn ich anfangs dem Direktor die Wahrheit sagte, antwortete er mir immer, ich würde lügen. Und schlug mich.

Nach der Schule ging ich direkt zur Armee. Aber ich hielt es nicht aus. Nach vier Monaten wurde ich nach einem Selbstmordversuch aus der Armee entlassen. Die Armee hat zu viel Druck auf mich ausgeübt. Ich konnte ihn nicht ertragen, weil ich schon zu sehr unter Depressionen litt. Nach der Armee zog ich nach Despatch zu meinem Bruder und meiner Schwiegermutter. Ich begann Tischler zu lernen bei W. M. Scott. Dort verletzte ich mich während meiner Ausbildung bei einem

Unfall schwer an der linken Hand. Danach war ich lange im Krankenhaus. In dieser Zeit hatte meine Frau Affären mit mehreren Männern.

Ich habe meine erste Frau geheiratet, als das Sozialamt ihr meine Stieftochter wegnehmen wollte. Meine Frau ist dann von mir schwanger geworden.

Als das Kind ungefähr drei Monate alt war, begann meine Frau, uns in dem Haus in Dolfyn in Algoa Park abends allein zu lassen und in Diskotheken zu gehen, aus denen sie erst am nächsten Morgen nach Hause kam. Wenn ich sie fragte, wo sie gewesen ist und wo sie herkommt, fluchte sie und beschimpfte mich. Sie roch immer nach Alkohol. Sie trieb es immer weiter so, bis sie eines Samstagmorgens ins Badezimmer ging, nachdem sie erneut ausgewesen war. Sie warf ihre Hose und ihr Höschen auf den Boden, und ich hob sie auf und sah, dass sie voller Sand waren und Sperma auf dem Höschen war. Daraufhin beschimpfte ich sie und fragte sie, warum sie so etwas tut. Sie antwortete mir, ich hätte ihr nicht zu sagen, was sie mit ihrer Fotze zu tun hat. Daraufhin ohrfeigte ich sie mit meiner gesunden Hand, weil ich es nicht mehr ertragen konnte. Meine Frau hat trotzdem weitergemacht. Sie ging mit ihrer Mutter aus, und es nutzte gar nichts, mit ihr zu reden. Der Grund war, dass ihre Mutter damals schon seit dreiundvierzig Jahren eine professionelle Prostituierte war.

Ich sprach mit meiner Mutter über die Probleme, die ich mit meiner ersten Frau hatte. Und meiner Schwiegermutter teilte ich mit, dass ich mich scheiden lassen will. Meine Schwiegermutter bat mich, wegen der Kinder zu bleiben. Ich bin fast neun Jahre geblieben. Die Situation wurde unerträglich, als meine erste Frau mich wegen *dagga*, das ihr gehörte, hinter Gitter brachte. Anschließend begann sie mir auf gemeine Weise zu schaden, damit ich ins Gefängnis wanderte und sie sich unbehelligt der Prostitution mit anderen Männern hingeben konnte.

Als ich wieder einmal aus dem Gefängnis kam, wies ich mich freiwillig in das Krankenhaus Elizabeth Donkin ein. Ich hatte mich nicht mehr unter Kontrolle. Ich blieb ungefähr drei Monate im Elizabeth Donkin, wo sie eine Psychopathie bei mir diagnostizierten, weil sie erkannten, dass ich an Schizophrenie litt. Die Ärzte verschrieben mir Tabletten, 50 mg Valium, die ich dreimal am Tag nehmen musste. Diese Tabletten führten dazu, dass ich achtzehn Stunden am Tag schlief. Immer wenn ich aus dem Schlaf schreckte, war meine Frau schon mit einer neuen Tablette da. Und ich schlief sofort wieder ein, bis ich eines Tages begann, die Tablette wie ein kleines Kind auszuspucken, um wach zu bleiben und zu sehen, was in diesem Haus geschah. Meine Frau wusste nicht, dass ich die Tabletten wieder ausspuckte.

Ich stand am Fenster des Schlafzimmers, als ich einen Polizeiwagen in der Nähe meines Hauses sah. Der Wagen hielt, und ich erkannte zwei Polizisten im Innern. Der eine war ein Weißer, der andere ein Farbiger. Der weiße Polizist stieg aus, eine braune Akte der South African Police in der Hand. Damals wohnten wir in der Victoriastraat. Officer Kemp klopfte bei uns, und meine Frau öffnete ihm. Meine Frau wusste nicht, dass ich wach war. Ich hörte, wie der Officer sagte, sie soll mich wegen Gewalttätigkeit anzeigen, damit sie diesen »bekloppten Dings« endlich loswürden. Sie stimmte zu. Ich wartete noch einen Augenblick im Zimmer, doch da es im Haus plötzlich ganz still geworden war und ich sah, dass sein Wagen noch immer draußen stand, ging ich langsam die Treppe hinunter. Ich ging zu meiner Frau und Officer Kemp, die im Wohnzimmer Sex miteinander hatten.

Nach diesem Zwischenfall schluckte ich alle meine Tabletten auf einmal, und dann wachte ich wieder im Provinzkrankenhaus auf. Dort sagte man mir, dass ich eine Überdosis Medikamente genommen habe und dem Tod gerade noch mal von der Schippe gesprungen bin.

Nachdem ich das Krankenhaus verlassen hatte, ging ich nach Sidwell. Meine Frau und ich hatten uns scheiden lassen, und sie hatte wieder geheiratet. Meine Frau und ihr jetziger Mann haben gemeinsame Kinder. Meine Kinder hat der Staat meiner Frau anvertraut. Meine Frau hat mehrmals versucht, Unterhaltszahlungen von mir zu bekommen. Immer wenn ich meine Kinder besuchte, rief meine Frau die Polizei. Wenn ich sie sehe, kommt die Polizei, und ich muss machen, dass ich wegkomme, um nicht eingesperrt zu werden. Das ging mehrere Jahre so. Jetzt bekomme ich eine Arbeitsunfähigkeitsrente. Auch meine Kinder haben eine Unterstützung bekommen, die an meine Frau ging. Sie war schrecklich geizig. Immer wenn ich eine vorübergehende Arbeit gefunden hatte, rief sie an und behauptete, ich würde *dagga* rauchen und *Mandrax* (eine billige und sehr gefährliche Droge, ein Derivat von Methadon) nehmen, oder sie schickte die Polizei hin, was zur Folge hatte, dass ich meine Arbeit verlor oder gezwungen war zu kündigen, um der Polizei zu entkommen. Danach hatte ich das Gefühl, ein Tier zu sein, das keine Ruhe findet. Und dann begann ich als Fischer auf dem Meer zu arbeiten.

Ich habe das Meer immer schon geliebt.

Es ist mir immer treu gewesen. Es hat mich nie verraten. Nicht wie all diese Menschen an Land. Und vor allem die Frauen. All diese Schlampen. Huren, die es nicht verdienen zu leben. Mit Ausnahme meiner echten Mutter und meiner Schwester. Aber ich habe keine Erinnerung an meine Mutter, seit sie mich ausgesetzt hat. Und meine Schwester habe ich nicht mehr gesehen, seit wir drei Jahre später getrennt wurden. Sie hat Glück gehabt, weil sie wieder bei unserer Mutter lebt. Eines Tages würde ich sie gern wiedersehen. Ich weiß nicht, wo sie leben. Vielleicht wohnt meine Schwester ja hier in Port Elizabeth, ohne dass ich es weiß. Vielleicht bin ich ihr Dutzende Male auf der Straße begegnet. Seit meiner Jugend quält mich ein furchtbarer Albtraum: Ich sehe mich, wie ich mit meiner Schwester schlafe. Das wäre schrecklich. Deswegen ficke ich nur mit schwarzen Frauen, abgesehen von Lynne, meiner ersten Frau. Nicht, weil ich es mag, aber so bin ich auf der sicheren Seite. Und mit den Huren mache ich es genauso. Man weiß ja nie. Meine Schwester ist vielleicht auf die schiefe Bahn geraten, vielleicht ist sie ja eine der Huren, die mich nachts anmachen, bei den Parks oder am Hafen. Das ist das Einzige, was mir im Leben Angst macht.

Das Meer hat mir geholfen, als ich mich verletzte und die Arbeit aufgeben musste. Ein Mann ist nichts ohne seine Hände. Sie repräsentieren die Kraft, das Leben, und sie geben auch den Tod. Mit den Händen erwürgt man. Mit den Händen fischt man. Auch wenn ich mich gehen lasse, trinke, *dagga* rauche oder eine *Mandrax*-Pille nach der anderen schlucke, achte ich auf meine Hände. Ich kann schmutzig sein, schlecht gekleidet und sternhagelvoll, aber ich werde immer saubere Hände haben. Ich wasche sie ständig, seit frühester Kindheit. Wenn ich zu viel getrunken habe, lässt man mich besser in Ruhe.

1990/91 habe ich meine zweite Frau geheiratet, Veronica Elnan Wilken. Ihre Mutter lebte noch, als wir geheiratet haben. Sie hatte zwei Söhne, als ich sie geheiratet habe. Aus unserer Ehe sind zwei Kinder hervorgegangen. Meine Schwiegermutter hat sich sehr rassistisch mir gegenüber verhalten, weil ich weiß war und Veronica eine Farbige. Später hat sich die Beziehung zwischen mir, meiner Frau und ihrer Familie allmählich verschlechtert. Im Oktober 1995 bin ich von der Familie meiner Frau aus meiner eigenen Wohnung geworfen worden, und sie haben behauptet, ich hätte meine beiden Stiefsöhne von hinten missbraucht. Später wurde ich von der Polizei verhaftet, weil sie Anzeige gegen mich erstattet hatten, und ich war ein paar Monate in Untersuchungshaft im St. Albans Prison.

Am 23. Januar 1997 wurden die beiden Anzeigen wegen Analverkehr zurückgezogen. Kurz darauf wurde ich wegen der aktuellen Anklagen verhaftet, wegen denen ich hier erscheine.«

Kapitel 2

Die Verbrechen

Südafrika ist ein von Aids und Arbeitslosigkeit gebeuteltes Land, in dem die Verbrechensrate eine der höchsten in der Welt ist. Sie übertrifft bei weitem die durchschnittlichen amerikanischen Zahlen: 15 000 Morde (ebenso viele wie 2002 in den USA!) und 37 000 Vergewaltigungen pro Jahr bei einer Bevölkerung von über 40 Millionen Menschen (zum Vergleich: Frankreich zählt ungefähr 1000 Morde pro Jahr bei einer Bevölkerung von 60 Millionen Menschen). Zwischen 300 und 400 Polizisten werden jedes Jahr im Dienst getötet. Jeden Tag werden 35 Morde begangen, alle zwei Minuten findet eine Vergewaltigung statt, ein bewaffneter Raubüberfall alle drei Minuten und ein Einbruch alle 90 Sekunden. Ein Detective der südafrikanischen Kriminalpolizei arbeitet jeden Tag an bis zu drei verschiedenen Tatorten, was 1000 Morde im Jahr bedeutet. Manche der Älteren, die bereits 20 Jahre auf dem

Buckel haben, haben in 20 000 Mordfällen ermittelt. Eine erschreckende Zahl.

In diesem Land, in dem die Verbrechensrate sich innerhalb von zehn Jahren verdoppelt hat, ist Port Elizabeth, gegründet 1799, eine Industrie- und Hafenstadt auf halbem Weg zwischen Durban und Kapstadt. Es ist auch ein Seebad mit sehr berühmten Stränden, wo 1995 die Surfweltmeisterschaften stattfanden. Die Bevölkerung, mehr als eine Million, besteht zu 20 Prozent aus Weißen und zu 20 Prozent aus Mischlingen, während die 60 Prozent Schwarzen sich vor allem am Stadtrand in riesigen Townships und Lagern von Hausbesetzern konzentrieren. Die Townships von Port Elizabeth gleichen all den anderen Elendsvierteln in Südafrika. Kein fließendes Wasser, nur ein paar Wasserhähne, an denen die Einwohner gewaltige Wannen vollaufen lassen, weder Gas noch Strom. Die Wege, die sich zwischen den Häusern hindurchschlängeln, kreuzen sich auf gut Glück und haben keine Namen. Es handelt sich eher um Hütten oder Bruchbuden, mit Mauern aus Lehm und Erde und Wellblech- oder Strohdächern. Nur wenige sind aus Ziegeln oder behauenen Steinen errichtet, sie findet man eher in den reicheren Townships wie Soweto, in den Vororten von Johannesburg, wo auch eine schwarze Mittelschicht lebt. Hier gibt es keine Mittelschicht, nur bitterste Armut. In diesem Township sind 50 Prozent der Bewohner arbeitslos, und an die 25 Prozent sind HIV-positiv in der Region. Jede Hütte hat zwei oder drei Zimmer, weder Badezimmer noch WC, auf einer Fläche von etwa 30 bis 40 Quadratmetern.

Während der Apartheid erwirbt sich Port Elizabeth (oder PE, ausgesprochen PI, wie die Einwohner ihre Stadt nennen) einen schlimmen Ruf als Ort, wo so berühmte Aktivisten wie

Siphiwe Mtunkula und Steve Biko, der Führer der *Black- Consciousness*-Bewegung, gefoltert wurden, der am 12. September 1976 an den Misshandlungen stirbt, die ihm zugefügt wurden. Doch diese Zeiten sind vorbei, und PE war die erste bedeutende südafrikanische Stadt, die einen schwarzen Bürgermeister gewählt hat.

PE ist eine eher ruhige Stadt, in der man nach Einbruch der Nacht praktisch in völliger Sicherheit spazieren gehen kann, was auch für den Sonntagnachmittag gilt, der paradoxerweise in Südafrika besonders gefährlich ist, weil die Stadtzentren zu dieser Zeit vollkommen menschenleer sind. Trotz sehr hoher Arbeitslosigkeit ist die Verbrechensrate im Vergleich zu den übrigen südafrikanischen Städten sehr niedrig.

Die ersten Entdeckungen

Am 8. Februar 1990 wird der nackte Körper eines etwa zehnjährigen schwarzen Kindes auf dem Rücken liegend vor der Hoërskool Cilliers in Uitenhageweg, einem Viertel von Port Elizabeth, neben einer Bank des an die Schule angrenzenden Parks und mit Ästen bedeckt gefunden. Seine Beine sind in den Knien angewinkelt und der Penis deutlich sichtbar; der Kopf liegt auf der Seite. Er ist erwürgt und von hinten penetriert worden.

»Er war ein schwarzes Kind, ungefähr acht oder neun. Ich begegnete ihm abends in Sidwell, unterwegs. Ich nahm ihn in den Park der Hoërskool Cilliers mit und erwürgte ihn, bis ich kam. Ich machte mit ihm das Gleiche, was mir passiert ist, als ich Kind war. Als dieser Diakon, der mir sonntags Religionsunterricht erteilte, Percy, mir sagte, ich soll zu ihm in die Hanekomstraat kommen, dort würde er mir noch mehr über den sonntäglichen Religionsunterricht erzählen, dabei wollte er mich nur vergewaltigen. Ich blutete, und den Schmerz spüre ich noch heute.«

Am 3. Oktober 1990 wird eine fünfundzwanzigjährige mollige schwarze Prostituierte, Virginia Gysman, vollkommen entkleidet auf dem Rücken liegend und mit gespreizten Beinen vor dem Lieferanteneingang der Dagbreek Laerskool in Sentraal im Distrikt von Port Elizabeth gefunden. Sie war mit einem ihrer Kleidungsstücke erdrosselt worden, das tief ins Fleisch ihres Halses gedrückt war.

»Ich bin einer etwa fünfundzwanzigjährigen schwarzen Frau oben in der Hauptstraße, an der Ecke Russelweg in der Nähe des Lewis Store begegnet. Sie hat mich gefragt, ob ich heute Abend nicht einen Fick nötig hätte. Ich habe ihr das Geld gegeben und bin mit ihr zur Dagbreek Laerskool gegangen. Sie hat ihren Slip ausgezogen. Ich habe sie gefickt. Als ich komme, will sie, dass ich gehe, aber ich habe ihr gesagt, dass ich sie auch von hinten nehmen will. Ich war verdammt geil. Ich hatte das Gefühl, ich könnte sie den ganzen Abend ficken. Sie ist laut geworden. Ich habe ihr gesagt, sie soll still sein. Ich habe sie mit einem ihrer Kleidungsstücke erdrosselt, wobei ich gekommen bin.«

Am 9. Januar 1991 wird Marcia Papenfus, eine weitere schwarze Prostituierte, siebenunddreißig, von Spaziergängern unter Palmzweigen im St. Georges Park gefunden. Sie ist halb entkleidet, die Beine sind gespreizt, und sie ist mit einem Stück ihrer Unterwäsche erdrosselt worden. Trotz der Ähnlichkeiten zwischen den verschiedenen Verbrechen ist keine Verbindung zwischen den Fällen hergestellt worden.

»Ich bin einer farbigen Frau gegenüber dem Red Lion Hotel in Norddeinde begegnet. Sie war ungefähr neunundzwanzig. Sie hat mir Sex gegen Geld angeboten. Ich habe sie in den St.

Georges Park mitgenommen. Dort hat sie gesagt, ich soll ihr Geld geben, bevor ich sie ficke. Ich hatte kein Geld. Ich bezahle eine Hure nicht. Ich habe sie gepackt und mit ihren Kleidern erdrosselt. Ich brauchte für diesen Fick nicht zu bezahlen. Ich werde nicht mehr von der Polizei bedroht. Ich hasse die Huren. Ich werde sie nicht am Leben lassen.«

Im selben Park am Park Drive, in der Nähe des Amphitheaters, wird ein anonymer Jugendlicher, vermutlich ein Straßenjunge, unter Palmen gefunden. Er zeigt Spuren von Schlägen ins Gesicht und hat mehrere Hämatome auf einem Bein, und er ist von der Taille abwärts nackt. Er ist von hinten penetriert worden und mit einer weißen Schnur erdrosselt worden. Zwischen seinen gespreizten Beinen hat der Mörder die Jeansjacke des Opfers zusammengerollt und, nach einem merkwürdigen Ritus, ein Palmblatt quer über den Körper gelegt, das den Penis bedeckt. Spuren auf dem Boden weisen darauf hin, dass der Leichnam bis zu dieser Stelle geschleift wurde.

»Er war ein vierzehnjähriger Junge. Er stand an einer erleuchteten Stelle, an der Straßenecke. Als ich an ihm vorbeiging, fragte ich ihn nach Sex. Er trug eine Perücke. Er sagte ja. Wir gingen in den St. Georges Park. Als wir dort waren, verlangte er 50 Rand von mir. Wie kann er für Ficken Geld von mir verlangen? Der Dreckskerl wollte mich beklauen und weglaufen, und da habe ich ihn gepackt. Während ich ihn ficke, erwürge ich ihn. Und während ich ihn erwürge, komme ich heftig. Ich hatte Hunger und Durst. Ich hatte lange keinen Sex gehabt. Ich war saugeil. Ich zog ihn unter einen Baum, deckte ihn mit Pflanzen zu und ging weg.«

Am 21. September 1993 wird die verweste Leiche eines Jugendlichen, der auf der Seite liegt und fast nur noch ein Skelett ist, in der dichten Vegetation des Mill Park in der Nähe der Snowden Street gefunden. Es ist unmöglich, das Opfer zu identifizieren, das erdrosselt worden ist, da ein Stück eines blauen Kleidungsstücks noch um seinen Hals geschlungen ist.

Keiner dieser Morde führt zu der Verhaftung oder Vernehmung eines Verdächtigen. Schließlich verschwinden jährlich Hunderte von Straßenkindern in Südafrika, ohne Spuren zu hinterlassen. Es ist »normal«, dass eine gewisse Anzahl von ihnen eines gewaltsamen Todes stirbt. Und auch die Prostituierten, die ihren Beruf ausüben, gehen ein großes Risiko ein und sind die bevorzugten Opfer für alle Arten von Verrückten. In der Regel haben diese Untersuchungen meist leider keine Priorität für die Polizei.

Zwei Jahre vergehen, bis am 23. Juli 1995 Georgina Zweni, eine zweiundvierzigjährige schwarze Prostituierte, in einer Ecke mit dichter Vegetation im Prince Alfred Park in Sydenham, einer exklusiven Wohngegend von Port Elizabeth, gefunden wird. Ihre Kleidungsstücke sind neben einem Teich verstreut, und ihr nackter Körper liegt auf dem Rücken mit weit gespreizten Beinen, deren rechtes im Knie angewinkelt ist. Ein Tuch ist um ihren Hals geschlungen. Im Unterschied zu den anderen Opfern ist sie post mortem grausam verstümmelt worden, wie die Autopsie ergibt. Eine riesige, mit einer Stichwaffe beigebrachte klaffende Wunde zwischen den Brüsten, deren Spitzen von dem Mörder abgeschnitten wurden. Der Bauch zeigt zahllose Spuren von Messerstichen. Die Vagina wurde völlig zerfetzt, und die Klitoris scheint mit bloßen Händen herausgerissen worden zu sein. Obwohl der Tatort gründlich abgesucht wird, werden die Klitoris und die Brustwarzen nicht gefunden; der Mörder hat sie vermutlich mitgenommen.

»Sie war eine etwa zweiunddreißigjährige schwarze Frau, die

als Straßenhure arbeitete. Ich begegnete ihr an der Ecke der Sydenham Laerskool. Ich sagte ihr, ich will sie ficken. Sie sagte, ich muss ihr zuerst die 30 Rand geben, danach würde sie mit mir gehen. Ich sagte ihr, ich kann ihr die 30 Rand nicht vorher geben. Wir sind in den Sydenham Park gegangen. Ich habe ihr die 30 Rand gegeben, und sie hat sich hingelegt. Ich empfand keine Lust. Sie wollte wieder gehen. Da nehme ich eines ihrer Kleidungsstücke und ziehe es ihr über den Kopf und erdrossle sie. Als sie begann, sich zu wehren, wurde ich erregt. Ich bin gekommen, so gut war es. Dann nehme ich mein Messer und stoße es in ihr Geschlecht, und ich schneide die Spitze ihrer Titten ab und verschlinge sie. Ich nehme mir mein Geld wieder, weil ich die Frauen, die für Geld ficken, hasse. Sie erinnern mich an meine erste Frau, die wie eine Schlampe trank und für Geld fickte.«

Am 25. Mai 1996 wird Katriena Claassen, eine zweiundzwanzigjährige schwarze Prostituierte, erdrosselt mit einem ihrer Kleidungsstücke, vollständig nackt, mit gespreizten Beinen in einem no man's land zwischen der R 102/Russell Road und der Eisenbahnlinie von Port Elizabeth gefunden. Ihre Kleidung ist um eine Palme verstreut, der einzigen grünen Oase in dieser Betonwüste. Auf der Mauer, die den Leichnam überragt, ist das folgende Graffiti zu lesen: »loenie steel nic« (»du sollst nicht stehlen«). Es gibt keine Spuren von Verstümmelungen.

»Als ich an dem Red Lion Hotel vorbeikam, war sie da. Sie war eine Hure. Und sie kam auf mich zu. Sie war ungefähr sechsundzwanzig. Sie wollte Geld für Sex, und ich brauchte Sex, weil ich damals keinen Sex mit meiner zweiten Frau hatte. Meine Geilheit war sehr groß. Ich bat sie, mir zu helfen, sie loszuwerden. Ich war bereit zu explodieren und gierig nach Sex. Seit etwa acht Monaten hatte meine Frau mir den Sex verweigert. Und für einen sexsüchtigen Mann ist das unerträglich. Ich ging mit ihr an einer Brücke entlang, bei der Kreuzung des Albanyweg in Sentraal. Ich war völlig blind vor Geilheit. Ich packte sie und erwürgte sie und fickte, fickte, fickte sie. Als ich fertig war, lief ich weg.«

Am 9. August 1996 findet Sergeant Stephen Haswell, alarmiert von in der Nachbarschaft spielenden Kindern, den nackten, halb verwesten Leichnam eines schwarzen Jugendlichen, der im Gebüsch eines Hügels in der Nähe des Fort Frederick in Port Elizabeth versteckt ist. Der Junge ist mit Zweigen bedeckt und erdrosselt worden (allerdings wird kein um seinen Hals geschlungener Stoff gefunden); die Autopsie ergibt keine Hinweise auf sexuelle Misshandlung und die Identität des Opfers, das vermutlich erneut ein Straßenkind ist.

»Er war ein schwarzer Junge zwischen zwölf und vierzehn. Er war ein Straßenjunge und bat mich um Geld. Ich begegnete ihm im Rand Café in Norwich Gebou. Ich frage ihn, ob er bereit ist, mir gegen Geld einen zu blasen, und er sagt ja. Wir sind dann bis zum Fort Frederick gegangen. Ich sage ihm, er soll seine Hose ausziehen. Ich war sehr erregt. Er hat mir einen geblasen. Dann sage ich ihm, er soll sich auf den Rücken legen. Er fragt, warum. Ich sage ihm, weil ich ihn ficken will. Und ich packe ihn. Er sagt, er wird mich bei der Polizei anzeigen. Daraufhin nehme ich meinen Gürtel, erdrossele ihn und werfe ihn ins Gebüsch.«

Die Ermittlungen sind äußerst schwierig, weil keine Verbindung hergestellt wird zwischen diesen Fällen, die von den verschiedenen Polizeikommissariaten von Port Elizabeth, etwa dem von Humewood, dem von Louis Le Grange Pein oder dem von Algoa Park, wie isolierte Verbrechen behandelt werden. Es gibt keinen Computer, in dem all diese Ermittlungen zentral koordiniert werden, und die Kriminalpolizei von Port Elizabeth wird nicht einmal über all diese Fälle auf dem laufenden gehalten.

Kapitel 3

Ein Verdächtiger

Währenddessen scheint ein einunddreißigjähriger weißer Fischer aus Port Elizabeth, Stewart Wilken, immer wieder Ärger mit der lokalen Polizei zu bekommen. Vor einiger Zeit verhaftet aufgrund einer Anzeige seiner zweiten Frau Veronica, die ihn – vielleicht zu Unrecht? – beschuldigt, ihre beiden Söhne aus erster Ehe von hinten penetriert zu haben, verbringt er ein paar Wochen hinter Gittern, bevor er wieder auf freien Fuß gesetzt wird, weil die Klage zurückgezogen wurde. Tatsächlich versteht Stewart sich kaum mit der Familie seiner Frau, die schwarz ist, und streitet sich ständig mit Veronicas Bruder.

Obwohl sie zwei gemeinsame Töchter haben, ist die Ehe am Ende. Veronica wirft ihrem Mann seine gewalttätigen Wutanfälle sowie seine Alkohol- und Drogenexzesse vor. Stewart raucht manchmal wochenlang *dagga* oder nimmt *Mandrax*-Tabletten. Er glaubt, dass Veronica ihn betrügt und sich prostituiert, wenn er, manchmal drei Monate, auf Fischfang ist. Immer wenn er wieder an Land geht, untersucht Wilken sorgfältig die Vagina seiner Frau und schnuppert sogar daran auf der Suche nach verdächtigen Gerüchen. Irgendwann verweigert sie ihm jede weitere sexuelle Beziehung, denn Stewart liebt über alle Maßen den Analsex. Ihr Streit kumuliert und endet immer auf die gleiche Weise: Er verlässt die Wohnung und irrt durch die Straßen, manchmal ganze Nächte hindurch.

Stewart Wilken hat seit seiner Jugend bereits zahlreiche Gefängnisaufenthalte hinter sich, vor allem wegen Diebstahls, Überfällen oder Prügeleien. Sein jähzorniger Charakter bringt ihm den Ruf eines »joller« ein, eines Typen, der wegen jeder Kleinigkeit Streit sucht. Allerdings hat sein Leben auch nicht unter den besten Vorzeichen begonnen. Er ist sechs Monate alt, als er zusammen mit seiner zweijährigen Schwester von seinem Vater in einer Telefonzelle ausgesetzt wird.

Der Vater verlässt die Familie, ohne seiner Frau etwas zu sagen, die keine Ahnung hat, was mit ihren beiden Kindern geschehen ist. Er und seine Schwester werden von dem weißen Bauern Doep und seiner Frau aufgenommen, die sich nur für den Handelswert der Kinder, die sie bei sich aufnehmen, in Form des Kindergelds interessieren. Noch vor seinem zweiten Geburtstag verschwindet Stewarts Schwester plötzlich, und erst sehr viel später erfährt er, dass sie zu ihrer leiblichen Mutter zurückgekehrt ist. In den ersten drei Jahren seines Lebens erlebt er ein echtes Martyrium bei diesem Bauern, der ihn zwingt, bei bestialischen Handlungen dabei zu sein, Fellatio von ihm verlangt und seine Genitalien mit einer Zigarette verbrennt.

Das Kind ist von Ungeziefer befallen und ständig unter-ernährt; der Mann zwingt ihn, sein Essen auf allen Vieren mit den Hunden im Hundenapf zu teilen. Nachbarn, die Wilkens, erbarmen sich seiner, adoptieren ihn und geben ihm ihren Namen. Doch Stewart nennt sich lieber »Boetie Boer« (Bruder Bauer).

Er versteht sich kaum mit den anderen Kindern seiner Adop-tivfamilie, die ihn lächerlich machen und schlagen, weil er adop-tiert ist. Seine Klassenkameraden verhalten sich nicht besser, und Stewart reagiert auf diese Sticheleien mit Gewalt; er greift sogar einen seiner Lehrer an und beißt seine Adoptivmutter Joey Wilken mehrmals kräftig in die Brüste. Er wird körperlich gezüchtigt. Unter anderem wird er stundenlang in einen Wandschrank gesperrt. Sein neuer Adoptivvater ist ein Arbeitstier und kümmert sich überhaupt nicht um seine Kinder. Dieser abwesende Vater stirbt, als Stewart Wilken neun ist. Erneut wird er sexuell misshandelt, diesmal von einem Diakon, der ihn während des sonntäglichen Religionsunterrichts von hinten penetriert. Sein Desinteresse für die Schule und seine Wutanfälle führen dazu, dass Stewart von der Schule gewiesen wird. Er kommt in eine Besserungsanstalt, um den Beruf des Tischlers zu erlernen. Die älteren Zöglinge nutzen ihn aus und penetrieren ihn sehr häufig von hinten. Wenn er sich beschwert, wird er vom Direktor bestraft. So wird »Boetie Boer« mehrfach nackt tagelang in einen Raum ohne Fenster und Strom gesperrt. Zusammen mit anderen Zöglingen flieht er häufig. Seit er acht ist, raucht Stewart Marihuana und ergibt sich dem Alkohol. Er hat keine Erziehung, kann kaum schreiben und lesen. Als Jugendlicher muss er die Ausbildung zum Tischler abbrechen, weil er durch einen schweren Arbeitsunfall an der Hand verletzt wird.

Als er die Berufsschule verlässt, macht »Boetie Boer« sofort seinen Militärdienst, doch die Armee entlässt ihn nach gerade mal vier Monaten nach einem Selbstmordversuch. Kurz darauf lernt er seine erste Frau Lynne kennen, die bereits eine Tochter hat. Am 24. Dezember 1986 wird ihre erste gemeinsame Tochter Wuane geboren, im Jahr darauf eine zweite. Stewart, der Fischer geworden ist und manchmal mehrere Monate am Stück auf dem Meer verbringt, verdächtigt Lynne, der Prostitution nachzugehen und die Erziehung der Kinder zu vernachlässigen. Er will ausschließlich Analsex und ist sehr brutal.

Lynne muss die Beine extrem spreizen, ein Fuß auf dem Bett, der andere auf dem Fenstersims. Sie streiten ständig und lassen sich schließlich scheiden. Lynne bekommt das Sorgerecht für die Kinder, und Stewart darf die Kinder nicht einmal zu Hause sehen. Immer wenn er sie besucht, ruft Lynne die Polizei.

In den folgenden Monaten lebt »Boetie Boer« mit einer schwarzen Frau zusammen, denn er hat eine panische Angst, zufällig mit seiner Schwester zu schlafen, die er nie wiedergesehen hat, seit er zwei war. Und auch die Prostituierten, mit denen er verkehrt, sind immer Schwarze. Seine neue Freundin wird krank und stirbt, und 1990 heiratet Stewart Veronica, ebenfalls eine Schwarze.

Ende September 1995 besucht Stewart Wilken seine beiden Töchter bei seiner Ex-Frau. Er hat gehört, seine Tochter Wuane sei von ihrem Stiefvater Michael Loots sexuell belästigt worden und die Kinder bekämen nicht genug zu essen. Er ist fest überzeugt davon, als Wuane ihm sagt, sie wolle von zu Hause weg. Er nimmt sie an der Hand und geht mit ihr zu einem Ort, den er gut kennt, weil er als Kind dort gespielt und sich als Erwachsener dorthin zurückgezogen hat, um unter freiem Himmel zu schlafen. Dieser verwilderte Park liegt genau hinter dem Parkplatz des ehemaligen Elizabeth Hotel, jetzt ein Holiday Inn, ähnelt aber wegen der dichten Vegetation einem Dschungel. »Boetie« liebt diesen Ort, an dem er einige der wirklichen Glücksmomente seines Lebens erlebt hat. Nur das Meer gibt ihm während der langen Fischfangexpeditionen dieses Gefühl von Ruhe und Gelassenheit. Als sie dort sind, untersucht Stewart Wilken die Vagina seiner Tochter und stellt entsetzt fest, dass sie keine Jungfrau mehr ist. Er weigert sich, sie so leiden zu sehen, er will, dass ihr das armselige Leben, das er führt, erspart bleibt.

In dieser Nacht verschwindet Wuane, ohne Spuren zu hinterlassen.

Ihre Mutter, Stewarts Ex-Frau Lynne, scheint das Verschwinden ihrer Tochter nicht übermäßig zu beunruhigen, da sie erst nach mehreren Tagen zum nächstgelegenen Polizeirevier ihres Viertels geht. Eine Untersuchung wird eingeleitet, und obwohl Stewart die letzte Person ist, die mit Wuane gesehen wurde, wird keine Untersuchung gegen ihn eingeleitet. Boetie gibt zu, er sei mit ihr spazieren gegangen, wisse aber nicht, was danach mit ihr geschehen sei.

Eineinhalb Jahre später, am 22. Januar 1997, wird Stewart Wilken vor Gericht geladen, um sich zu Veronicas Beschuldigungen zu äußern, die behauptet, er habe ihre beiden Söhne vergewaltigt. Am selben Tag beschließt er, Helen Bakers, eine seiner gelegentlichen Geliebten, zu besuchen, und findet dort ihren zwölfjährigen schwarzen Sohn Henry vor. Beide unternehmen einen Spaziergang in der Nähe des Algoa Parks. Henry, der eine Freundin hat, möchte sich bei Stewart Rat in Sachen Sex holen.

Henry Bakers verschwindet wie Wuane Wilken, ohne Spuren zu hinterlassen, und am 25. Januar, drei Tage später, wird sein Verschwinden beim lokalen Polizeirevier angezeigt.

In beiden Fällen ist Stewart Wilkens die letzte Person, die in Begleitung der beiden Kinder gesehen wurde, doch es gibt keinen Beweis gegen ihn. Die Child Protection Unit ist ratlos, weil der Mann bei seiner Vernehmung am 28. Februar überzeugend wirkt; er behauptet, Henry Bakers bis zum Park begleitet und dann in der Mission, einem Zufluchtsort für Obdachlose, geschlafen zu haben. Er bietet sogar seine Hilfe bei der Suche nach den Verschwundenen an. Die Ermittler halten ihn für äußerst verdächtig und wenden sich in ihrer Verzweiflung an einen jungen Sergeant, Derick Norsworthy von der Kriminalpolizei von Port Elizabeth. Unterdessen stellt die Polizei fest, dass Wilkens Alibi falsch sein muss, weil kein Zeuge ihn an dem Abend, an dem der kleine Henry verschwunden ist, in der Mission von Port Elizabeth hat schlafen sehen.

Kapitel 4

Das Verhör

Am 31. Januar 1997 wird »Boetie Boer« von Sergeant Derick Norsworthy in sein Büro im Polizeirevier in der Darling Street bestellt. Die beiden Männer sitzen sich um 13 Uhr 55 in einem kleinen vier mal vier Meter großen Raum gegenüber, dessen Wände aus Sperrholz bestehen und in dem nur die beiden hölzernen Schreibtische von Derick und seinem Partner Craig Le Roux stehen. Stewart Wilken setzt sich auf einen schwarzen Stuhl in der Mitte des Raums. In diesem Augenblick ist er ein einfacher Verdächtiger in den Fällen des Verschwindens der beiden Kinder, doch Derick ist von »Boetie Boers« Schuld so gut wie überzeugt.

Als Sergeant Norsworthy Wilken über seine Rechte aufklärt und ihm sagt, er habe das Recht auf die Anwesenheit eines Anwalts, lehnt dieser nicht ohne eine gewisse Arroganz das Angebot ab, weil er sich sehr sicher fühlt. In dem Raum mit den nackten Wänden hat der Polizist mit Heftzwecken Fotos seiner eigenen Tochter, die ungefähr Wuane Wilkens Alter hat, und Kinderzeichnungen befestigt.

Von Anfang an ist der Verdächtige wie in Bann geschlagen von diesem Foto. Derick muss ihm seine Fragen mehrmals wiederholen, um seine Aufmerksamkeit zu erhalten. Wilken betrachtet auch aufmerksam die gerahmten Diplome des Polizisten und erkundigt sich nach ihrer Bedeutung. Als der Sergeant ihm erklärt, er habe eine Ausbildung zum Profiler gemacht und sei Experte für die Psyche von Serienmördern und Sexualverbrechern geworden, ändert sich Stewarts Haltung sofort.

Zum ersten Mal erkennt der Polizist Unruhe im Blick des Fischers, er wird nervös. Seine Blicke wandern zwischen den Fotos von Dericks Tochter und den Diplomen hin und her.

Derick stellt ihm keine Fragen zu Henry Bakers und Wuane, sondern konzentriert sich auf Wilkens Kindheit. Dieser erzählt ihm von seinem Martyrium und von den zahlreichen Vergewaltigungen, die an ihm begangen wurden. Er behauptet, er fühle sich nur auf dem Meer wohl: »Für ihn ist das Meer wie eine Frau«, erklärt Derick Norsworthy. »Das Leben auf den Fischerbooten ist sehr hart, die Männer nehmen Drogen, sie schlafen unter schwierigen Bedingungen, es ist immer nass, und die Stürme schütteln die Schiffe heftig durch. In Wilken werden dadurch starke Gefühle ausgelöst. Das Leben auf See ist für ihn eine Art, seine Unfähigkeit zu überwinden, an Land zu leben. Er hat zahlreiche Phantasien, weil er wochenlang keinen Sex hat. An Land hat ihn nie jemand glücklich gemacht oder ihm das Gefühl gegeben, sich geborgen zu fühlen. Auf See fühlt er sich ruhig und wohl. Manchmal ist er drei Monate unterwegs. Er hat mir erklärt, er könne mit dem Meer sprechen, das ihn niemals fallen lasse. Es gibt ihm das Leben, indem es ihm Fisch liefert. Er beschreibt mir das Meer als eine Frau, die ihre Regel hat, wenn sie wütend wird, und sich dann reinigt. Die Worte, die er benutzt, sind sehr drastisch und anschaulich.

Nachdem er seine Frau verlassen und das Sorgerecht für seine Kinder verloren hat, hat er Beziehungen zu mehreren anderen Frauen, die alle schwarz sind, doch das dauert nie länger als ein paar Wochen. Ich habe ihn dazu gebracht, mir von seinen Freundinnen zu erzählen. Er erklärt sogar, dass er das Menstruationsblut einer seiner Geliebten getrunken habe und dass er die Prostituierten hasse. Dieser Hass auf die Prostituierten zieht sich übrigens durch Wilkens Erzählungen.«

In diesem Stadium des Gesprächs lässt der Sergeant eine erste Frage zu seiner Tochter einfließen. Wilken ist sehr überrascht, dass sein Gesprächspartner über Wuanes Verschwinden Bescheid weiß. Der Fischer wird sehr nervös, als das Thema wieder zur Sprache kommt. Der Sergeant ist jetzt überzeugt, dass Wilken Wuane und Henry Bakers getötet hat und dass es mit großer Wahrscheinlichkeit weitere Opfer gibt. Aufgrund dessen, was er über Serienmörder gelernt hat, weiß er, dass sie in ihrer Kindheit misshandelt werden; für ihn ist Stewart Wilken fast ein Schulbeispiel.

Derick beschließt, einen Augenblick zu schweigen, damit Stewart das Foto seiner Tochter auf sich wirken lassen kann. Er ist wie hypnotisiert von der Aufnahme. Es ist 15 Uhr 20, und der Verdächtige klagt über heftige Kopfschmerzen. Der Sergeant bringt ihm Wasser und Tabletten und gibt ihm eine Viertelstunde zum Verschnaufen. Wilken sagt, er habe seit zwei Tagen nichts gegessen, weil er kein Geld habe. Derick will ihm etwas kaufen, doch er muss die Vernehmung unterbrechen, weil er zu einem anderen Fall, einem bewaffneten Raubüberfall, gerufen wird.

Es ist 18 Uhr 30, als Derick in sein Büro zurückkehrt. Der Grundton des Gesprächs ändert sich jetzt, denn die Fragen werden sehr viel drängender. Schließlich gesteht Wilken den Mord an Henry Bakers und dann auch den an seiner Tochter. Schreckliches Detail: Bevor Wilken zu seinem Termin bei der

Polizei geht, hat er sich die Zeit genommen, Henry Bakers verwesenden Leichnam zu vergewaltigen. Um zu verhindern, dass die Maden in seinen Anus eindringen, hat er Zeitungspapier hineingesteckt.

»Nachdem sein Geständnis aufgenommen worden war, haben wir uns in der Nacht mit einer Videokamera an die Tatorte der beiden Verbrechen begeben, damit Stewart uns die genauen Stellen zeigt«, erinnert sich Derick Norsworthy.

»Der Körper des kleinen Henry lebt buchstäblich unter einer weißen Masse von Maden, und in dem schwachen Licht eines einzigen Scheinwerfers ist das wirklich ein albtraumhafter Anblick.

Im Gebüsch hinter dem Holiday Inn Garden Court haben wir das Skelett seiner Tochter Wuane gefunden, deren Leiche mit einem Stück blauem Plastik bedeckt ist. Als ich sehe, wie Stewart sich nachts in dieser so dichten Vegetation, in der es nicht den geringsten Weg gibt, bewegt, erinnere ich mich, dass er mir erzählt hat, er sei sehr häufig hierher gekommen. Wuanes Kleidung ist etwas weiter weg versteckt, neben zwei Reifen, die den Ort markieren. Stewart bot uns dieses sehr merkwürdige Bild eines Menschen, der auf alle Viere geht, um wie besessen mit den Händen den Boden aufzugraben auf der Suche nach dem Höschen seiner Tochter, wie ein Hund, der seinen Knochen wiederfinden will.

Er ist wirklich besessen davon, das Höschen wiederzufinden. Das kam mir seltsam vor, denn vorher hat er mir beteuert, niemals sexuelle Beziehungen zu ihr gehabt zu haben. Diese Höschengeschichte veranlasst mich, das Gegenteil zu glauben. Er hat mir erzählt, er verbringe fast alle Nächte neben dem Körper seiner Tochter. Er spricht mit ihr und sagt ihr, es tue ihm leid, dass er sie getötet habe, aber es sei besser für sie, wenn ihr ein Leben voller Leid wie seins erspart bleibe. Es gibt Augenblicke, in denen er Gefühle und Reue zeigt, von Zeit zu Zeit weint er sogar, doch am Tatort ist er ganz kühl und gelassen.«

Als sie gegen 2 Uhr morgens wieder im Polizeirevier sind, lässt Sergeant Norsworthy Wilken auf demselben Stuhl wie vorher Platz nehmen. Ohne Vorwarnung teilt er ihm mit, er wisse, dass es weitere Opfer gebe. Der Mörder starrt ihn ein paar Sekunden an, bevor er ihn fragt, ob er die ganze Wahrheit über die zwölf Personen wissen wolle, die er getötet habe.

In den folgenden Tagen und Wochen nimmt der Polizist die Geständnisse des Serienmörders auf und begibt sich an die Tatorte, um nach Beweisen zu suchen, die sie bestätigen. Das Vier-Augen-Gespräch zwischen dem Sergeant und dem Serienmörder trägt die Züge eines psychologischen Duells. »Wir werden geschult, keine persönlichen Gefühle zu empfinden. Als wir die Vernehmung begannen, gab ich meine Gefühle nicht zu erkennen. Ich habe mich nie zu dem Gedanken hinreißen lassen, ich könnte ihn töten, obwohl seine Taten mich anwiderten. Ziel der Schulung, die wir erhalten, ist es gerade, unsere persönlichen Reaktionen nicht zu zeigen, auch wenn man angewidert ist von dem, was der Mörder einem erzählt, um die Beziehung, die man zu ihm aufbaut, nicht zu gefährden. Der Typ redet nicht mit dir, wenn er kein Vertrauen zu dir hat. Und wie soll er Vertrauen zu dir haben, wenn du ihm zeigst, dass er dich anwidert? Es handelt sich um eine professionelle Beziehung, auch wenn es manchmal schwierig ist. Stewart hat beispielsweise große Angst um seine Person gehabt, vor den zahlreichen Medien, all den Kameras und Fotoapparaten, als er zum ersten Mal vor Gericht erschienen ist. Um ihn zu beruhigen, habe ich mich an ihn gekettet. Und ich habe ihm gesagt, wenn sie dich schlagen wollen, kriegen sie es zuerst mit mir zu tun. Es gab eine Art Vater-Sohn-Beziehung zwischen uns und ein großes gegenseitiges Vertrauen. Es gab Augenblicke in unseren Gesprächen, in denen ich fast so etwas wie Empathie für ihn empfand, denn er ist jemand, der in seinem Leben sehr viel Leid ertragen musste. Und er leidet immer noch. Als wir über den Mord sprachen, bei dem er die Brustwarzen seines Opfers abgeschnitten hat, fragte ich ihn: ›Was für einen Geschmack hatten sie?‹ Er antwortete: ›Sie schmecken wie Tintenfisch.‹ Ich war in seinem Kopf, doch zugleich hatte ich aufgrund meiner Ausbildung und meiner religiösen Überzeugungen einen gewissen Abstand. Ich nahm an seinen Phantasien teil, durch seine Augen, und ich verstand sie. Aber ich habe nie gedacht: ›Was wird jetzt passieren, wenn ich meine Frau angreife, wenn ich sie aufschlitze, wenn ich sie zerstückele, wenn ich ihre Brüste esse, welchen Geschmack werden sie haben?‹ Solche Gedanken sind mir nie durch den Kopf gegangen. Aber ich war in Wilkens Kopf, während er mit Prostituierten schlief.«

Tausende von Kindern verschwinden jedes Jahr in Südafrika, sie reißen aus oder leben auf der Straße, denn die Eltern denken, dass sie dann ein hungriges Maul weniger zu stopfen haben. Das ist ein trauriger Befund, und die Kriminellen nützen diesen Umstand aus. Man schätzt die Zahl der Kinder, die auf der Straße leben, auf ungefähr 60 000, während nur 860 Familien 2003 das Verschwinden eines Kindes angezeigt haben. Diese schockierenden Zahlen wurden vom Bureau for Missing Persons veröffentlicht, das vor zehn Jahren nach dem Selbstmord des Kidnappers Gert van Rooyen eingerichtet worden ist. Dieser soll Mitte der achtziger Jahre sechs kleine Mädchen in Gauteng in KwaZulu-Natal entführt haben, deren Körper nie gefunden wurden.

Für Captain Fanie van Deventer, der diese Einrichtung leitet, sind diese 860 Fälle nur die sichtbare Spitze des Eisbergs. Trotzdem können sich die Ergebnisse der Ermittler durchaus sehen lassen, denn 88 Prozent der verschwundenen Kinder werden gefunden. Sobald ein Kind verschwindet, beginnt ein Wettlauf gegen die Zeit: »Wenn ein Kind entführt wird, um sexuelle Bedürfnisse zu befriedigen, bleiben der Polizei nur drei Stunden, um es zu finden, bevor es getötet wird oder für immer verschwindet. Wenn die Motive pornographischer Art sind, beträgt unser Zeitlimit 48 Stunden. Nach 72 Stunden wissen wir, dass wir nach einer Leiche suchen.« Captain van Denventer zufolge werden »5 Prozent der verschwundenen Kinder entführt. Bei Kindern unter neun Jahren handelt es sich fast immer um Kidnapping. Die Kinder, die älter als zwölf sind, laufen meist von zu Hause weg.« Dieser Kontext ist dafür verantwortlich, dass das Verschwinden der Opfer von Stewart Wilken vollkommen unbemerkt blieb, so dass er seine lange Mordserie unbehelligt fortsetzen konnte.

Ein Manipulator

Obwohl er sehr ungebildet und von Natur aus ungehobelt ist, ist der Kannibale ein großer Manipulator, dem es bisweilen Spaß macht, mit dem Sergeant, der ihn vernimmt, zu spielen. Ihr Gespräch ist geprägt von den Rätseln, die der Mörder stellt; das Ganze erinnert ein wenig an das, was sich zwischen Francis Heaulme, dem »kriminellen Rucksacktouristen«, und dem ehemaligen Gendarmen Jean-François Abgrall abgespielt hat. Sergeant Norsworthy erklärt: »Stewart wollte mir zeigen, dass er, und nur er, die Situation beherrschte und kontrollierte. Als er die post mortem zugefügten Verstümmelungen einer der Prostituierten zugab, wies er mich darauf hin, dass er die aus dem Körper gerissene Klitoris an einem besonderen Ort versteckt habe. Ich habe nie die Wahrheit darüber erfahren. Um auf Henry Bakers zurückzukommen, da gab Stewart mir *Hausaufgaben* auf, indem er sagte: ›Du wirst die Kleidungsstücke nicht sehr weit von der Leiche entfernt finden. Du musst nur schauen, wo die Vögel hinfliegen!‹ Und er hat sich kaputt gelacht. Mit mehreren Kollegen bin ich herumgelaufen, wie ein Hans Guck-in-die-Luft, auf der Suche nach Vögeln. Ich dachte, er hätte die Kleidungsstücke vielleicht in ein Vogelnest gelegt.

Dieser Teil des Parks ähnelt etwas einem Dschungel, mit dichter Vegetation und sehr sumpfig. Wir haben Hunde benutzt, aber ohne jeden Erfolg. Tatsächlich haben wir die Kleidungsstücke an dieser Mauer entdeckt, unter Zweigen verborgen, zehn oder fünfzehn Meter von der Leiche entfernt. Ein Detective hat diesen riesigen Penis entdeckt, der mehr schlecht als recht auf das Mäuerchen gezeichnet war, und ich erinnere mich, dass im Afrikaans das Slangwort für Vogel dasselbe ist wie für Penis. Als er mir diesen Hinweis gab, sagte er zu mir: ›Geh nach Hause und denke darüber nach, mach deine Hausaufgaben.‹ Der Penis zeigt auf die Kleidungsstücke. Ich suchte nach Vogelnestern, während er den Penis meinte. Er wohnt ganz in der Nähe dieses Ortes und muss ihn gut gekannt haben, doch der Penis wies in eine völlig andere Richtung als die, in der seine Wohnung liegt. Neben der Zeichnung befand sich ein Graffiti in Afrikaans, das erklärte: ›Ich lutsche Schwänze!‹ Er hat uns richtig zum Narren gehalten in dieser Geschichte.«

In ihren Gesprächen erfährt der Sergeant eine Reihe interessanter Details über die Verbrechen. Um zu verhindern, dass manche der Jungenleichen, die er versteckt hat, zu schnell entdeckt werden, hat der Mörder die Fußsohle der Opfer mit Butter und Essig eingerieben, damit die Polizeihunde sie nicht wittern können. Bei den Prostituierten hat Wilken diese Methode nicht angewandt, weil er wollte, dass sie sofort in erniedrigenden Stellungen gefunden werden.

Was das Erdrosseln seiner Opfer betrifft, so spricht er vom *Gelee*-Effekt, bei dem die Gesichter mit den hervorquellenden Augen und der heraushängenden Zunge an dieses Dessert erinnern; das ist der stärkste Augenblick für ihn, in dem er heftig ejakuliert. Wenn er kurz davor ist, jemanden zu töten, sieht er sich als einen überlegenen Menschen, einen Riesen, während sein Opfer nur ein winziger unbedeutender Fleck ist, ein Punkt, der sich dem Nichts annähert. Etwas ganz Winziges, das er ganz leicht zerquetschen kann. Er hat die Macht. Die Prostituierten haben keine Bedeutung für ihn.

Bei den Jungen ist es anders, er umhüllt die Leichen mit Palmzweigen oder Büschen, während die Prostituierten ganz offen daliegen. Er deckt die Jungen zu, damit ihre Seelen zum Himmel emporsteigen, während die Prostituierten in die Hölle kommen. Zweimal mischt Stewart sich unter die Menge der Schaulustigen, während die Leichen der Prostituierten in den Parks entdeckt werden. Derick Norsworthy gesteht er, es habe ihm ein perverses Vergnügen bereitet, wenn ein Polizist ihn gefragt habe, ob er jemanden gesehen habe oder ob er das Opfer kenne. Zugleich habe er die Vorgehensweise der Ermittler an den Tatorten beobachtet. Für den Sergeant sind »diese Details sehr wichtig für die Untersuchung, ich verstehe, was er mir sagt, doch das bedeutet nicht, dass ich das Gleiche empfinde. Ich habe ein professionelles Interesse, und um ihn wirklich zu verstehen, musste ich in seinen Kopf eindringen. Stewart hatte keine Prinzipien und keine Grenzen, nichts, woran er sich klammern konnte, keine Grundlagen, und seine Vergangenheit war ein einziges Durcheinander.«

Stewart Wilken ist vom kriminologischen Standpunkt aus faszinierend. Bei ihm hat man es mit einem ziemlich seltenen Phänomen zu tun, weil der Täter zwei verschiedene Kategorien von Opfern überfällt, während die meisten Serienmörder sich an einen einzigen Typ halten. Er tötet Frauen und Kinder. Aber er geht bei diesen beiden Kategorien nicht auf die gleiche Weise vor. Die Frauen werden verstümmelt, manchmal begeht er Akte von Kannibalismus an ihnen, und sie werden stets nackt in erniedrigenden Stellungen zurückgelassen. Man findet sie mit gespreizten Schenkeln, und sie werden gut sichtbar an Orten zurückgelassen, wo sie leicht entdeckt werden. Bei den Jungen verhält Wilken sich anders, denn er verbirgt die Leichen und hüllt sie in Palmblätter, damit ihre Seelen zum Himmel emporsteigen können. Dieses Ritual trägt seinen Stempel, es ist in gewisser Weise seine psychologische Signatur. Und die Signatur eines Serienmörders entspricht einer besonderen Vorgehensweise.

Zum Glück verfügt Sergeant Norsworthy über eine Spezialausbildung in der SAPS (South African Police Service), die ihm erlaubt hat, die Tatorte anders zu analysieren. Dank dieser Schulung hat er eine gewisse Offenheit am Tatort, die ihm erlaubt, Hinweise zu entdecken, die er früher nie wahrgenommen hätte. Bei Wilken äußert sich die Signatur des Serienmörders beispielsweise darin, dass er die Leichen in der Nähe von Palmen deponiert. Palmen spielen an allen Tatorten eine Rolle, aber auch die Strangulation und die Verstümmelung, wenn er einem seiner Opfer die Brustwarzen und die Genitalien abschneidet.

Für den Sergeant ist das Duell mit dem Mörder psychisch

und psychologisch sehr anstrengend: »Es war sehr schwierig, mit Wilken zu reden, denn er versuchte ständig, mich zu verunsichern, mich zu kontrollieren und Druck auf mich auszuüben. Ohne die klugen Ratschläge, die ich während meiner Ausbildung in Kapstadt erhalten habe, wäre ich mit sehr großer Wahrscheinlichkeit aggressiver gewesen und hätte wegen meines persönlichen Unbehagens jedes Gespräch zwischen uns blockiert. Als er am Freitag mein Büro betritt, kommt er frei, er trägt keine Handschellen, er ist nur ein Zeuge. Stewart hatte eine große Tasche dabei und war sehr selbstsicher. Körperlich ist er sehr beeindruckend, und als er zum ersten Mal seine doppelte Persönlichkeit als ›Boetie Boer‹ enthüllt hat, war ich etwas überrascht, sogar erschrocken, aber ich habe mir nicht anmerken lassen, dass ich Angst hatte. Trotzdem fragte ich mich, was passieren würde. Kurz darauf gestand Stewart und gab mir seine Tasche. ›Warum?‹, fragte ich ihn. ›Weil mein Fischfangmesser in der Tasche ist. Ich habe Angst, mich zu töten oder auf jemanden einzustechen.‹ Tatsächlich hatte er dieses sehr lange Messer mit der schmalen spitz zulaufenden Klinge darin. Aber er ist mir gegenüber nie aggressiv oder gewalttätig gewesen. Ich glaube, ihm war bewusst, dass es hier in meinem Büro ganz anders als in der Welt draußen war und dass er jemandem gegenübersaß, der ihn verstand. Ich denke, in einem bestimmten Augenblick seines Lebens – ich weiß nicht, welchen – hat der Serienmörder das Töten satt. Die Isolierung, in die er sich begibt, belastet ihn schließlich, und er möchte sein *Werk* mit jemandem teilen. Ich glaube, er hat sich mir anvertraut, weil ich ihm nie meinen Abscheu gezeigt habe.

Kapitel 5

Schreckliche Geständnisse

»Ich habe mein Kind erdrosselt. Ich habe sie angeschaut. Es hatte Anzeigen oder Behauptungen gegeben, dass sie von ihrem Stiefvater Michael Loots vergewaltigt worden ist. Ich habe gesehen, ich habe gesehen, dass mein Kind keine Jungfrau mehr war. Ich hatte keine andere Wahl. Ich fragte meine Frau, ob ich mein Kind haben kann. Sie sagte, sie würden mir mein Kind nicht geben, weil ich ein Psychopath bin. Das schmerzte mich sehr. Ich habe meine Kinder immer mit einem Polizeiwagen auf den Fersen besucht. Später hatte ich keine Probleme mehr, bis sie mich in der Hoofstraat schnappten und mir erzählten, ihr Stiefvater würde sie schlagen und mein Kind will nicht auf diesen Mann hören. Ich habe mich mit meinem Kind hingesetzt, und wir haben geredet. Mein Kind hat mir gesagt, sie würde wegen Essen zu ihrer *Antie* (Tante) geschickt. Sie soll um Geld für Essen bitten, und danach wird dieses Geld von Michael Loots für *dagga* und Tabletten und Alkohol genommen.

Er prostituiert deswegen auch meine Frau, meine erste Frau. Die Kinder haben es gesehen. Das Kind hat sich bei mir beklagt. Ich habe nie die Hand erhoben, um mein Kind zu schlagen. Sie sind alle vollkommen übergeschnappt, denn ein Vater, der sein Kind zum letzten Mal vor fünf oder sechs Jahren gesehen hat, wird nicht kommen, um es zu schlagen. Ich musste für sie« – Wilken spricht von seiner Ex-Frau und ihrem Mann Michael Loots – »einen Ort organisieren, wo sie in Sydenham bleiben konnten, weil er die Bucht praktisch nicht kennt, dabei stammt seine Familie aus Forest Hill. Von dort musste er zu seiner Tante ziehen, aber sie konnte ihre Streitereien, ihre verdammten *dagga*-Joints und ihre Tabletten nicht mehr ertragen. Ich habe im Zimmer neben ihrem gewohnt, in derselben Pension. Ich weiß, wovon ich spreche. Nach einer Weile bin ich ausgezogen, ich bin zu meiner zweiten Frau zurückgekehrt. Jetzt werde ich in Gelvandale bleiben. Ich bin ständig hingegangen (um die Kinder zu sehen). Die Kinder werden in den Zimmern eingesperrt, und meine Ex-Frau und ihr Mann gehen in Diskotheken, und ihr Mann prostituiert sie.

Sie muss für Geld ficken. All diese Dinge sind von ihnen erfunden worden. Ich war bereits auf dem Sozialamt gewesen. Aber dort haben sie mir gesagt, sie würden die Geschichte meines Kindes nicht verstehen, weil das, was ich ihnen erzähle, zu verworren ist. Meine Kinder haben nie zu essen bekommen, nichts. Sie hatten niemals Essen im Haus. Es gab eine Tür zwischen meinem Zimmer und ihrem. Ich hatte den Schlüssel zu dieser Tür. Ich habe die Tür zu meinen Kindern geöffnet. Mein Kind ist bei mir gewesen. Während sie bei mir gewesen sind, ist nichts passiert. Nachdem ich ausgezogen war, hat meine Ex-Frau mir, als ich zurückkam, gesagt, das Kind droht damit wegzulaufen. Das Kind hat mir immer wieder gesagt, sie will von zu Hause weg. Sie kann all diese Dinge nicht mehr verstehen. Ich habe bei mir gedacht, warum soll mein Kind ein Leben leben, wie ich es gelebt habe? Ich konnte die Dinge nicht mehr verstehen. Ich empfand großen Schmerz. Ich öffnete die Augen und sagte mir: ›Gott, heute musst du mir vergeben, aber ich werde dir die Seele meines Kindes schicken.‹ Ich konnte es nicht mehr ertragen, ich konnte es nicht mehr verstehen. Ich erinnerte mich an all das, was mir geschehen ist, und dann habe ich sie gepackt. Ich habe sie erwürgt. Ich habe sie mit einem Stück Linoleum zugedeckt. Ich habe ihr alle Kleidungsstücke ausgezogen. Ich habe die Kleidung meines

Kindes unter Reifen versteckt. Ich habe sie tot hinter dem Hotel in Humewood ins Gebüsch gelegt. Jede Nacht habe ich neben meinem Kind geschlafen und mir ihr gesprochen.

Am Abend des 22. Januar 1997 sagte man mir, ich soll Henry Bakers, einen zwölfjährigen Jungen, aus dem Algoa Park holen. Unterwegs erzählte er mir, dass die Familie seiner Mutter ihn geschlagen und ihm Fußtritte versetzt hat. Ich sagte ihnen, sie dürfen das nicht tun. Die Mutter war betrunken. Sie sagte zu mir, das ist nicht dein verdammtes Kind, das ist mein verdammtes Kind. Ich sagte, das ist egal, du darfst das nicht tun. Früher bin ich mit ihr ausgegangen. Ich wohnte im Algoa Park. Ich und ein anderer Typ, Joe du Plessis. Er ist inzwischen an Krebs gestorben. Henry hat mir erzählt, er hat eine Freundin und will es mit ihr tun. Daraufhin sagte ich ihm, ich würde es ihm zeigen. Und wir sind über die Dyke Road, Albatros Woonstelle zu dem Feld zwischen Algoa Park und Gelvandale gegangen, zu den Palmen. Dort habe ich ihn genommen. Ich habe ihm gesagt, ich würde es ihm beibringen, wie man es mir beigebracht hat. Darauf sagte er, das ist in Ordnung. Ich habe ihm erklärt, dass ich fünf oder sechs gewesen bin, als man mir beigebracht hat, mich vollständig auszuziehen. Er war einverstanden. Er hat sich ausgezogen. Daraufhin habe ich dafür gesorgt, dass er einen Ständer kriegt. Er hat gesagt, das ist schön. Ich habe ihn gebeten, sich auf den Rücken zu legen. Er hat sich auf den Rücken gelegt. Aber er fängt an zu schreien. Darauf sage ich zu ihm, als ich fünf oder sechs gewesen bin, hat man mit mir das Gleiche gemacht, und ich hätte schon lange keinen Sex mehr gehabt. Er hat gesagt, ich soll aufhören. Und er hat gesagt, er wird alles seiner Mutter erzählen. In diesem Stadium war ich vollkommen übererregt, und da ist es passiert. Ich war kurz vor dem Orgasmus, als ich ihn vor Erregung erwürgt habe. Als ich gekommen bin, hat er nicht mehr geatmet. Ich habe ihn etwas weiter entfernt ins Gebüsch geworfen und dort liegengelassen. In der Nähe habe ich einen Riesenpenis auf eine von Blättern verdeckte Mauer gezeichnet. Danach habe ich nur gedacht, deine Seele geht zu Gott, jetzt bist du für immer von den Fußtritten und den Schlägen der Familie deiner Mutter erlöst.«

Die Gründe, die diese Ereignisse ausgelöst haben

»Ich rauche *dagga*, vermischt mit *Mandrax*. Wenn ich getrunken habe, erkenne ich mich nicht wieder. Immer, wenn ich auf der Straße war auf der Suche nach einer Hure, um mich zu befriedigen, hatte ich geraucht und getrunken.

Warum ich Sex auf der Straße gesucht habe, hatte damit zu tun, dass in meiner ersten Ehe meine Frau abends immer auf den Strich gegangen ist, während ich und die Kinder allein geblieben sind. Sie hat mir regelmäßig den Sex verweigert. Ich war ihr nicht gut genug, aber die anderen Männer waren gut genug, um Sex mit ihr zu haben.

Mit meiner zweiten Frau war es das Gleiche. Sie hat mir auch den Sex verweigert. Es kam vor, dass ich acht Monate keinen Sex mit ihr hatte. Es kam vor, dass sie mir erneut sagte, sie würde mir keinen Sex geben. Ich war wütend. Ich bin aufgestanden, um mir wieder zwei *Mandrax*-Tabletten und zwei Beutel *dagga* zu kaufen, um es zu rauchen und Schlaf zu finden. Und plötzlich habe ich mich umgedreht und ihr gesagt, für mich ist es, als ob sie … ich hatte das Gefühl, sie hat jemanden, der sie befriedigt, wenn ich auf dem Meer arbeite. Ich sage meiner Frau, dass sie nichts für mich empfindet. Ich war außer mir. Ich habe ihr gesagt, dass sie mich dazu treibt, schlimme Dinge zu tun, wie auf der Straße Sex zu suchen.

Sie sagt, und wenn schon, sie hat die Geschlechtsteile eines Bauern, eines *boer* wie mich, satt.

Meine kleine Tochter, der schwarze Junge beim Fort Frederick, das schwarze Kind der Hoërskool Cilliers und Henry Bakers, nachdem ich sie getötet hatte, habe ich sie mit Zweigen zugedeckt. Diese Zweige habe ich auf sie gelegt, weil ich ihre Seelen Gott geschenkt habe. Diese Zweige symbolisieren für mich die Blumen, mit denen ihre Seelen zu Gott gehen werden.

Ich habe die Leichen meiner kleinen Tochter Wuane, von Henry Bakers und dem schwarzen Jungen beim Fort Frederick mehrmals besucht nach den Ereignissen, wie sie oben erklärt sind. Während meiner Besuche bei Wuane habe ich mit ihr gesprochen und sie gebeten, mir das, was ich getan habe, zu verzeihen, und ich habe versucht, ihr zu erklären, warum ich ihre Seele Gott geschenkt habe. Ich habe auch ihre Kleidungsstücke, die ich versteckt hatte, so auf dem Boden ausgebreitet, wie sie sie getragen hatte, so konnte ich sie sehen, wie sie da lag mit ihren Kleidungsstücken, und ich habe mit ihr gesprochen.

Ich habe auch mit den Leichen von Henry Bakers und des schwarzen Jungen von Fort Frederick geredet und ihnen erklärt, was ich getan habe und warum ich es getan habe. Ich habe sie auch um Verzeihung gebeten. Anschließend hatte ich sexuelle Beziehungen mit den Leichen von Henry Bakers und dem schwarzen Jungen, den ich beim Fort Frederick getötet habe, während der Besuche, die ich ihnen nach den Ereignissen abgestattet habe.

Die Leichen der anderen Personen, die ich erdrosselt habe, habe ich danach nicht besucht und ihre Körper auch nicht mit Zweigen bedeckt, weil sie alle Huren waren oder Leute, die mir Sex gegen Geld angeboten haben. Sie sind Personen, deren Seelen nicht zu Gott gehen werden.

Ich denke, ich habe eine psychologische und psychiatrische Behandlung nötig. Ich denke, ich bin ein kranker Mensch. Alles, warum ich das Gericht bitte, ist, dass es mich nur zu einer langen Gefängnisstrafe verurteilt. Ich möchte, dass das Gericht mich zu einer langen Gefängnisstrafe verurteilt und dass das Gericht anordnet, dass ich in ein Gefängnis komme, das über psychologische und psychiatrische Einrichtungen verfügt, so dass ich eine lang andauernde Behandlung bekomme, damit ich eines Tages, wenn ich wieder auf freien Fuß gesetzt werde, meinen Platz in der Gesellschaft als normaler Mensch einnehmen kann.«

Kapitel 6

Ein Besuch bei dem Kannibalen

Nachdem Stewart Wilken siebenmal zu lebenslanger Haft verurteilt worden ist, sitzt er im St. Albans Prison, knapp eine halbe Stunde von Port Elizabeth entfernt, ein. Er befindet sich im Hochsicherheitstrakt des Gefängnisses, der den CMAX (Closed Maximum Security Unit Prison) entspricht, das sich durch drakonische Disziplinarstrafen auszeichnet. In dieser Einheit gibt es einen Wärter für jeden Häftling, die alle Serienmörder oder Serenvergewaltiger sind. Dort wurden bis zur Abschaffung der Todesstrafe in Südafrika im November 1989 die zum Tode Verurteilten hingerichtet. St. Albans gilt als Maximum Security Prison gleich unter dem CMAX. Derzeit sitzen bei einer Bevölkerung von mehr als vierzig Millionen Menschen mehr als eine Million Häftlinge in den 227 südafrikanischen Gefängnissen ein, die 31 000 Wärter und sonstiges Gefängnispersonal beschäftigen. Im Augenblick gibt es nur ein CMAX in Pretoria, ein zweites soll in nächster Zeit in Kokstadt errichtet werden.

Die Zahl der fehlenden Betten wird auf 100 000 geschätzt, was zu enormen Problemen der Überbelegung führt. An die 60 000 Häftlinge sitzen im Gefängnis, während sie auf ihr Urteil warten. Das CMAX wird geprägt von einer Politik der absoluten Toleranzlosigkeit den Häftlingen gegenüber, die 23 von 24 Stunden in einer Einzelzelle eingesperrt sind (wie Wilken). Außerhalb ihrer Zellen müssen sie stets Handschellen tragen, und sie haben das Recht auf drei Besuche im Monat hinter einer trennenden Glaswand. Ihre Beine sind gefesselt, und sie dürfen weder rauchen noch elektrische Geräte, ja nicht einmal einen Fernseher besitzen. Die einzige Sportstunde findet in einer geschlossenen Arena statt. Sie essen in ihrer Zelle mit Plastikbesteck. Zum Rasieren erhalten sie eine Enthaarungsflüssigkeit statt eines normalen Rasierers. Sie werden rund um die Uhr, Tag und Nacht, videoüberwacht. Telefonate sind auf zehn Minuten in der Woche begrenzt. Alle Häftlinge müssen um 6 Uhr aufstehen und dürfen einmal am Tag duschen. Die Post ist nicht beschränkt, aber sie wird grundsätzlich gelesen und durchsucht – was die Pakete betrifft. Sie erhalten drei Mahlzeiten am Tag: Frühstück mit Porridge, Kaffee, Brot, Milch, Sirup und Butter; Mittagessen mit Fleisch oder Fisch, zwei Gemüsen, Salat und ein Kaltgetränk; das Abendessen schließlich besteht aus fünf Scheiben Brot mit Butter, Marmelade, eine Frucht und Kaffee.

Im Gefängnis hat Wilken zahlreiche Albträume und Halluzinationen. Sobald es Nacht wird, lassen die Wärter seine Zellentür offen, allerdings bei geschlossener Gittertür. Seine Albträume sind so heftig, dass er sich bereits mehrmals ernsthaft verletzt hat. Manchmal brüllt er nächtelang wie ein Wahnsinniger, mit nacktem Oberkörper, und behauptet, die Wände seiner Zelle sonderten Ströme von Säure ab.

Zu dem Zeitpunkt, da ich diese Zeilen schreibe, sitzt Stewart Wilken immer noch im St. Albans Prison und steht unter medikamentöser Behandlung, die ihm vom Gefängnispsychologen verordnet wurde. Er wird nicht mehr von diesen schrecklichen Albträumen gequält, in denen seine Opfer ihn nachts in seiner Zelle heimsuchen. Er sieht nicht mehr Säure aus den Zellenwänden strömen. Natürlich nimmt er keine Drogen mehr und trinkt keinen Alkohol.

Im Oktober 1999 treffe ich ihn in Begleitung von Sergeant Derick Norsworthy, der ihm Joghurt und Fruchtsäfte mitbringt. Ich komme in der Hoffnung, ihn interviewen zu können, doch ich darf weder einen Fotoapparat noch ein Tonband mitnehmen. Ich bin verblüfft von seinem Aussehen, das so ganz anders ist als auf den Fotos und Videos, die die Polizei am 31. Januar 1997, dem Tag seines Geständnisses, gemacht hat. Damals hatte er langes zotteliges Haar, einen dichten Bart, einen aufgeblähten Bauch, blutunterlaufene Augen und wirkte abstoßend schmutzig. Mit einem Wort, Wilken hat das ideale Aussehen. Als ich ihn sehe, ist er glatt rasiert, sein Schnurrbart ist sorgfältig geschnitten, seine ganze äußere Erscheinung strahlt eine Gepflegtheit und Sauberkeit aus, die man als übertrieben bezeichnen kann. Bevor er isst, wäscht er sich lange und gründlich die Hände und säubert seine Fingernägel, die makellos weiß sind. Er schneidet sein Essen in kleine geometrische Quadrate, die alle praktisch gleich groß sind. Seine Hände sind wirklich beeindruckend durch ihre Größe. Stewart freut sich sichtlich, Derick und seinen Partner Craig Le Roux zu sehen; sie wirken wie alte Freunde, die sich nach einer langen Trennung wiedersehen. Derick stellt mich Stewart vor, beide sprechen Afrikaans, doch ich bemerke, dass er Englisch einwandfrei versteht und ganz passabel spricht. Als er verhaftet wurde, konnte »Boetie Boer« nur ein paar Brocken Englisch. Ich werde einem ersten Test unterzogen, als Wilken mir die Hand reicht, die ich ohne das geringste Zögern drücke. Er trägt keine Handschellen und eine grüne Uniform mit seinem Namen. Als wir uns einander gegenüber setzen, blickt er mir lange direkt in die Augen, ohne ein Wort zu sagen. Zweiter Test. Ich senke weder den Blick noch den Kopf, zur großen Befriedigung meines Freundes Derick, der mir verstohlen zulächelt. Ich habe ein Exemplar der Neuausgabe meines Buchs *Serial killers – Enquête sur les tueurs en série* (Grasset) mitgebracht. Ich weise Stewart darauf hin, dass er in dem Buch erwähnt wird, und zeige ihm das Foto, das am Tag seiner Verhaftung gemacht wurde, mit der Unterschrift, in der es heißt: »Der südafrikanische serial killer Stewart Wilken deutet mit dem Finger auf die Stelle, wo er die Leiche seiner Tochter begraben hat.«

Ich übersetze ihm die Texte, die ihn betreffen, und er nickt zustimmend. Er ist sichtlich stolz auf sein Foto und verlässt den Besuchsraum, um in den Nachbarraum zu gehen, wo ein paar Wärter sich ausruhen. Stewart zeigt ihnen sein Foto. Er bittet mich, ihm das Exemplar zu geben und zu widmen. Ich werfe Derick und Craig einen Blick zu, die mir zuzwinkern und unmerklich zunicken. Widerwillig erfülle ich seine Bitte und danke Stewart Wilken für seine Bereitschaft, mich zu treffen. Wir unterhalten uns weiter, und er ist einverstanden, dass ich ihn interviewe.

Bei diesem Treffen bestätigt Derick ihm eine große Neuigkeit. Während des Prozesses war es ihm gelungen, die Schwester und die leibliche Mutter von Wilken ausfindig zu machen. Er hat sie kontaktiert, und sie waren sehr schockiert, als sie erfuhren, dass sie mit diesem Serienmörder verwandt sind, der in allen Medien des Landes Schlagzeilen gemacht hat. Seine Mutter bat Derick, ihren wiedergefundenen Sohn ihrer mütterlichen Liebe zu versichern und ihm zu sagen, dass sie ihn niemals aufgegeben habe. Ein paar Monate nach seiner Verurteilung überbrachte er Stewart diese Botschaft. Im Oktober 1999 bekam Derick von der südafrikanischen Gefängnisverwaltung grünes Licht, um »Boetie Boer« in ein Gefängnis in der Nähe seiner leiblichen Mutter und seiner Schwester zu verlegen. An Weihnachten und Neujahr 2000 trifft Stewart Wilken zum ersten Mal seit dreißig Jahren seine Schwester und seine Mutter, bevor er in das St. Albans Prison zurückkehrt.

Steven Goldstein ist Herausgeber der Reihe »Scènes de Crimes«, die in der Edition Scènes de Crimes, mit Sitz in Genf, auf Französisch erscheinen. Für die einzelnen Bände hat er jeweils Spezialisten beauftragt und einige Bücher auch selbst recherchiert und geschrieben. Die Journalistin Hélène Merrick hat neben ihrem Buch über gewaltsame Todesfälle im Musikbusiness einen weiteren Band über Morde in Hollywood veröffentlicht. Stéphane Bourgoin und Isabelle Longuet haben bereits mehrere Bücher über Serienkiller verfasst, unter dem Pseudonym „Etienne Jallieu" schreiben sie auch gemeinsam.